U0501639

客家文化（赣南）生态保护区项目

非物质文化遗产及其保护利用研究

（于都卷）

温建宁　林晓平　温小兴 ◎ 主编

江西高校出版社

图书在版编目（CIP）数据

　　赣南非物质文化遗产及其保护利用研究.于都卷 / 温建宁，林晓平，温小兴主编.-- 南昌：江西高校出版社，2023.12
　　ISBN 978-7-5762-4083-2

　　Ⅰ.①赣… Ⅱ.①温… ②林… ③温… Ⅲ.①非物质文化遗产—保护—研究—于都县 Ⅳ.① G127.56

中国国家版本馆 CIP 数据核字（2023）第 142711 号

出 版 发 行　江西高校出版社
社　　　　址　江西省南昌市洪都北大道 96 号
总编室电话　（0791）88504319
销 售 电 话　（0791）88517295
网　　　　址　www.juacp.com
印　　　　刷　江西新华印刷发展集团有限公司
经　　　　销　全国新华书店
开　　　　本　700 mm×1000 mm　1/16
印　　　　张　18.75
字　　　　数　290 千字
版　　　　次　2023 年 12 月第 1 版
印　　　　次　2023 年 12 月第 1 次印刷
书　　　　号　ISBN 978-7-5762-4083-2
定　　　　价　88.00 元

赣版权登字-07-2023-553

序　言

于都，南国的一片神奇土地。"于"原来写作"雩"[1]，"雩"本义是古代为求雨而举行的祭祀。于都当地有一座高山，因经常有求雨活动而著名，人们称之为"雩山"。雩祭早在殷商时期就已经盛行，殷墟卜辞中记载了很多的祭祀活动，其中"雩"是求雨的专祭，象征以舞求雨。在先秦时期，天子和诸侯都要行雩祭之礼，而只有天子可"雩于天"，称为"大雩"。在孔子《论语》中也有这方面的记载，《论语·先进》曰："风乎舞雩。""雩"，既反映了我国"靠天吃饭"的传统农业社会对决定粮食收成最重要因素之一的雨水的高度重视与渴盼，也表现出人们对天地自然的信仰和崇拜。可见，仅于都本身的县名，就已经蕴含了丰富的历史文化与民俗风情。

贡水滔滔，宛转南下。八境台下，章贡合流成赣江，浩浩荡荡而北去。于都因地处贡江流域，得舟楫之利，文明起源较早。于都在新石器时代晚期就有人类居住，在西汉初期的汉高祖六年（前201）设县，成为当时赣南最早设立的三个县之一。后来，随着于都经济的发展及人口的增长，原于都县又分设了瑞金、宁都（后来石城又从宁都析出设县）、安远、会昌、寻乌等县，因此于都被称为"六县之母"。

赣南作为客家民系形成的摇篮，它是北方汉民南迁的主要通道、关键枢纽和重要集散地，而于都在其中具有特殊的地位。赣南人口近1000万，其中95%以上是客家人，是世界上最大的客家人聚居地，而其中，于都是"纯

---

[1] "于都"原来一直写作"雩都"，1957年6月1日起改为"于都"。

客县"，人口过百万，是赣州 18 个县市区中客家人口最多的县。

千百年来，人们生于斯、长于斯，在这里辛勤劳作、繁衍生息，创造了富有特色的客家文化。其中，既有村落、建筑、器具等物质形态，也有大量传统音乐、传统舞蹈、民俗、传统技艺、传统医药等非物质文化遗产。有赖于于都文化馆同人的努力发掘、整理、保护，现拥有国家级非物质文化遗产项目 2 项（赣州全市仅 13 项）、省级非物质文化遗产项目 9 项、市级非物质文化遗产项目 19 项、县级非物质文化遗产项目 69 项，赣南各县市区之非物质文化遗产项目于斯为盛。

本书的内容：一是对于都丰富的非物质文化遗产的内容、特色及现状进行叙述；二是对于都保护、传承和利用非物质文化遗产所做的大量工作及经验进行介绍，同时对相关的非物质文化遗产理论进行探讨。在我国，非物质文化遗产的研究早已是百花齐放、硕果累累，希望来自客家摇篮的于都能够成为非物质文化遗产研究百花园中的一朵奇葩。

目 录
CONTENTS

第一章　悠久的历史与孕育非遗的土壤

第一节　于都历史："六县之母"，人杰地灵

一、"六县之母"与泱泱大县

于都县位于江西省南部，赣州市东部，属丘陵低山地形，境内东北为武夷山余脉，南为南岭山脉的九连山余脉，西北为雩山山脉。主要河流为贡江、梅江、廉江。

于都历史悠久，远在新石器时代晚期就已有人类居住。春秋战国时期，先后属楚、吴、越（前334年楚灭越，复归楚）。前221年，秦统一中国，分全国为36郡，于都属九江郡。

西汉高祖六年（前201），灌婴平定江南，设豫章郡，郡治南昌。同年，于都设县，以北有雩山，取名雩都县，治所在今西郊乡古田，属豫章郡。

南朝陈永定二年（558），县治迁今梓山乡固院；唐贞观五年（631），因县治被洪水冲塌，始迁灌婴旧垒（今于都县城）。

三国吴嘉禾五年（236），析于都县东北之白鹿营，设阳都县（今宁都）。南朝梁大同十年（544），析于都之南乡，设安远县。五代十国南唐保大十一年（953），于都瑞金监升为瑞金县。同年，析虔化（宁都）之石城场，设石城县。宋太平兴国七年（982），析于都九州镇之地，设会昌县。明万历四年（1576）析安远双桥、石溪等堡置长宁县（今寻乌）。

可见，现赣州的宁都、安远、瑞金、石城、会昌、寻乌六县皆直接或间接地从于都县析置而来。因此，于都素有"六县之母"的雅号。明弘治《雩

都县志·序》（于都知县高伯龄撰）称："雩都为汉大县，自孙吴割地为阳都，萧梁分地为安远，南唐析象湖镇为瑞金，宋析九州镇为会昌。石城之分，又自阳都。是雩之一邑分为虔之六县，且吴、晋立郡于此，实为一大都会。慨想古昔，其盛可知。"

于都县总面积约 2893 平方千米，现下辖 9 个镇、14 个乡：贡江镇、铁山垅镇、盘古山镇、禾丰镇、祁禄山镇、梓山镇、银坑镇、岭背镇、罗坳镇、罗江乡、小溪乡、利村乡、新陂乡、靖石乡、黄麟乡、沙心乡、宽田乡、葛坳乡、桥头乡、马安乡、仙下乡、车溪乡、段屋乡。是赣州市唯一人口超百万的大县。可见，于都不仅是"六县之母"，也是一个繁盛的泱泱大县。

二、古邑春秋

于都历史悠久，在新石器时代晚期已有人类居住。在古代，于都曾是赣南政治、经济、文化、交通中心，郡治设于此约有 250 年之久，且该地是兵家必争的军事要地。在苏区时期，于都先后分设于都、胜利、登贤、瑞西、兴胜、于西等县，中共赣南省委和省苏维埃政府驻于都县城。

在历史上，这里曾经发生过一些对于都、赣州乃至全国影响较大的事件。兹择要而简述之。

汉高祖五年（前 202），西汉名将灌婴在今县城筑垒防御并击败南越王赵佗军。

汉高祖六年（前 201），始建县，治所在东溪的南面，即今贡江镇古田村。

三国吴嘉禾五年（236），析庐陵郡置庐陵南部都尉，治所于都灌婴旧垒。

南朝宋永初元年（420），南康郡改为南康国，治所迁回于都灌婴旧 [东晋永和五年（349），南康郡治从于都迁至章、贡两水间]。

南朝梁大宝元年（550），陈霸先（后为陈武帝）派兵至于都白口，筑城抵御高州刺史李迁仕等对于都的进攻。次年三月，擒杀李迁仕。

唐贞元四年（788），升于都为上县。

唐乾符元年（874），堪舆名家（形势派创始人）杨筠松死于于都宽田杨公坝。其弟子将其安葬于黄沙雷公坑。

五代十国南唐保大元年（943）粤赣农民起义首领张遇贤攻占于都等地，在今于都罗坳乡建宫室，拥众十余万，自号中天大国王，后被镇压。

北宋嘉祐八年（1063），周敦颐邀钱建侯、沈希颜等游罗田岩，刻诗于石。同年，知县沈希颜征集工匠开凿峡山，修建于都至赣州的通道。

北宋元丰年间（1078—1085），升于都为望县。

南宋绍兴三年（1133），吉州（今江西吉安）彭友、虔州（今江西赣州）陈禹率数十万农民起义军盘踞于都东北部，攻占郡县，为岳飞率军镇压，彭、陈被俘杀。

南宋淳熙十二年（1185），州守周必正在珏田（今江西于都岭背镇）建雩山庙，祭祀雩山之神。

南宋嘉熙二年（1238），知县周颂倡修第一部《雩都县志》。

南宋景炎二年（1277），文天祥率军与元军激战于于都，大捷，旋移督府于于都，并游罗田岩。

元至正十三年（1353），赣州通判王荣忠率众修筑于都县城墙，建有城门6座，城墙周长750丈，高1.3丈。

明洪武二十八年（1395），"明代三大才子"之一御史解缙巡视于都，作《重修福田明觉寺生佛道场记》。

明天顺六年（1462），朱绍纲发兵习武扎营于都禾丰，欲夺取皇帝位，遭到灭顶之祸，被杀数千人。

明正德十一年（1519），王守仁镇压漳州起义军，班师路过于都。

明嘉靖三十九年（1560），张献忠农民军自福建经于都，转兴国赴吉安。

清康熙十四年（1675），郑成功之子郑经率部众攻于都城，未破。

清咸丰六年（1856）四月二十八日，太平军攻占县城，同年六月二十五日退出。

清咸丰七年（1857），五月十三日，太平军攻占县城，咸丰八年（1858）

三月退出。

清同治三年（1864），太平军康王汪海洋部于七月二十五日攻下县城，二十八日退出，八月二十八日再克县城，九月八日退出。

清光绪二十九年（1903）二月，雩阳书院改为于都县立于阳小学堂，是为于都近代第一所公办小学。

清光绪三十三年（1907）三月，李存朴等人创办于都第一所中学——私立固院中学堂。

1926年7月，北伐军独立第一师进驻于都，推翻了北洋军阀在于都的统治。

1926年11月，中共于都干事会成立。

1928年6月，在于都、兴国两地边界雷公寨创立赣南第一支革命武装——工农革命军第十五纵队。

1929年3月7日，彭德怀率领红五军首次攻克于都县城。4月8日，毛泽东、朱德率红四军，彭德怀率红五军再次攻占于都县城。

1930年4月，中共于都县第一次代表大会、于都县第一次工农兵代表大会在楂林、枫树坪先后召开。

1931年11月7日，中华苏维埃共和国在瑞金宣告成立，于都县全境皆属之。同月，中共江西省委在于都桥头召开第一次全省代表大会。

苏区时期，于都既是中央苏区的重要县之一，又是中央苏区的后方基地，农民们纷纷参加土地革命，大批于都子弟参加红军。据不完全统计，于都县在这一时期参加红军的人数总计达67709人，占当时于都县总人口的四分之一多，支前参战的人数共有近10万人。

1934年10月，中央主力红军第一、三、五、八、九军团和中央机关在于都集结出发（10月16日，毛泽东与中共中央、中央军委机关在县城东门渡过贡水出发），踏上举世闻名的二万五千里长征征途。参加长征的有大量的于都籍战士，其中，牺牲在长征路上的烈士就达1.1万人。

1949年8月13日，中国人民解放军第四野战军第四十八军解放于都县城。同日，于都县人民政府成立。

三、客家摇篮

赣州是举世公认的"客家摇篮"，而于都是这个摇篮中历史悠久、体量甚大、特色鲜明的重要区域。于都是"纯客县"，于都客家人占整个赣南客家人数的十分之一以上。

所谓"摇篮"，就是发源地，客家摇篮就是客家民系、客家文化的发源地。那么，赣州为什么能获得"客家摇篮"的称号？这要就"客从何来"，即客家的起源、客家民系的形成问题谈起。

在这方面，最著名的是历史学家罗香林先生的"五次迁徙说"。罗香林认为：在历史上，客家民系经历了五次大的迁徙活动。第一次大迁徙是东晋至隋唐，中原汉人南迁到达安徽、江西，进入长江流域；第二次大迁徙是唐代末年的黄巢起义之后，汉人又由长江流域南迁进入赣南、闽西；第三次大迁徙是宋高宗南渡时期，客家先民的一部分到了粤东北；第四次大迁徙是明末清初，客家人迁至粤中及滨海地带，与川、桂、湘、台湾等地；第五次大迁徙是同治年间，客家一部分人分迁到广东南路及海南岛、台湾、香港、澳门，甚至远至南洋群岛及欧美等地，为世界范围的迁徙。

可见，在第二次大迁徙中，客家先民就大规模地进入了赣州。其主要途径有二：其一是中原沿大运河南下，入长江，经鄱阳湖抵赣江，再逆赣江而上到达赣州；其二是从中原抵鄱阳湖之后，辗转至抚州或吉安，再由抚州、吉安进入赣州。赣州水上有赣江水道，陆地有梅关古驿道，是海上丝绸之路的重要节点，同时又地处山区，远离中原。因而，赣州既是南来北往的重要通道，也是北方客家先民逃避战乱、"适彼乐土"的定居目的地。

于都地处贡江流域，贡江是汇成赣江的两大主要水系（章江、贡江）之一，其中，贡江流域的面积、水流量要远远大于章江流域，就人口数量而言，几千年来贡江流域也一直显著多于章江流域。于都地理位置特殊而面积广大，是客家先民南迁的重要驿站和集散地。

在客家民系形成及发展时期，于都社会是以传统的乡村经济为主，人们日出而作，日落而息，晴耕雨读，耕读传家。他们往往是聚族而居，宗族社会非常发达，并由此形成了重视族谱，修缮祠堂，集聚族产、资助族学的宗族文化。

于都方言保留了大量中原古语，又吸收了赣方言及闽西粤东客家方言的语音和词汇；其谚语、俗语中的许多内容源于客家人的生产生活，是客家人生产经验和生活智慧的结晶，体现出客家文化的重要特色。

于都的节庆礼俗、婚丧娶嫁、诞生寿辰等人生礼仪，既是民众日常生活和人生经历的重要部分，同时彰显客家人以人为本、尊老爱幼、热爱生活、尊重生命的文化特性。

于都人表现出的信奉天地山川、风雨雷电及圣人先师、神明等民间信仰，一方面继承了中原古老文化的传统，另一方面，又彰显了客家文化在地化、融合性的特点。

于都的客家文化，长期以来繁荣而璀璨，可以说是"客家摇篮"极为重要且颇具特色的组成部分。

四、人杰地灵

于都历史悠久，人杰地灵，自古至今，人才辈出，兹列举部分著名历史人物如下。

赖棐，字忱甫。七岁能文，十五岁通晓九经及诸子百家。唐肃宗乾元年间（758—760）进士，授崇文馆校书郎，辞归隐居乡里。

罗恺，于都人。宋高宗绍兴五年（1135）乙卯汪应辰榜进士，奉议郎，任梅州判官。

郭峻，字次山。生于宋庆历年间，为人性情通达开朗，孝顺继母闻名。18 岁参与礼部考试，宋熙宁三年（1070）中进士，旋调南丰县尉。因他精明能干，当时许多大官联名推荐他充当大藩住使。元丰初，郭峻任职金判枢密院，元丰六年（1083）去世，祀乡贤，孙志康为他撰写了墓志铭。

刘君贤，字文定，本泰和人。元末兵乱，依母族袁氏至于都，遂冒姓袁。故左修品序称刘文定，而郑应桂序则称袁文定。著有《雩昌集》六卷，又名《学问要编》，后人评价甚高。刘君贤一生以授徒讲学著书为务，博观经史，深研理学，兼通天文地理。

陈勉，字希进。明永乐四年（1406）进士。外和内刚，精通法律，吏不敢欺。授广东道御史，弹劾不避权贵，谳狱多平反。清赋浙江，寻命巡按，有平倭功。明景泰三年（1452），陈勉于南京左都御史任上告老归里。后卒于乡，代宗朱祁钰赐以葬祭。

袁端，字自中。明景泰元年（1450）庚午中江西乡试，二年任程乡县教谕，逊志苦学，行己端方，树立学校，教诲生徒，程士为之丕变。迁永兴县教谕，升顺庆府教授。弘治间纂修《雩都县志》。所著诗文温厚正大，殊类其为人。入祀乡贤祠。有《适轩集》藏于家。

袁庆祥，字德征，号崖松，袁端子。明成化四年（1468）入太学，任内府官，上书陈"省国费，以节民用；严选举，以重守令；修武备，以防边患；存公道，以守国法；起民望，以惜才能"五事，忤旨被杖，遣还国学。成化十四年（1478）中进士，任潜山知县。后任刑部主事，因办案能力出众，成绩卓著，加封为承德郎，升广东按察司金事，总管广湖南韶等府军事，后晋阶朝列大夫。著有《崖松集》《归来稿》《读史录》《古今杂议》等。

何廷仁，字性之，号善山。治学初慕陈献章，后在赣州师从王阳明，因而放弃科举。何廷仁悟性极高，对王阳明的思想心领神会，融会贯通。在王阳明的弟子中，当时有"浙有钱王，江有何黄"之说，新入门弟子多由何廷仁和黄弘纲教导，时称"接引师"。嘉靖二十年（1541），何廷仁在陈献章的家乡广东新会县任知县，亲自在献章祠中讲学，慕名学子接踵而至。任内五年，依法治政，以德化民。各乡设置学社，制订训规，并且修忠祠、重祭祀，使穷乡僻壤成为文明礼义之乡。嘉靖二十五年（1546），以政绩最佳调升南京工部主事，分司仪真。著有《善山集》《善山语录》《格物说》等。

何春，字元之（一说字符之），何廷仁二兄。王阳明弟子。弘治十七年

（1504）甲子科举人。历任福建诏安、南直隶州（今安徽省）含山及六安州霍山等地知县。在诏安知县任内，何春"行乡约，禁图赖，毁淫祠，教民间习文公家礼。"

黄弘纲，字正之，号洛村。明正德十一年（1516）举人。曾师事王阳明，但亦有自己的独特见解，认为"天然良知，无体用、先后、内外、深浅、精粗、上下"之分。主张"性之于情，犹理之于气，非情亦何从见性？"强调求道必"反求诸己""深造自得"，修身则"不致纤毫之力，一顺自然为主"。嘉靖二十三年（1544）授汀州府（今福建省长汀县）推官，迁刑部主事，因得罪朝廷权臣而辞官归里。以师学授徒，长期不懈，与何廷仁齐名。著有《黄洛村集》二卷。

管登，字宏升，别号义泉。明嘉靖元年（1522）壬午举人。王阳明曾评价他："宏升，盛德君子也。""宏升可谓信道极笃，入道极勇者也。"嘉靖十一年（1532）壬辰，授广东肇庆府通判，职司戎行。三年后以才优迁广州府通判，监督管理薪给。课最，升湖广岳州府同知。丁忧归，卒于家。著有《吟劳集》。

袁淳，字育真，庆云孙。自幼聪明，年十二应童子试，构《五经》题义，挥笔立就，得到主司器重，补弟子员。明嘉靖三十五（1556）丙辰成进士，初授承天府（今湖北省钟祥市）司理，有治声。取古人之书，上自周秦，下迄元明，旁及稗官野史、柱下、天竺之语，分类编次第为二百二十卷，名曰《稽古大成》。论断评阅，具有特识。今其书半轶焉。自著有《罗岩集》。又，于嘉靖四十五年（1566）纂修《雩都县志》十三卷。

李涞，字源甫，号养愚，明代理学家。隆庆五年（1571）进士，历任宝应县知县、户部给事中、山东按察佥事、广西参议、佥都御使、都察院中丞等职。李涞为官清廉，致政家居，四壁萧然，惟聚徒讲学，寒暑易节勤讲不辍。晚年，刊刻薛暄的《读书录》和何廷仁、黄弘纲二人的文集，以训迪后学为己任。万历二十二年（1594），主持修纂《雩都县志》。死后，既列祀郡、邑乡贤，继又奉配享濂溪、阳明二先生祠，门人又专祠邑中，置祭田。

康熙十年（1671），同乡举人易学实多方搜集其著述，编成《李中丞文集》二卷。

郭端，字季正，生于明洪武年间。明永乐三年（1405）入京太学，授官行人司行人。永乐十年（1412）选为御史，出巡广东。因大胆揭露官员贪腐枉法，成祖皇帝下令表彰郭端。永乐十九年（1421），郭端赴京考绩，以功绩最大提升为奉议大夫，出任山东按察司事。永乐二十二年（1424）仁宗登位，令任随侍官。次年仁宗死，宣宗即位，即调郭端为交趾佥宪。

严铢，字文器。明弘治二年（1489）乡试，以《易》科成绩优异中举人，授杭州府推官。他明辨冤狱案件，清理盐税舞弊，剔除贪官污吏。提升为广西平乐知府，不久因病辞职回乡。死后，提学蔡克廉匾题"清白吏"，挂在严家门上，表彰其清正廉明。

易学实，字云浮，号犀崖，明末清初文学家。明崇祯十二年（1639）己卯举人，明亡后闭门读书、著述，年七十犹能灯下作小楷。曾编订《李涞文集》，手抄《困知录》，著有《犀崖文集》三十六卷、《云湖堂集》六卷。清康熙二十三年（1684），主纂《赣州府志》二十卷。

管乐，字亮揆。清乾隆七年（1742）进士。曾任湖南长沙府醴陵知县，调繁靖州府绥宁知县，署茶陵州知州，升湖北汉阳同知，黄州知府。著有《卧村制艺》《汉江课士录》《考信篇》。

李睿，字淇圣，号慕园。清乾隆二十五年（1760）庚辰，江西乡试第一名，三试礼部不中。著有《易经咀言》《说余闲吟》《菉园诗稿》《志余闲吟》。清乾隆十六年（1751）主纂《雩都县志》，独出体裁，考核精详，直笔无私。

第二节　于都民俗：孕育非遗的肥沃土壤

于都县地处赣州市东部，距赣州城区65千米，江西省会南昌422千米；东邻瑞金市，南接安远县，西连赣县区，北毗兴国县和宁都县；位于东经115°11'—115°49'，北纬25°35'8"—26°20'53"之间。总面积2893平方千米，南北长 83.25 千米，东西宽 63.33 千米。于都的山水形势大致是："山脉自北而南来，水道自东而西注。发祖于宝华，度脉于山子峒，耸秀于高岭。固石巩峙，龙障平开，清钓、寒峡拱其东，白云、夜光揖其西，罗岩、尧嶂对其南，此山之形势也。石城迢递，发源远自邻封，会江委蛇，会襟过于丞口，近汇双桥而左绕，别受孟口而右缠，正流曲包抱于城南，大气委输于赣壤，此水之形势也。"① 在这方山水的孕育下，成就了"衣冠都会，周庐万井""弦诵家风，力本右文"的历史与风俗。

于都是非物质文化遗产大县，其国家级、省级、市级、县级非遗项目之多令世人惊叹，且该地对非物质文化遗产的保护传承有章法、有成效，在赣南乃至江西省处于领先地位。这都与于都历史悠久、文化底蕴深厚，尤其是民俗文化丰富有着密切关联——大多数非物质文化遗产都可以视作民俗或民间文化。于都历史悠久，民俗文化也非常丰富而有特色，故而孕育出于都丰厚的非物质文化遗产。

历代修《雩都县志》或为其写序的学者、官员对于于都的民风、民俗都留有深刻的印象。

进士袁淳写道："雩治最古也，三代以上，邈哉邈乎。吾冈稽矣，汉高六年，灌婴立县治于东溪，以斯时筑斯城，盖表表乎与虔埒矣……其形势则据赣上游山水之所会也，九邑之所通也，亦足称清淑之乡。而观俗于野，犹有先民之遗风焉。"盛赞于都为"清淑之乡""有先民之遗风"。②

清代于都知县曾绍裕在为《雩都县志》作序时写道："盖雩山自岭峤而北折，经稽古山、固石至龙溪，折而南，历赤沙盘，逾雩江为雩都县治。其水，上合宁都、会昌诸江，至于水头东南流为雩江，处章贡之上流，间于八闽三楚百粤之冲。其先上世，实兼宁都、安远、瑞金、石城、会昌之城，高山大泽，固天下东南之一要区也。其山川之所生，有若黄宏（弘）纲、何廷

---

① 清同治版《雩都县志·形势志》。
② 明嘉靖版《雩都县志·序》。

仁，治其地者有若周敦颐、王守仁，皆足以廉顽立懦，尚矣。"[①]从对于都山水形势的描述，到转而写于都英才，力证其人杰地灵，换言之，"一方水土养一方人"。

据《雩都县志》记载："邑有六乡，下三乡之农，惟田是务；上三乡之农，遇隙为商射利。工执作为寻常求适用而已，不作奇巧，可不谓朴乎？商之巨者惟盐、布，其余委琐耳，此雩之四民也。大率风俗，无甚富甚贫，殆类古之齐民。冠、婚、丧、祭尚俭，居不求华，服不求侈，饮食不求异，器用不求奇，仆妾不求其饰外观，园池不求其供外玩，近古之一端也。"[②]此文具体叙述了于都"上三乡""下三乡"不同地域的不同生产习俗，以及于都民众"居不求华，服不求侈"的那种接近古风的淳朴民俗。

非物质文化遗产是各族人民世代相传并视为其文化遗产组成部分的各种传统文化表现形式和文化空间，可见，其核心是"世代相传"，亦即一种"传统"。与此相似，民俗又称民间文化，是指一个民族或一个社会群体在长期的生产实践和社会生活中逐渐形成并世代相传、稳定繁衍的文化事项，可以简单概括为民间流行的风尚、习俗，可见，民俗的核心也是"世代相传"。存在于当代的于都非遗项目，大多能在地方志中找到其历史发展的痕迹。

在《雩都县志》中，有不少于都古代生产民俗、生活民俗的记载，不难发现它们与现在公布的于都四级非遗项目的渊源。例如闻名遐迩的非遗项目——梓山酱油。在清代它是如何制作的？据《雩都县志》记载："酱油：色纯黑，味香甜。造法：春末夏初湿热之际，用大乌豆蒸熟，摊于板上，覆以稻草，七日生黄衣，洗净晒干，每豆一担，用盐八十斤，水八石，滤盐浸豆，又晒七日则味出，沥去豆，熬其汁为油，日晒夜露，不沾滴水，则经久不坏，愈陈愈佳，充入食馔，甘酦有味，堪与苏油匹，赣以下诸邑皆所不

---

① 清康熙戊子版《雩都县志·序》。
② 清同治版《雩都县志·民俗》。

及。"①根据我们对"于都梓山酱油"的调查，现今这一非物质文化遗产项目的生产流程，与上引100多年前的记载如出一辙。

又，据《雩都县志》记载："大禾，又名饶粘，似糯而不可酿，盖别一种者。米粒明润，味甘香，土人以屑作黄饤，为粉饵之珍。"②记载了古代做黄元米果的基本食材。"黄元米果"制作技艺是赣州市非物质文化遗产项目，传承至现在，其主要食材仍未改变。

又，据《雩都县志》记载："雩酒有数种。为日暂而水多者，曰时酒。为日久而水少者，曰老酒。既沛之而封其糟，复下水以沛者，曰陈糟酒。既沛之糟，用甑蒸之，取其气水之滴沥以为酒者，曰烧酒。冬至前后以曲下米，待其米尽化为液，入以烧酒，不用水者，曰蜜酒，甘香味醇，适口易醉，历年多者更佳。老酒可甲于诸邑，蜜酒可媲于越酿，诚不诬也。"③于都非物质文化遗产有"于都小溪酒饼的制作技艺""冬至酒的酿造技艺"等，可见，这些珍贵的酒工艺、酒民俗、酒文化绝非凭空而来，都有着悠久的历史，是民俗文化积淀而成的。

又，据《雩都县志》记载，古代于都盛产粮食、中草药、酒、糖等。这些，都是黄元米果制作技艺、蛰泥米果制作技艺、印子饼制作技艺、小溪酒饼制作技艺、霉豆腐制作技艺、罗坳索粉制作技艺、寒信索粉制作技艺、珍珠粉制作技艺、敦本堂民间中医等当代非遗项目的物质基础。

古代地方志还记载了于都繁盛的民俗活动，可知自古于都的礼仪都非常讲究，其各式民间信仰非常丰富，庙会活动也很频繁，如于都非遗项目："于都唢呐""于都古文""杖头木偶戏""客家春祭""中石练兵习俗""城隍庙会""银坑甑笊舞"等，都有其源远流长的历史和民俗文化方面的基础。这些丰富的历史文化与民俗，是于都非物质文化遗产生长的肥沃土壤。

---

① 清同治版《雩都县志》。

② 清同治版《雩都县志》。

③ 清同治版《雩都县志》。

第二章 国之瑰宝：于都国家级非物质文化遗产代表性项目探究

国家级非物质文化遗产代表性项目层次高，数量少，非常珍贵，常常被人们称为"国宝"。于都县现有国家级非物质文化遗产代表性项目2项，占整个赣南十八县市区国家级非物质文化遗产代表性项目总数的近六分之一，是名副其实的"国宝大县"。于都县这两项国家级非物质文化遗产代表性项目分别是于都唢呐"公婆吹"和"客家古文"。在此，结合文献资料及田野调查资料对这两项"国宝"进行探讨。

第一节 于都唢呐"公婆吹"

唢呐，原本是由波斯、阿拉伯一带传入我国的一种外来乐器，如今已经发展成为独具特色的传统乐器。唢呐发音高亢、雄壮，在民间的音乐戏曲表演中得到了广泛应用，成为中国各族人民使用最为广泛的乐器之一。在赣南客家地区，唢呐有着深厚的群众基础，凡是举办婚丧寿庆、盖新房、庆丰收、上大学等，都要请唢呐乐手来吹奏表演，唢呐一出，声盖十里。村镇上举行迎神赛会、宗族祭祀、传统节庆等大型活动，也必定有唢呐以壮气氛。在赣南各县市中，最有特色的要数于都唢呐。据统计，于都县共有唢呐乐队800多个，唢呐乐手2000多人，是一个乡乡有唢呐队，村村有唢呐手，常常能听到唢呐声的"唢呐艺术之乡"。[①] 于都唢呐之所以与众不同，在于其

---

① 周正元:《于都唢呐"公婆吹"现状调查与教育传承研究》，赣南师范大学2015年硕士学位论文。

有独特的吹奏形式，即"公婆吹"。吹奏时，采用两种型号的唢呐，即公唢呐和婆唢呐。公唢呐和婆唢呐长短不一，音色各不相同，公唢呐音色高亢嘹亮，婆唢呐低沉浑厚，交替进行吹奏，就像男女之间的对话，相互辉映，妙趣横生。2008年，于都唢呐"公婆吹"入选第二批国家级非物质文化遗产名录。

一、于都唢呐的历史

随着客家先民不断从中原地区迁入赣南，客家先民不仅带来了先进的生产技艺，也带来了先进的礼乐文明，唢呐艺术流传到赣南地区后，与赣南当地的一些民俗音乐不断融合，逐渐发展出了于都唢呐"公婆吹"这一独具地方特色的艺术形式。于都唢呐"公婆吹"的历史悠久，据《雩都县志》载："明太祖二十六年（1394）颁大成乐器于天下，各州、县如式制造。雩都（即今于都）崇圣祠祭祀的'部颁乐器'有大鼓一，楹鼓一……琴六并几，瑟三有架，笙六，龙笛六、凤箫二、埙二……排箫一等28项共315件。"其中，"龙笛"便是唢呐，又名"木笛"或"海笛"，又称喇叭。至今在于都县民间，仍将唢呐称呼为喇叭。[①]

据银坑镇汉田村刘氏1990年编修的《翰溪刘氏七修族谱》谱序记载，该家族"由南京官巷至南昌梓溪经吉安到遂川谐田、大汾、五斗江，于明朝嘉靖辛酉年（1561）再迁至于都"。该家族"亲疎宴会相接之礼，冠婚丧祭等秩然而有叙"。在《谐田记》中也记载了该刘姓与肖姓"比户联居，姓虽别而谊则亲，凡婚嫁寿葬一切喜哀等事，两姓贺吊往来式燕好会……"这些记载从侧面反映了其家族以吹唢呐为营生的历史。由于古时吹打艺人地位低下，很难上谱，因此，族谱记载祖传几代唢呐"公婆吹"的文献并不是很多，除了上述刘氏家族外，宽田乡的刘自福、刘有生祖孙三代也经营吹唢呐行业。[②]

---

① 于都县志编撰委员会：《雩都县志》，同治版，1986年版。
② 何小兰、曾文辉、晓光：《试析于都唢呐"公婆吹"》，《影剧新作》2014年第4期。

除了官方县志和民间族谱对于都唢呐有零星记载之外，于都当地还流传着跟"公婆吹"有关的传说。据传，唐朝末年，社会动乱，皇宫里吹打班子的"吹鼓手"秤砣牯带着弟弟秤星儿和皇宫里的舞伎翠婉儿一起逃出宫外。三人一路南逃，经汉水、长江、鄱阳湖，再沿赣江而上，来到赣南，最后来到一处村庄。村庄中有一座水府庙，庙主是当地有名的吹打师父，也喜欢吹唢呐。但是两个人的唢呐却形制不同，秤砣牯的唢呐哨片是用芦苇草做的，庙主的哨片是用当地的水竹子做的；秤砣牯的唢呐天心是铜制的，庙主的却是用当地的小黄竹制成的；秤砣牯的唢呐口是铜质的，而庙主的唢呐口竟然是陶瓷的。两支唢呐，一支吹出高音，一支吹出低音，非常合拍。于是两人结为兄弟，同时秤砣牯和翠婉儿在村里落了脚，办了婚礼。结婚当天，庙主和秤星儿吹唢呐为他们庆祝，他们吹的唢呐调就是"公婆吹"，又叫"大小闹"，从此以后，唢呐"公婆吹"就这样一代一代传了下来。

如今于都唢呐"公婆吹"，主要分布在于都县的宽田乡、银坑镇、葛坳乡、沙心乡、黄龙乡、禾丰镇、靖石乡等乡镇。同时，于都唢呐"公婆吹"还通过这些地区辐射到了邻近的瑞金、会昌、石城、长汀等县市，成为民众喜闻乐见的民间乐器。

二、于都唢呐的艺术特色

于都唢呐"公婆吹"是我国民间器乐中不可多得的一朵奇葩。"公婆吹"唢呐在一定意义上来说，是"平吹"唢呐的孪生姐妹，对研究客家文化具有重要意义。"公婆吹"唢呐由哨片、气闭子、天心、串子、铜喇、碗口等部件组成，两个唢呐以"公""婆"，即一长一短、一高一低的两支唢呐为主要乐器。为了在吹奏中表现得更为和谐、气派，往往会搭配上小堂鼓、小锣、小钹，或再加入大钹、大锣进行演奏，具有鼓板分明、粗细结合、高低融合等演奏特征。

（一）结构部件

"公吹"五个部件为哨片、铜天心、串子、铜喇、碗口；"婆吹"五个部件为哨片、铜天心、黄竹尾天心、串子、碗口。哨片原料为"水竹子"，也称"哨子草"，"公吹"哨片呈长三角形，"婆吹"哨片呈扇形。天心原料为铜制，也有用黄竹制作天心的，但发音没有那么响亮，"婆吹"有两个天心，上天心铜制，下天心竹制。串子的选材"公吹"和"婆吹"各不相同，"公吹"一般选用坚硬、密度高的梨木或者乌果子树，"婆吹"则选用松、脆、密度较小的梧桐木。铜喇和碗口的原料都是铜制，其中"公吹"有铜喇，"婆吹"没有。由此可见，"公吹"有三件铜制品；"婆吹"天心用竹子，串子木质与"公吹"不同，"婆吹"不用铜喇，因而产生出音色和音高不同的特征。现在的"公婆吹"唢呐还是由自制木管、竹制天心、用芦苇做哨组合而成，采用两人吹奏的形式，音调一高一低。

（二）唢呐形制

"公吹"总长71厘米左右，有七孔，唢呐稍短，哨片略尖，音色高亢嘹亮，具有平吹高昂的特点；音孔至第一孔音距约为4厘米，第一孔至第六孔每两孔之间音距均为3.7厘米。"婆吹"总长82厘米左右，有六孔，发出中

低音；六孔中，一孔至二孔的孔距为 43 厘米，二孔至三孔为 4 厘米，三孔至四孔为 7.5 厘米，四孔至五孔为 4.3 厘米，五孔至六孔为 4.3 厘米。"婆"唢呐比"公"唢呐略长，哨片呈扁圆形，音色相对低沉些，其中，哨片，扇形，长 2.5 厘米；气闭子，圆形，直径 3 厘米；天心，分为铜天心和黄竹天心，分别长 6 厘米和 12 厘米；串子，长 47.5 厘米，上直径 1.1 厘米，下直径 2.5 厘米；碗口，长 14.5 厘米，直径 14.5 厘米。"公吹"和"婆吹"的形制不同，"婆吹"的音色柔和浑厚而又优美悦耳，低沉委婉而又华丽羞涩。

（三）演奏方式

于都唢呐"公婆吹"的演奏方式灵活自由，根据演奏场合的不同，可以坐着吹，可以站着吹，也可以边走边吹，适应民间各种民俗活动的需求。但不管哪种吹奏方式，都要求头部端正，两眼平视，胸部自然挺起，两手抬起，使唢呐和身体形成 75 度角。[1] 唢呐是民间鼓乐班中的主奏乐器，很少作为单独乐器使用。一般而言，民间鼓乐班最小五人一班，即"公吹"一人，"婆吹"一人，小堂鼓一人，小钹一人，小锣一人。大可七人以上，即"公吹"一人，"婆吹"一人，小堂鼓一人，小钹一人，大钹一人。鼓乐班的大小可以根据需要而定，也可以加入其他乐器。[2]

在演奏手法上，"公婆吹"演奏时，锣鼓点基本上变化不大，一直按"叮（小钹）当（小锣）咚（小堂鼓）"来打。演奏时，锣鼓先奏，"公婆吹"再加进来，打击乐就按不变的节奏反复伴奏。"公吹"和"婆吹"有各种不同的变化，有高低八度进行合奏的，有以二声部方式进行分奏的，有分分合合、一唱一和演奏的，有两支唢呐各自即兴加花演奏的，还有两支唢呐交接按同度、三度、四度、五度、八度相叠加演奏。因此，于都唢呐"公婆吹"在整体搭配和组合形式上，演奏手法丰富、运用灵活多变。

在演奏风格上，由于"公婆吹"继承了北方民间音乐中单吹唢呐重视技

---

[1] 刘家盛：《江西于都唢呐艺术探析》，《北方音乐》2013 年第 6 期。
[2] 王芳、周正元、宋以桥：《于都唢呐"公婆吹"音乐形态研究》，《艺术百家》2016 年第 4 期。

巧和旋律的演奏风格，又突出了客家民间音乐中双吹唢呐重视即兴表演的演绎效果，于都唢呐"公婆吹"具有与众不同的、特色鲜明的音乐特征。"公吹"刚健粗犷、清新动听，且高亢激越、朴实平易；"婆吹"则柔和浑厚、优美悦耳，且低沉委婉、华丽羞涩。在吹奏过程中，通过与小堂鼓、小锣、小钹、大锣、大钹等乐器的配合，具有板眼分明、粗细结合、高低融合的艺术特征。

在曲牌特征上，"公婆吹"现有曲牌20余首，有徵调式8首、商调式9首、羽调式2首、宫调式1首，结构多为四句，也有六句的。基本上都是"起"句音调上扬，然后在高音上延长，"承"句落在羽音，"转"句在商音，"合"句则从高音下行到主音上结束。基本上都是以五声音阶为主，有时也加变宫音成六声调式。[①] "公婆吹"在结束时，"公吹"最后的音落在徵音上，"婆吹"最后的音落在商音上，两支唢呐不在同音上结束成为"公婆吹"的又一特色。

三、于都唢呐的传承情况

唢呐"公婆吹"的音乐曲牌如今仅存二十余首，但仍自成体系，独具风格。这些曲牌，有的是明清以来由当地艺人创作或外地流入的传统曲牌，如《尺字调》《乾调》《辞朝》等，并在历史的变迁和文化的交流中不断繁衍发展，成为具有浓郁乡土气息的民间民俗"音乐方言"。有的则是从地方戏曲中移植而来并加以融合的，如《四季调》《反合调》《将军令》等，这些都是当地民间办婚事的必奏曲目。此外，还有的是从大量的民歌中演变而来的，如《绣荷包》《麻调》等，饱含浓郁的乡情。"公婆吹"群众基础深厚，应用广泛。百姓嫁娶、丧葬、庆寿、庙会、乔迁、接送贵宾等都喜欢请上一对"公婆吹"热闹助兴，吹打手们有个顺口溜："婚丧嫁娶没有我，无声无息蛮

---

① 张晓艳：《赣南客家民间仪式中吹打乐形态研究——以于都唢呐"公婆吹"为例》，《四川戏剧》2014年第7期。

难过。"如在婚礼的接亲敬祖、出亲、拜堂、闹洞房、认族亲等仪式过程中都要用到唢呐。在男女方定好结婚日子的前一天一早，吹打师父一行人就先到男方家点香、敬神、放鞭炮、杀猪，接着吹打师父吹着小乐到厨房与厨师互拜。这时，吹打乐手就开始吹《大过场》，有客人来，就吹《麻调》《正调》《反合调》迎接。唢呐"公婆吹"在做白喜事时，迎接吊唁的宾客时奏"平吹"《阴阳会》。第二天拜灶神时，奏"平吹"《三步阳》。第三天晚上，打碗花、做莲灯、做琼书、糊鬼王。翌日，按照风水先生定的时辰，出殡、化笼、扎杠上路。"公婆吹"走到最后面，一般吹《崇子调》《麻调》《正调》等。

　　于都唢呐"公婆吹"的艺人多为当地农民，以拜师的方式习得技艺。之所以学习于都唢呐"公婆吹"这门手艺，除了艺人本身对唢呐艺术感兴趣之外，最重要的是可以通过吹奏唢呐获得生存资源——"公婆吹"是赚钱养家或者农忙之外补贴家用的生财工具。据于都唢呐"公婆吹"传承人肖卿华介绍，他从1975年开始拜师学艺，当时他只有22岁，之所以学习于都唢呐"公婆吹"主要是因为家里条件艰苦，吹奏唢呐不但有工钱，还可以有饭吃。他最开始在乐班跟师父学大锣鼓，后来学吹唢呐。另一位传承人管寿林也表达了同样的观点。管寿林是宽田乡人，小的时候父亲去世，家里兄弟姐妹又多，他便进了乐班跟师父学吹唢呐，养活自己。学习于都唢呐"公婆吹"的门槛不高，只要对民间音乐感兴趣，乐班的师父愿意接收，就可以通过在乐班跟班学习的方式学习各种乐器，最开始都是从基本的打击乐开始，敲锣打鼓，后面慢慢学习吹唢呐。[①]作为一门手艺，于都唢呐传承的动力主要来自养家糊口，所以过去学习于都唢呐的艺人大多家庭贫困，或者身有残疾。于都唢呐传承人刘家盛说："农村的唢呐艺人文化水平普遍不高，会吹的传统曲目是从父辈、师父或同行口耳相传而来的。"但吹奏技艺的高低直接影响

---

① 笔者曾先后对肖卿华、管寿林等于都唢呐传承人进行了采访，这些情况是采访他们时他们对其亲身经历和学艺体会的介绍。

到他们的生活温饱，所以学习起来非常卖力认真，这也使于都唢呐这门技艺传承至今。

于都唢呐的学习虽然是师徒传承，但主要依靠乐班，讲究相互合作。早期于都的乐班很多，主要分布在宽田乡、葛坳乡、银坑镇、沙心乡、黄麟乡等地。其中以银坑镇汉田村汉田组的"公婆吹"历史最为悠久，而宽田乡的"公婆吹"具有广泛的代表性。这也说明了其传承方式主要是靠乐班进行演出和带徒传艺。

"公婆吹"的演奏技巧丰富。靖石班的刘福长师父，可用鼻子吹奏，并能同时演奏两支唢呐；禾丰班的曾繁禄师父，颤音、倚音、滑音、单音、单吐、双吐、花舌各种技巧运用自如，能模仿各种鸟叫声来丰富乐曲的演奏；禾丰班的鼓手师父邱奇标表现力极强，在一个鼓上他能用手打脚踩不同方位，奏出轮奏高低效果。其最主要的代表性传承人有：

刘福长，1964年6月出生，男，汉族，江西于都县人，第一批省级非物质文化遗产项目于都唢呐"公婆吹"代表性传承人。师承廖传新，自幼学习唢呐吹奏，潜心研究吹奏技法，独创了鼻吹唢呐技法，在省内外都具有较高声誉。鼻吹唢呐演奏风格独特，曲调激昂优美，旋律婉转粗犷，低音浑厚雄壮，表现力强，实用性强，穿透力强，能渲染出各种不同的气氛，是一门不可多得的助兴吹奏。传承授徒刘振云、黄北长等。曾参加世界客属第十九届恳亲大会表演、赣州市第六届脐橙节、中国·江西国际傩文化艺术节等活动，2006年还受邀参加中央电视台《艺术人生》栏目，2009年获江西省首届民间文艺演奏奖。

刘有生，1960年3月出生，男，汉族，江西于都县人，第一批省级非物质文化遗产项目于都唢呐"公婆吹"代表性传承人。师承父亲刘自福。多年来，刘有生一直坚持唢呐"公婆吹"，并与郭二伏、谢海民、熊月长、曾冬长、郭文胜五人组成唢呐"公婆吹"演奏班子，在当地具有较高知名度，百姓争相邀请。此乐班沿袭了最原始的"公婆吹"技法，"公吹"激越高昂，揪人心肝；"婆吹"如泣如诉，呜咽苍凉，感人肺腑，具有强烈的艺术感染力。

刘有生有徒弟潘小祥，跟随学习唢呐"公婆吹"三年。刘有生班子的代表作主要有《正调》《反合调》《麻调》《崇子调》《中调》《高调》《满升调》《快板》《乾调》等。刘有生曾参加中央四套《客家足迹行》与《魅力江西》的于都航拍、中国鄱阳湖国际文化节唢呐"公婆吹"婚嫁展演、中国赣州国际脐橙节等活动。

邱奇标，1973年出生，男，汉族，江西于都县人，第一批省级非物质文化遗产项目于都唢呐"公婆吹"代表性传承人。师承刘三观生。邱奇标在打鼓时表现力极其丰富，在一个鼓上他能用手打脚踩不同方位，奏出轮奏高低效果。他长期活跃在民间，为各种热闹场面助兴。曾参加赣州市第六届脐橙节等活动。

在传统民间音乐的传承中，师徒传承一直是最常见的一种方式，对"公婆吹"来说也不例外。在那个年代，师父在教授徒弟技艺的过程中是非常严苛的。所以师父在徒弟们的面前，一方面以老师的身份教授知识，另一方面又以父亲的身份关心他们的生活，所以那个时候的师父对徒弟具有绝对的权威。在拜师之后，师父与徒弟之间的关系便如同亲人一般，师父利用空余时间教徒弟学习"公婆吹"，但徒弟必须伺候师父的饮食起居，这种关系远超越了如今学校教育中的老师与学生之间的关系。师父是有着绝对权威的人，由师父一人决定徒弟学习课程的内容、形式、时间等。拜师学艺的时间一般为三年，在这三年里，徒弟要完全听从师父的安排，没有工钱，只管三餐食宿。因此肖卿华和管寿林回忆起过去的拜师学艺的日子时都觉得很苦，当时拜师的时候要递拜师帖，师父还要考察，收取一定的费用。如果品行不端，手脚不勤，师父还会进行体罚等。拜完师父之后，从打杂开始，什么活都要干，帮师父家洗衣做饭，喂猪割草，做各种农活，等等，有演出的时候就带上工具跟师父到各乡镇演出，一边听一边看，心里慢慢记谱，就是在这样耳濡目染的氛围中把乐班的锣鼓、唢呐等所有乐器都掌握了。出师之后，师父会给徒弟置办一套唢呐工具，以后就可以自己去接演出。但是刚刚出师，很多演出也是跟师父合作或者挂靠在乐班，演出的收入按照比例一起分配。

每个乐班的艺人传授方式是不同的，但常用的方法是"口传心授"，徒弟们学艺都是通过眼看、耳听、心记的方式来学习。比如宽田乐班刘有生老师的传授方式是在徒弟熟知基本指法之后，让徒弟用录音的方法把他亲自吹的曲牌录制下来，然后让徒弟自己回去跟着录音带进行模仿学习。而寨面乐班肖卿华老师的方式是在仪式活动中教学，徒弟们一般都要跟随半个月以上的仪式活动，在这半个月中，肖老师不讲授任何内容，也不让徒弟们询问。半个月之后徒弟们才开始学习基本指法，学习指法并不是像如今老师一样手把手教授，而是徒弟们就仪式活动中一个音、一个指法地向老师请教。肖老师的徒弟寿林曾说："师父从来没有坐下来手把手地教授我们一次，都是我们在仪式活动中，不停地询问，用笔记录，而且每次不能问得太多，否则就会引起师父的严厉批评。"由此可见不同艺人的传授方式是不同的，而且传授过程也十分严厉。①

四、于都唢呐保护传承的措施

"公婆吹"是客家音乐文化的重要代表，其中蕴含着深厚的民俗内容和传统积淀，对赣南文化及民族音乐学研究具有极为重要的参考价值。如今，能演奏"公婆吹"的唢呐老艺人大多年事已高，不再从事演奏，而许多年轻人纷纷外出打工，传承乏人，于都唢呐"公婆吹"濒临失传，保护工作刻不容缓。作为于都唢呐的传承人肖卿华对此深有体会。2021年采访时，他介绍说，现在他已经68岁了，虽然身体还好，但是也有点力不从心。他带了几个徒弟，有些开始有点兴趣，后来就嫌辛苦，又赚不到什么钱，就去打工或者做其他事情了，能坚持下来的很少。随着老唢呐手的离开，新唢呐手还没有培养起来，唢呐这门手艺的传承就会出现断层。关于年轻人为什么不喜欢

---

① 周正元：《于都唢呐"公婆吹"现状调查与教育传承研究》，赣南师范大学2015年硕士学位论文。

唢呐，他总结说，首先是吹唢呐是辛苦活，以前学艺三年，师父叫干什么就干什么，现在的年轻人吃不了苦，坚持三个月就受不了，另谋出路去了；第二是吹唢呐收入不高，只有碰到红白喜事，有人请才有收入，对我们老年人来说收入还可以，农忙之余赚点小钱，还可以丰富一下生活，年轻人受不了这种日子，他们去做个买卖或者去工厂打工都比干这个收入高；第三是吹唢呐还是要点天赋，有音乐背景、有学历的又不愿意学，看不上这种民间艺术；有些愿意学的，文化水平又不高，又不愿意下苦功夫，很难把水平提上去。所以于都唢呐中缺少年轻人，有些也是半桶水，这个东西还是需要多看多听多记多练习。从肖卿华的讲述中，可以发现于都唢呐的传承大概存在着老手艺人的流失、新唢呐手的培养问题，要实现唢呐传承的新老交替，关键一点还是要提高唢呐艺人的收入，营造唢呐演艺的民俗环境。

基于上述现象，笔者认为，做好于都唢呐保护传承工作，可以采取以下几项措施：

一是保护于都唢呐的传承空间。于都唢呐能够传承至今，靠的是于都本地的婚丧寿庆、传统节日、游神赛会等民俗活动。根据非物质文化遗产活态保护和整体性保护的原则，要保护传统音乐就必须保护好传统音乐的演奏空间和传承环境。随着对非物质文化遗产的保护深入推进，与于都唢呐相关的庙会、传统节日、民间信仰等已经列入了非遗保护的范围，很多地方开始重视传统庙会、节日的经济价值和文化价值，许多民俗活动得到了恢复和发展，这些非遗项目的保护是整体工程，能够相互促进，协同发展。但是随着城镇化的推进，很多传统的民间音乐、传统的庙会虽然仍在举办，但受到巨大的冲击和挑战，因此要保护传统音乐，保护好于都唢呐的传承空间，必须要营造良好的保护传统音乐的氛围，在民俗活动中要鼓励和优先使用本地的民间音乐表演形式，同时用年轻人喜闻乐见的方式演绎传承的曲目，用传统的吹奏方式演绎现代的曲目，处理好传统和现代的关系，推进于都唢呐表演方式的时代化，扩大于都唢呐的群众基础。

二是保护于都唢呐传承人。传统音乐类非物质文化遗产往往集中掌握在民间艺人手中，他们是非物质文化遗产传承的主体，但随着老艺人的离世，许多珍贵的非物质文化遗产面临灭绝。因此，保护和传承于都唢呐，保护和培养传承人便成了关键。地方政府和文化部门应积极行动，对于都唢呐的艺人进行普查和认定登记，对技艺高超的传承人应给予适当的经济补偿，解决传承人的生存问题，并以适当的经济刺激调动民众学习于都唢呐的积极性。其次是鼓励传承人申报省级和国家级非物质文化遗产传承人，鼓励他们招生传艺，并采取各种奖励措施鼓励年轻人学习这些传统的艺术，解决地方非物质文化遗产传承后继乏人的问题。

三是推动于都唢呐进教材、进课堂、进头脑。乡土教育是爱国爱家教育的重要内容，当前各级政府和教育机构都在积极编写乡土教材，应该充分利用这一契机，将于都唢呐以图文并茂，浅显易懂的形式编入中小学乡土教材，引入中小学课堂，让学生从小就接触唢呐技艺，也可以邀请于都唢呐的传承人走进中小学课堂，现场演示和表演，从而培养下一代青少年对客家传统非物质文化遗产的认识。肖卿华介绍，他多次受邀走进于都各个小学，教小朋友吹奏于都唢呐，让小朋友近距离领略传统文化的魅力，他觉得效果还是不错的，很多学生虽然不会，但这就像一颗种子一样，可能在他们心中扎下根。为了拉进与小朋友的距离，他也会专门挑选小学音乐教材中某些曲目或者大家耳熟能详的曲目进行演绎。学生们最喜欢的就是乐曲《十送红军》，唢呐版的《十送红军》婉转悠扬，情感表达充沛，很受学生欢迎。与进教材、进课堂、进头脑相辅相成的措施还有推动于都唢呐进博物馆、进村史馆、进各类展览馆，让更多人了解和认识到于都唢呐"公婆吹"的魅力，使传统音乐得到各级政府以及社会各界的认可和支持。

第二节　客家古文

客家古文是一种在于都等地流传的民间曲艺，以演唱"古戏文"改编的曲目为主，因而称为"古文"。因其主要在客家地区流传，又被称为"客家古文"。

客家古文的表演形式是采用本地方言演出，说唱相间、以唱为主，配以乐器伴奏。他们演唱的大都是一些流传于民间的古老传说、神话和历史故事等，其内容多曲折离奇，有因有果，是非分明，内涵丰富，是当地人喜闻乐见的一种文艺形式。演唱古文的人多是双目失明者，以演唱古文作为谋生的手段。表演灵活方便，道具轻便简单，唱腔优美婉转。客家古文一般是由一名盲艺人独自完成，使用的乐器一般为勾筒、二胡、竹板、梆子、渔鼓、小鼓等，有时也会出现唢呐，表演者能够将多种乐器巧妙地结合在一起，被称为"一人一台戏"。

一、起源、流传及分布情况

关于客家古文的起源和流传，古代文献的记载匮乏，但在民间，特别是在盲艺人中，却流传着多种传说。

第一种说法是，客家古文源于唐朝李亚仙，先由他编写、唱诵再逐渐发展完善；第二种说法是，清代盲人为生计所迫，将听来的故事编成简单通俗的顺口溜加以传唱，后又加上简易的勾筒伴奏而逐渐传开；第三种说法是，古时有个皇帝的叔叔是个盲人，他苦闷不安，先是请人将故事编成唱文唱给他听，后来，皇叔自己学会了唱文，并慢慢地由他传唱开，一代一代地流传了下来。这些传说虽无可靠的文献资料加以证实，但其间似乎也透露出一点端倪，即古文大致是属于盲人说唱的一种民间曲艺，是一种追求光明、向往美好人生的平民艺术，它来自民间，也扎根在民间，虽然登不上大雅之堂，但却深受广大百姓的青睐，特别是受到盲人的钟爱。①

一般认为，客家古文早在明末清初便已出现，至清代日臻完善，尤道光年间（1782—1850）盛行，历经百年多的辉煌历史，至二十世纪七八十年代达到鼎盛，此后日渐衰微。

古文因主要在客家地区流传，因此被称为客家古文。主要分布在于都县

---

① 李启福：《非物质文化遗产评介》，《四川戏剧》2010 年第 2 期。

段屋乡、梓山镇、宽田乡、新陂乡、贡江镇、罗江乡、段屋乡等乡镇，同时辐射到南康、赣县、信丰、瑞金等县。

二、传统节目、新节目和长篇、短篇

相传客家古文的传统节目原有 108 个，如《割心记》《割袍记》《丝带记》《卖花记》《龙凤记》《琵琶记》《金簪记》《白扇记》等。但客家古文的表演内容也是与时俱进的，新中国成立之后又不断地出现了一些新的节目，如《宁都解放》《春光无限好》《只生一个好》《戒赌歌》《白石开红花》《计划生育好》《学习雷锋》《优秀党员廖书文》《治山治水》《学习人民解放军》《库下红旗飘》《歌唱八荣八耻》等。

古文脚本一般有长篇和短篇两种，长篇一般需要四五个小时甚至更长的时间才能唱完，如《卖花记》《珍珠塔》《卖水记》《钨金记》《铁牌记》《龙凤记》《二度梅》《半夜夫妻》《罗帕记》《水浒》《西游记》《薛仁贵征东》《薛丁山征西》《磨石记》《劈水记》《穆桂英挂帅》《蔡郎别店》《老少配》《妹子》等；短篇一般只需要半个小时左右就可以唱完，如《劝世文》《鲤鱼歌》《跌苦歌》《放牛歌》等。

客家古文还有短小的"静场"节目，俗称为"十八搭"，但大多今已失传。"十八搭"内容多曲折离奇，而且有因有果，是非分明，内涵丰富。其思想立意多推崇行善积德、重礼崇学、忍辱负重、勤俭持家等中华民族优良传统与优秀品格，鞭挞背信弃义、为富不仁、恶毒奸诈、好逸恶劳等社会不良习气与丑恶现象。

三、艺术特点

客家古文在唱词、曲调、表演等方面表现出鲜明的艺术特点。[1]

（一）唱词

客家古文在唱词方面表现出两大特点。

---

[1] 温建宁：《浅谈赣南客家古文的艺术特色》，《大众文艺》2015 年第 15 期。

1.使用客家语，尤其是大量客家独特的衬词。客家古文采用地道的赣南客家方言，像所有客家民歌和戏曲一样，它们都使用了大量客家独特的衬词，如"哎呀你格""你哇巨格""格札格""呀都""你就"等。如"（巨哇）古文要唱（哇个）有名（都哇）并有姓，（介个）古文（哎）要唱（哇个）有名有姓就要唱来听啊，古文（哎），古文就开始唱哪州（哇个）并哪府（哎）"（《割心记》唱段）。

2.客家古文的唱词结构比较自由，大部分是七字句。其结构形式为二、二、三。如"放了/九十/零九炮，东西/捡下/官船中，东西/捡下/（这）官船上（格），开起/官船/回家中"（《头名状元考到了》）。六字句、九字句、十字句、十三字句也有。如，"吉安府内有个叫（是哇）姓刘人，刘家（崖哇）庐陵吉水刘家有个叫作刘员外（哎）"（《割心记》唱段）。

（二）曲调

客家古文基本曲调结构多为四句体。以徵调式为多，偶有宫和商调式出现，曲调的音域较为狭窄，介于说唱之间，集中在中音区。其"起"句音调上扬并在高音上延长，"承"句多落于宫式徵，"转"句则变化较大，落于商、羽、角者都有，其节奏紧缩，最后一句"合"则大多数是从高音下行到主音上结束，音阶均以五声为主，有时也加入变宫而成六声音阶，而清角则很少见，一旦出现，往往起"移宫犯调"作用。

（三）表演

客家古文的表演表现出一些鲜明的特点。

1.客家古文由男性盲艺人以坐唱形式表演，使用客家语。表演多为自拉自唱，演职人员"一人一台戏"。伴奏不跟腔，有时则按节拍以弓竹击琴筒，以起打击乐效果。每段开头和段落之间有较长的前奏和过门，而在句间往往只用几个音阶进行点缀。

2.客家古文因伴奏器乐不同，其唱腔也各不相同。用木棒作伴奏演唱古文的，艺人用木槌敲击，这种击棒演唱古文的行腔，曲调比较单一，变化不多，但它有一个特点，就是唱中夹说，说中有唱，能乔装男、女、老少，根据性格和口音不同分别叙述，使人听时感到逼真、亲切而产生共鸣。用勾筒伴奏时（古文的伴奏乐器主要是勾筒），艺人广泛运用民间的提弓、滑奏、拨弦，以弓击筒及模仿自然音响等各种技巧，以丰富其音乐形象。特别是在曲头上，他们都尽力设计技巧性较高的前奏，用以吸引听众。同时他们还常常通过换弦来达到转调、离调及调式交替等的效果，以加强曲调的艺术性。其特点是行腔自由华丽、节奏快慢自如、唱腔高昂洪亮、情节表达淋漓。

3. 一曲多用、唱白结合。客家古文在演唱时，一首乐曲多是配上若干不同的唱词反复唱下去，如遇情节变化，就转换曲牌，唱腔中适当地插入道白，把说唱有机地结合在一起，从而使唱本中的故事情节层层展开，引人入胜。在总体上调式音阶、特色音高都相当一致，每个基本唱腔又都体现了艺人不同行腔风格和艺术特色，可以说"一师一调"甚至"一人一调"。演唱者借助面部表情、声调唱腔，真实细腻地描述山川万物，抒发喜怒哀乐，渲染环境气氛，评述功过是非。在乐器的伴奏下，唱中带说，说中有唱，为了表现故事中人物的性格，在道白时，艺人要乔装男、女、老、少，根据性格和口音的不同分别叙述，有时还会用乐器模仿活动时发出的不同声音，从而把故事情节、人物的音容笑貌等淋漓尽致地展现在人们面前，强烈地感染听众，使他们能够倍感逼真和亲切，产生心灵上的共鸣。

四、平民特质

客家古文与许多艺术形式不同的另一表现是它来自民间，扎根底层，从两个方面彰显出该艺术的平民特质。

（一）从客家古文人文内涵看它的平民特质

赣南客家古文每个正本都叙述着一个生动完整、曲折离奇的古代故事，这些故事有因有果，是非分明，含义至深。《磨石记》等大小一百多个曲目的内容，大多是推崇行善积德、重礼崇学、勤俭持家、忍辱负重的优良品格；摒击恶毒奸诈、好逸恶劳、背信弃义、为富不仁的丑恶现象。有基于此，客家古文唱本包含的平民特质，一是将情和理视为头等大事，讲述的多是男女之情和家族之情，是发生在老百姓自己身上的故事；二是包含平民百姓最为朴素的理想追求和美好愿望。如《灯笼记》，讲的是河南开封的沈继高与赵家小姐两家的家族情仇及两人的爱情故事，最后以沈继高中状元，荣归故里结束。故事中将赵家小姐塑造为知情晓理、重情重义的典型，故事的结尾更是满足了平民百姓的理想追求和美好愿望。

（二）从客家古文传唱看它的平民特质

客家古文是平民唱，平民听，完全属于底层百姓的艺术形式，这是它最基本的特质。古文说唱艺人本身就是底层百姓。比较有名的古文说唱艺人如顾亮光，先天性的双目失明，他 5 岁学习拉二胡，10 岁学习吹唢呐，13 岁拜师学唱古文，16 岁开始靠古文说唱行艺谋生；黄春芳，常年颠沛在西华山、荡坪钨矿等地卖唱为生，直至 20 世纪 80 年代末年龄大了而止，其他艺人也莫不如此。

古文是唱给平民百姓听的，平民百姓愿意听，听得起也能听得懂。低廉的成本、简便的形式是赣南古文成为平民文化的重要因素。由于赣南客家古文演唱方式为一人坐唱，也不需要很多的行头，演出简便灵活，以流动的串乡过镇的形式为主，走到哪演到哪，主要为贫苦的农民和生活在最底层的老百姓演出。演出的报酬也比较低廉，每家凑几毛钱，有点收入就可以，实在没钱的话，管顿饭也行。从演出地点来看也能较好地反映出客家古文的平民特质，无论是农家、蔗棚、矿场、茶馆，还是村委会，只要有老百姓想听，随地随处都可以成为客家古文的"舞台"。

五、传承谱系

客家古文近五代的传承情况如下。

第一代：江文武，男，现宽田乡人，1850 年生，卒年不详。

第二代：汤文通，男，现仙下乡高砚村人，1873 年生，卒年不详。

第三代：匡裕连，男，现银坑镇汾坑村水下组人，1908 年—1971 年。

第四代：段灶发，男，段屋乡杜田村人，1932 年生，1996 年去世，13岁跟随师父学习古文，由于演唱声情并茂，非常受群众喜爱，在全县各乡镇培养了很多徒弟。

第五代：肖秋林，男，段屋乡上塘村人，1949 年生，江西省客家古人传承人，主要唱本有《割心记》《割袍记》《劝世文》《文武记》《半边钱》等 20余本。刘安远，男，宽田乡马头村人，江西省客家古文传承人，18 岁跟随师父段灶发，学艺三年，21 岁从事古文表演至今，主要唱本有《丝带记》《卖花记》《龙凤记》《琵琶记》《金簪记》《白扇记》。

六、传奇的传承人——肖秋林 [①]

客家古文其基本的表现形式是，盲人通过颂唱古代史事、故事，以及古代戏剧曲艺来娱人，并借此获得观众的报酬以维持生计。而肖秋林堪称传承古文艺术而打破古文艺人唯有盲人这一规则的民间艺人。

1949 年，他出生于于都段屋乡上塘村老塘村小组，是一名烈士子弟。母亲刘毛女，家中还有姐姐、妹妹、弟弟各一人。肖秋林于 1962 年在当地的寒信小学毕业，因家庭贫困，当时年仅 13 岁的他就辍学学艺了。

据他叙述，他自幼就对民间器乐的演奏很感兴趣，只要有民间艺人来村演奏，他都会想方设法地去观看，并为此而痴迷。辍学以后，他就拜师学吹唢呐。第一个师父是肖从陌。在掌握了唢呐基本技能之后，他又接着学吹笛子、箫，拉二胡，弹柳琴，熟练地掌握了多种乐器的演奏方法。当时的艺人不仅会演奏，而且为了节省资金，往往会自己制作乐器。肖秋林对此很感兴趣，且有些天赋，很快又学会了制作笛子、二胡等乐器。当时这些民间艺人会在本地，也会去外地，以唢呐、二胡、笛子等乐器演奏，为人们的婚丧嫁娶奏乐。当时有一种艺术形式是"提线木偶戏"，很为人们所喜闻乐见。这种木偶戏的演出，也需要他们参与配乐伴奏。通过这些民间演奏，他们也能获得相应的报酬。

但是，演奏的事情并不是天天都有，而吃饭穿衣却是每天必不可少的。因此，在当地没有演奏事务的空窗期，肖秋林就会到外地从事副业。于都自

---

① 这部分材料主要来自笔者对肖秋林的采访。

古有一个习俗，即男人在农闲时去外地从事副业，尤其是补锅、弹棉花等，为于都人一种驰名遐迩的绝活。肖秋林曾经跟着姐夫去安徽帮人弹棉花、拔鱼草等，他为人勤快又热情，很受当地人的欢迎。在安徽期间，他也携带了唢呐、笛子、二胡等乐器，在干活之余，他吹笛子、唢呐，拉二胡，吸引了许多感兴趣的人。因为他演奏得好，因而就有不少人主动请求他为当地的婚丧嫁娶等事进行演奏。他也乐此不疲，这本身就是他的兴趣爱好所在，通过表演，又增加了收入，可谓是一举两得。在安徽一个乡村里，一个耍猴的老民间艺人教会了他演唱布袋木偶戏。"文革"结束后，肖秋林制好木偶、道具和"布袋"（戏台），开始商业演出。

　　回到于都后，一方面出于好学，另一方面，客家古文一直在于都一带为民众所喜闻乐见，有着非常深厚的群众基础，为更好地谋生，肖秋林决定拜师学习客家古文。他所要拜的师父名叫段灶发。段师父是当时于都演唱客家古文的著名民间艺人，是一个盲人。他的从艺之路有一个机遇，他小时候因病双目失明，父母都为他以后的生计发愁。有一天，来了一个盲人到他家乞讨，他的父母非常善良，收养了这个盲人。这个盲人姓匡，谙熟客家古文，他感恩于段家的收留，于是，就把这门技艺传授给了段灶发。段灶发悟性很高，很快就成了当地小有名气的表演客家古文的民间艺人。

肖秋林所面临的一个难题是，客家古文历来是在盲人之间传承，是盲人讨生计的一门手艺。肖秋林的出现，等于是要打破这一历史上长期形成的不成文的惯例及模式。但肖秋林还是鼓起勇气，向段灶发师父表达了他对客家古文这种民间艺术的热爱。他的情怀感动了段师父，加上肖秋林当时在演奏唢呐、笛子、二胡等民间乐器方面已经炉火纯青，具有十分扎实的艺术功底。于是，段灶发师父破例招收了第一个"光眼"徒弟。段灶发见他为人忠诚而聪明，就把唱古文的"技巧"告诉他，并说："我是盲人，靠别人唱或读给我听，我记到后再唱给别人听。你能识字，自己能看书，你就拿到有关故事书本来看，记住后，用唱古文的形式说唱出来就是了。"肖秋林听后按照师父传授的方法认真实践，他找来许多采茶戏本子，将它们改编成古文。后来，他不仅掌握了百余个古文本子，还对唱古文的配乐进行了改编：以往的配乐是音调单一的拍渔鼓筒，他增加了音律更丰富的三弦，以及更能表现喜怒哀乐情绪的二胡。这种改编，收获了听众们的好评。

肖秋林对于古文的热情，再加上其民间艺术方面的功底与天赋，使得他很快就成了表演客家古文的高手。

他的表演以方言为主，唱腔优美婉转，时而拉奏勾筒，时而弹奏三弦，时而手击渔鼓，表演形式灵活多变。其唱腔高昂洪亮，节奏快慢自如，情节表达淋漓。他吸收赣南客家民间歌谣，具有浓郁的地方客家色彩，借助面部表情、声调唱腔，真实细腻地描摹自然万物，抒发喜怒哀乐，渲染环境气氛，评述功过是非，其中有许多是励志奋斗、尊老爱幼、邻里和睦、克己奉公、恭谦礼让的内容，使听众产生强烈的共鸣。并且，他还将赣南采茶调、山歌、道情、采莲曲等形式融于古文中，大大地丰富了古文的表现力。

他一方面满怀激情地为本地民众表演客家古文，一方面为了生计走南闯北，到外地从事客家古文以及其他民间艺术形式的表演。

他一端挑着装满道具的"百宝箱"，一端挑着活动支架与花布组成的"戏台"，四方游走，表演古文和布袋木偶戏。在二十世纪七八十年代的中国农村，文娱活动非常少，看戏是最主要的娱乐形式之一。肖秋林凭着一人便能演出一台戏的本领，成了那个年代赣南等地巡演的"好把式"。

"有些年我还是赚了不少钱。"爽快的肖秋林师父并不掩饰自己通过表演改善了生活这一事实。他说："我到一个陌生的地方，往往是找到一棵大树，然后坐在树下自弹自唱，不久，就有路人或当地人闻音乐声而来。"在欣赏了乐器表演之后，有的人就会问："能不能到我们村里进行表演？"肖师傅欣然应诺，于是，他就会在村里进行客家古文及各种民间艺术形式的表演。"都会按照说好的（价格）付钱，没有赖账的。"笔者问，这样孤身一人外出表演是否安全。肖师傅回应说："长期在外面演出，从未遇到过抢劫或者刁难我的事情。"他感到，农民们对客家古文的兴趣还是非常浓厚的。"他们有这方面的文化需求。"肖秋林深有体会地说。

肖秋林在几十年民间艺术的演出中，不仅熟悉了唢呐、二胡、笛子、三弦等表演的主要乐器，还自学了许多其他乐器的演奏法，成为能够熟练地掌握系列民间器乐的高手。

肖秋林还有一个绝活，即制作民间乐器。在他的乐器存放室里，我们看到了各种各样造型精美的乐器。它们排列得整整齐齐，不仅是肖秋林进行客家古文和木偶戏演出时的得力助手，而且是肖秋林亲手制作的、他十分看重的"宠儿"。

2011 年，肖秋林被江西省文化厅命名为省级非物质文化遗产项目客家古文代表性传承人。他重视客家古文等非物质文化遗产的保护和传承，尤其是对国家级非物质文化遗产于都古文更有一种传承的责任感。从 2011 年开始，他免费收徒，传授于都古文和布袋木偶的表演说唱，成立了雩山韵剧团，带领 15 名团员，经常深入乡村和社区进行公益性演出。近些年来，他带着雩山韵剧团深入于都县城 14 个社区、20 多个乡镇敬老院巡回演出。他在北门街设立了文艺活动室，免费接待前来学艺或听古文的学徒和听众。

为了更好地保护、传承、宣传非物质文化遗产，在于都文化站的大力支持下，他又承办了雩山韵艺术团，不定期地进行非遗类节目的演出，包括客家古文、布袋木偶等艺术形式。

在采访中，肖秋林满怀深情地说："以后我们雩山韵艺术团要定期演出，可考虑收 5—10 元门票作为演员们辛勤劳动的一点补贴，但是，不管是收入多也好，收入少也好，甚至没有收入，我们都要将演出继续下去，使得于都的非物质文化遗产传承下去。"

肖秋林平时工作和"雩山韵"艺术团的演出场所是在昭忠祠。昭忠祠位于于都县贡江镇建国路 27 号，清代建筑，坐北朝南，砖木结构，门面为八字牌坊式，宽 9.4 米，进深 36.4 米，高 7 米，占地面积 342.16 平方米。

一进大门，就有一则题为《昭忠祠古今》的文字，介绍了昭忠祠在苏区时期的辉煌：它是于都县文物保护单位，是赣南首个县级红色政权于都县工农兵革命委员会的办公点。

昭忠祠有着悠久的历史，兴建于清代咸同年间。古本《于都县志》记载了该祠的修建始末：

> 咸丰七年丁巳（1857 年）奉旨敕建，时邑侯潘公毓瑞，初买衙背梅氏祠门首右边地基一大块，建造祠宇。十二月贼毁，仅存基址，计直长十丈八尺五寸，横阔五丈一尺五寸。至同治元年壬戌（1862 年），邑绅劝城乡殷实捐输数百金，另买衙背李宅房屋一所，创建未竣，三年（1864 年）秋又毁于贼。五年（1866 年）训导罗士恂，举人何戴仁、洪霖，职员吴树榆，中书衔生员刘经郡，中书衔廪生张炳等，酌议修复，费无所出，时有统领祥军刘公胜祥，捐奉洋边四百圆，复劝城乡殷实，捐钱数百串，犹未竣。六年（1867 年）春，邑侯颜公寿芝将考棚经费一百串毕其事。建造前后三栋，前栋左右厢房二间，左边厨房一间，计费一千余金。祀阵亡邑侯顾公友仁、杨公毓藻，前任莲花厅县丞许公彤封，典史许公恩培，训

导蒋公岜，把总徐公荣升，外委刘公景荣，及阵亡官绅、军勇，殉难妇女，各列位次。前邑侯潘公毓瑞捐廉九十串，邑侯颜公寿芝筹款一百二十串，交绅首吴树榆管理生息，为春秋祭祀、中元烧纸费。[①]

可见，清代创建昭忠祠是为了纪念和祭祀当时阵亡的官军及殉难的妇女，而现在其整个功能都发生了变化。尤其是自 2013 年秋至今，昭忠祠成了群众文化活动中心，是肖秋林有着深厚感情的工作舞台，更是宣传、表演和传承客家古文的重要场所。雩山韵艺术团也驻扎于此，从事以客家古文为主的非物质文化遗产项目的演出。该艺术团在进行演出时，每次都吸引着许多热情的观众，其中，既有本地的客家古文爱好者，也有不少外地慕名而来的游客。

七、挑战与机遇

于都古文从演唱形式到内容都体现出"与时俱进"的特点。于都古文的表演起初仅是打击竹板或渔鼓伴唱等较为单调的形式，后来，经过艺人的不断改革和充实，又增加了二胡、梆子等多种乐器。过去，于都古文演唱的内容主要是古代的人和事，而在土地革命时期，在苏维埃政府的领导下，于都的古文艺人配合当时的形式，新编了《十八搭》《送郎当红军》《抗日救国》等短小精悍的曲目，宣传革命思想，动员劳苦工农参军参战，发挥了古文的战斗作用。

随着时代的发展，客家古文的传承也面临着新的挑战。一方面，"古文的传承所面临的严重考验，进入 20 世纪 80 年代以后，随着经济的飞速发展，现代文明越来越深入到农村每个角落，农村文化已进入日新月异的多元化结构状态。古文的演唱接受着各方面的挑战。由于社会福利事业的普及推广，生活水平提高，大部分盲艺人已停止演唱，安享晚年，古文日陷后继无

---

① 清同治版《雩都县志·卷五·祠庙》。

人境地。"①但另一方面，在出现挑战的同时，也为客家古文的发展带来了新的机遇，"从古文音像制品的出版与畅销，到一些旅游点和休闲场所不时推出古文节目，个别专业文艺团体也开始由健全人试演古文。所以，若有得力的政策性保护，这一珍贵的民间文化遗产或许能走出困境，在民众之中继续传承下去。"②基于国家保护传承非物质文化遗产的基本政策和大环境，再加上肖秋林等传承人的不懈努力，总体来看，客家古文的发展前景还是相当广阔的。

---

① 陈红：《赣南客家古文探析》，《农业考古》2007 年第 6 期。
② 陈红：《赣南客家古文探析》，《农业考古》2007 年第 6 期。

第三章　民俗与传统医药

第一节　民俗

一、银坑甑笊舞

甑笊舞是赣南于都流行的一种祀神仪式，其作为一种民间艺术类型，是赣南传统民俗舞蹈的典型代表，也是民间文艺中充满特色的舞蹈类型，至今已有700多年的历史。甑笊舞在于都当地的地域环境、历史文化和民众的孕育下，既有着深厚的历史渊源，又有着丰富多样的表现内容和表演形式，蕴含着独特的地域文化和精神内涵。

（一）历史渊源

当地人在甑笊舞表演过程中将舞蹈与敬神仪式相融合，所供神为"曾、杨、赖、七"诸公，又叫"禾米神"。

甑笊舞的起源共有三种说法：第一种说法是战国时期楚国人屈原全家都不幸患病，有一天夜里屈原梦见河下有人在划龙船，他想为家人祈福，于是祈求划龙船以驱病，因此有了划龙船请神驱病的来由。第二种说法是传说一位施姓外来人传授于都当地人跳甑笊舞，此人为泰和人。也有人说甑笊舞是一位大河渔民所教。之所以出现"泰和"和"大河"的差异，是因为二者为谐音，其出现口头上的发音差异也和当地的方言音调有关。当地出现这两种不同的说法，而于都九座屋场没有过施姓之人，也没有额外的文字资料来佐证，所以不能说哪个解释更可靠。第三种说法是宋朝岳飞曾驻兵在银坑，围剿农民起义军彭氏和陈氏。他对俘虏缴枪不杀，彭、陈余部退守在山洞。岳飞于是想了一个计策，他晚上在军营与百姓庆贺，跳起"敬神舞"，用这种方式来迷惑敌人。实则他暗地里派了一支敢死队奇袭山洞，最后大获全胜。于是，为了纪念众将领的功勋，此舞在银坑九屋场流传下来。这一传统，在县志中也有部分记载。

（二）基本内容

甑笊是用竹子做成的，原本是用来洗刷锅盆的生活用具，后来逐渐演变为舞蹈道具。人们双手持甑笊进行敲击是为了驱鬼、祭祀神灵。对甑笊舞的信仰与当地的生产生活环境有关，由于江西丘陵多，平地少，又是多雨季节，经常会发生洪涝、泥石流等气象灾害，人们对此充满畏惧且无能为力，因此当地人把期盼人们生活安康、风调雨顺的美好愿望寄托于各路神灵，希望通过求助神灵而得到帮助。"甑笊舞"这一具有极高仪式性的舞蹈由此逐渐创造出来。

1.甑笊舞所需用具

（1）甑笊：方言又叫"甑刷"，是一种用黄竹做成的用于洗刷锅盆的生活用具，长约1.2尺，直径约为1寸。制作方法是取竹子一截，将竹子的一端约四分之三处破切成许多小细条，另一端扎成一捆，或者也可以不扎。

（2）三角红旗：3尺红布沿对角裁开。

（3）狮毛狗：在长约6尺的竹竿顶部系上红布条，往下约1.5尺的地方贴满白、绿、红三种颜色的长纸条，其尾部呈三角形，因其与狮毛狗的尾巴相似而得名。

（4）小旗：旗杆长约2尺，小旗呈红色三角形，白色、绿色镶边，旗底边长为1.5尺，宽为1尺。

（5）通天旗：旗杆长约7尺，旗宽约7寸，长约1.2尺。

（6）桨拍：因为形状和划龙船的木桨相像而得名，是表演划桨者的道具。

（7）蒲扇：一把用蒲葵制作而成的扇子，是灶背王所使用的道具。

（8）令旗：舞令旗的人所持有，在表演仪式中可以起到驱鬼辟邪的作用。

2. 表演区域及时间

甑笊舞仅在于都银坑镇银坑村的上营、中营、下围、撒网形、新屋、老街、冇丘、席塘九座屋场进行表演，没有涉及其他的屋场、村落，至于原因不得而知。

甑笊舞举行的时间是每年正月初七到十五，共九天，只演九场，吃九餐，因此也称为"九餐元宵"。[①] 到每年正月初六，各屋场的代表集中到一起商议甑笊舞表演顺序和要演出的屋场，由最先表演的屋场准备接下来要演出所需的道具。

3. 表演人物及演出背景

表演甑笊舞的人数至少27人，多则不限。必备的表演角色有艄公和艄婆各一人，表演灶背王、划桨、舞狮毛狗、舞通天旗的各一人，四到六人舞小三角旗，其他人敲击甑笊。演出人员都是男性，其中的女性角色艄婆也由男性来扮演。表演过程中采用打击乐来伴奏，大鼓、大锣各一面，大头钹一副，总共需三人。

"文革"之前，甑笊舞演出时会在祠堂张挂一幅大彩画做背景，结束后包妥收藏好，来年再用。彩画上画有五雷八将、二艘竞渡龙船和被驱赶的妖魔鬼怪。彩画描绘了划龙船时人间仙境的盛景，营造出万民同乐的喜庆气氛。彩画中龙船里的人物和服饰与《船歌》本中记载一致，与当地老人回忆说的，甑笊舞的服饰也一样。但背景画已毁，现在当地人演出时已不再设置舞台背景了。

4. 演出过程

表演活动在九个屋场轮流进行，一个屋场表演一天，每个屋场进行大致相同的仪式过程。其基本流程为：请神→"闯五营"→"吃元宵"→唱《船歌》→"打甑笊"→送神（最后一天）。

演出前，每个舞者都要把香烛燃上，然后再喝酒。在仪式前奏乐结束

---

① 李江妹：《赣南民俗"甑笊舞"的形态特征探析》，《艺术评鉴》2020年第15期。

后，艄公在右后方起赞语："儿郎们！"众人们答道："哟！"然后纷纷从四面八方上场，站好圆圈队形。接着艄公领赞，众人回应。众人在高喊"哟——嗬"声时，举起甑笊，在原位敲甑笊四次，艄公从右后方退下。此时伴舞曲起。在表演过程中，几位识字的长者捧着《船歌》本唱船歌，众人和唱船尾（衬词），唱完一小段后，接赞语。[1] 然后接着跳舞，跳完之后放鞭炮，表演者退场。重复这一过程共十一次，人们俗称"十一艄"。在表演中场可以休息一次，人们喝酒助兴。到正月十五时，人们需要唱完整本《船歌》，跳四十四次，跳至正月十六凌晨。然后所有人和周围的村民们敲着锣鼓，吹着唢呐，鞭炮齐鸣，将纸糊龙船抬至河边，把龙船和跳舞的全部道具烧掉，叫作"送神"。

演出中共有六种队形变换，如下：

第一种众人面对台中，逆时针方向做"敲甑笊"动作，舞三角旗者做"作揖"动作。

第二种队形，敲甑笊者除了内圈的四位舞者有队形的小幅度调整外，以及在动作的第五拍时可敲甑笊两下，其余舞者始终保持队形不变以及逆时针方向敲甑笊四下，舞小三角旗者动作队形也一直不变。

第三种队形，众表演者继续做敲甑笊原动作。众人动作一直保持不变，主要富有变化的是内圈敲甑笊的四位舞者和四位舞小三角旗者。他们以逆时针换队形，变成一个由四位敲甑笊者为核心的小圆圈，再到由四位舞小三角旗者为核心的小圆圈。

第四种队形，四位敲甑笊者和四位舞小三角旗者进行队形互换，变成四位敲甑笊者之间位置的逆时针调整，舞小三角旗者也一样进行位置的逆时针调整。反复两次之后，两位敲甑笊者面对面敲击甑笊一次，再一次互换位置，剩余两位敲甑笊者做相同动作。音乐可反复多次，舞者变换位置也随音乐任意反复。[2]

---

① 谢丽：《于都甑笊舞的艺术形态及其保护》，《戏剧之家》2018 年第 25 期。

② 李江妹：《赣南民俗"甑笊舞"的形态特征探析》，《艺术评鉴》2020 年第 15 期。

第五种队形，内圈四位敲甑笊者从小圈回到外围的大圈上，和第二圈四位舞小三角旗者以及众舞者站同一个圈。众人在"哟——嗬"声中举起甑笊，朝逆时针方向运动敲击甑笊，反复两次。然后众舞者保持不变做原动作，内圈四位敲甑笊者向台中变换位置。这时艄公、艄婆做"摇橹"动作，灶背王做"欢跳"动作从右后出场至台中，各自做原动作任意反复，逆时针方向转动。灶背王在台中领号子："哟嗬！"众人回应："划龙船！"激昂的号子声配上敲击的甑笊声，声调愈来愈高，形成了一派热闹非凡的景象。① 艄公、艄婆在做完原动作后从右后方下场，众舞者保持不变，随后内圈四位敲甑笊者从四方退场，最后台上只剩下敲甑笊者围成的大圈。

第六种队形，六位敲甑笊者做原动作到台中合成内圈，众敲甑笊者动作队形保持原样。一人举通天旗做"摆旗"动作，另一人举狮毛狗做"举狗"动作，另一位划木桨做"摇橹"动作，三人从右后出，分别在外圈。这时甑笊舞表演已接近尾声，在动作反复三遍后，打击乐节奏逐渐加快，众人也越舞越快。在第二遍击乐时，众舞者继续做原动作，但边舞边彼此靠紧，直至内圈、外圈越缩越小。② 这时内圈六位敲甑笊者在头顶敲击甑笊，其余舞者在胸前敲击，反复三遍。在第三遍时，丢爆竹进入内圈，众舞者每退一圈，都需要喊"哟嗬"一声，外圈三个人则继续在外圈跑转，举狮毛狗者从外圈到里圈，双手举狮毛狗做上下举旗动作。音乐结尾时，众舞者原位在头顶相击甑笊，外圈从四面退场，内圈依次退场，演出结束。

每逢甑笊舞进行表演时，男女老少都会聚集到一起，拉家常、叙乡情，津津乐道，呈现出一派其乐融融的景象。演出过程中，人们集中聚拢在一块围成圆圈，不仅有利于互相之间的交流，而且有利于团结。旁观者在观看时往往会纷纷拿起甑笊，加入舞蹈的行列中去，越舞人越多，越舞越热闹。人们通过参与甑笊舞，可以悄然化解之前结下的小矛盾，增进感情，增强团结

---

① 李江妹：《赣南民俗"甑笊舞"的形态特征探析》，《艺术评鉴》2020年第15期。
② 李江妹：《赣南民俗"甑笊舞"的形态特征探析》，《艺术评鉴》2020年第15期。

意识和集体荣誉感。特别是村里的一些老人，在仪式中格外体现出他们的重要性，也让他们得到了极大的尊重和认可，有利于弘扬尊老爱幼的优秀传统美德。

（三）主要特征

1. 甑笊的运用

第一种作为划桨，表现划船的动作；第二种当"闹笊"，用于驱赶害人的野兽；第三种是敲击甑笊，可以发出清脆的响声，为舞蹈增加节奏感，同时可以活跃喜悦气氛。仪式中打击乐与舞蹈动作紧密结合，基本上是一拍一下、一拍一步，不仅音乐质朴明快，而且多人参加声势浩大。

2. 演唱

表演过程中有打击乐伴奏，演唱时无伴奏。演唱为一领一和的风格，艄公领上句，众人和下句，整个表演唱《船本》。

3. 基本步伐

两步退半步，要求屈膝，身立，步子大，一进一退，不显单调富有变化。桩低，双腿必然用劲，身子挺直，步子迈开。加之双手敲击甑笊的分量，甩动幅度大，配上激昂的号子声，其动作极为粗犷、古拙。[①]基本动作中，不是一直蹲着，六拍当中，后两拍起身直立，随即立马下蹲，再后退半步，富有变化。舞蹈队形始终是圆圈，并做逆时针方向运动，铿锵的节奏，粗犷的舞步，进退起伏的转化，使之在有限的空间体现了龙舟竞赛那种你追我赶的热烈场面。[②]

4. 信仰体现

甑笊舞仪式活动具有祭祀仪式的功能，因为甑笊舞的每一组队形变化、每一个动作以及每一个人物角色的安排，几乎都对应着祭祀仪式的程序和功能。当地人认为由众人聚拢围成一个圆圈做逆时针方向的运动，并且有节奏

---

① 谢丽:《于都甑笊舞的艺术形态及其保护》,《戏剧之家》2018年第25期。

② 谢丽:《于都甑笊舞的艺术形态及其保护》,《戏剧之家》2018年第25期。

地敲击"甑笊",意味着能把流落在人间的鬼怪驱赶到一起,不让它们四处散落逃脱,然后集中进行驱灭。同时,全体舞者在队形中朝向中心,小三角旗舞者打躬作揖,敬神礼拜,划船赶鬼,再从外围伸向中间的"狮毛狗",更形象地表现了驱鬼压邪这一内容。村民们通过甑笊舞仪式本身,寄托了当地人对幸福安康、风调雨顺美好生活的向往。

（四）传承与保护

1. 主要传承人或群体

甑笊舞的传承群体有 19 人。其中传授者有旷称生、钟晓明、管让祥、管永才、张声伟、胡光福、林琴虎、王红兵、旷开泰、刘泰铜、钟云禄、杨财升。表演者有江元森、钟起焕、管永奇、钟秀标、管让流、管永海、刘东升。他们都是银坑村人,年龄在 40 岁至 90 岁之间,50 至 60 岁的人占大多数,其中年龄最小的为林琴虎师父,年龄为 40 岁,年龄最大的为张声伟老人,年龄为 90 岁。

代表性传承人有两个,分别为旷称生和钟晓明。

2. 传承困境

由于甑笊舞在每年正月初六开始准备表演,此时村里的一些年轻人都准备外出打工了,其余老年人体力有限,对甑笊舞参与度不高,因此每年表演甑笊舞的惯例渐渐被打破。据笔者了解到,在银坑村,这一表演仪式至少有七八年没有再进行过。此外,现在的年轻人更追求时尚潮流,对甑笊舞的参与兴趣不大,传承文化的信仰淡薄,愿意学习甑笊舞的人逐渐减少,造成甑笊舞表演者青黄不接,呈现出后继无人的现象。现代互联网的普及,人们可以接触到多样化的事物,其娱乐消费方式多元化,甑笊舞原本的娱神娱人性质逐渐转变为娱神性质。总之,在现代化语境下,甑笊舞逐渐被人们所淡忘,得不到应有的重视和保护,处于边缘化境地。

3. 传承与保护

近年来,于都县面对甑笊舞的现实遭遇与传承困境,采取了一系列措施来保护这一濒临消失的文化遗产。于都县非物质文化保护工程专门成立了领导小组，对甑笊舞进行深入研究，了解甑笊舞的历史文化渊源、发展及传承情况。2007年，于都县文化局组织专业人员深入相关乡镇进行普查，对提供素材的艺人给予了适当的补贴。领导小组成员负责了解甑笊舞表演者的情况，收集、整理、拍摄一部分唱本、图片、影像资料等，将收集的资料进行归类、整理、建档、保存，目前已形成文字资料《民间舞蹈集成》。在甑笊舞所涉及的屋场，将甑笊舞新秀集中培训，不断培养新人，壮大队伍，使之传承下去并发扬光大。2005年，都县银坑镇政府出资，组织该镇甑笊舞艺人排演了一出甑笊舞节目，参加于都县元宵文化广场活动的演出，赢得一片叫好声。

此外，于都县政府将银坑镇银坑村列为甑笊舞演出示范点，每年当地中小学都有"甑笊舞进校园"的文艺活动，合理打造甑笊舞的文化品牌，开发利用其文化价值，发展文化产业。

于都甑笊舞作为一种禳神仪式和祭祀活动，表达了民众祈求福寿安康、事事顺遂的心理诉求，对研究客家民俗文化和民俗信仰具有极高的价值。目前甑笊舞面临着内部和外部双重压力，遭遇到一些传承困境，政府和人民都采取了相应的措施来保护和传承这一非物质文化遗产。甑笊舞作为赣南民间舞蹈的代表，我们每个人都应该积极了解这一根植于赣南沃土的文化宝藏，使文化遗产不至于受人冷落。只有人民都以之为傲，才能真正使甑笊舞文化传承下去。

二、于都城隍庙会

于都县城隍庙建在323国道梓山镇潭头村。于都城隍庙建筑历史悠久，在发展中不断完善设施结构，而且围绕城隍庙还有许多动听的传说故事。城隍庙会活动形式众多，每逢活动城隍庙总是人声鼎沸，热闹非凡，在人们的祈神活动和百姓交流之间，逐渐形成了一种城隍文化，世世代代滋养着生活在这里的人们。

（一）城隍神的历史渊源

古代筑城时，城墙之外都要开挖壕沟，壕沟内如果有水则称为"池"，如果没有水便称为"隍"。城隍，就是这座城池的守护神，城隍神大多由这座城池的有功之臣担任。人们对城隍神的祭祀起源于西周时期对水墉神的祭祀。人们修建城隍庙专门用于祭祀城隍神，而于都的城隍神为西汉的灌婴。相传灌婴在西汉初开拓江西，是赣南的有功之臣，官阶最高做到太尉、丞相，被封为颍阴侯，食邑三千户，死后谥号懿侯。

于都县城隍神敕封为"显忠灵王"，据说与明太祖朱元璋有一段历史渊源。相传朱元璋有一次带兵打仗时，敌人过于强大，朱元璋败阵在即，危在旦夕。就在朱元璋无计可施之时，不知从什么地方冲出一队人马，帮助朱元璋对抗敌手。不一会儿对方便溃不成军，朱元璋的队伍化险为夷。朱元璋寻问援军的来历，他们不肯留名，准备离去，朱元璋迅速撕下援军的一个旗角，装入口袋。后来，朱元璋带着撕下的旗角，到处寻找。当朱元璋途经于都县城隍庙时，发现庙上插的几面旗就像当年援助过他的队伍挥舞的旗。他走近一看，发现庙角上的一面旗缺了一个旗角。朱元璋取下"缺角旗"，拿出自己身上的旗角往上一接，天衣无缝。原来是于都县的城隍神派队伍助阵，朱元璋在城隍神面前虔诚合掌、跪拜，并写下"显忠灵王"四个大字。各地的城隍神一般是以其所辖的城池大小来封爵进位的，京都、开封、临壕、太平、和州、滁州等地的城隍神被封为王，秩正一品；各府的城隍神为公，秩正二品；各州的城隍神为侯，秩正三品；各县的城隍神为伯，秩正四品。于都县的城隍神被封为王，其"衔"与众不同，可想其地位之高。

（二）城隍庙的发展演变

历史上，于都县同时出现了新老两座城隍庙，要解开这个谜团，还得从文献记载中找渊源。关于城隍庙的历史记载始自汉代，西汉高祖"六年（前201），颍阴侯灌婴定江南，分淮南置豫章郡，始立县于东溪之阳，以北有雩山，故名雩都，今古田坪即治所也"。[①]这是于都县城最早建立的时候。南朝陈武帝永定二年（558），原县治遭水灾被毁，徙县治于大昌村（后代习称

———————————

① 清同治版《雩都县志·城池志》。

"固院"）。同年，在此建于都县城隍庙，所以有了固院城隍庙。隋炀帝大业九年（613），又迁县治到古田坪，后来县治虽然迁走，庙却保存了下来。唐高祖武德五年（622），又迁徙县治到大昌村。贞观五年（631），县城被洪水冲塌，才把县治迁到今天所在地。于都县城两迁古田坪，两迁大昌村，最后才迁到了现在的贡江镇内，但城隍庙却一直留在了潭头村，这也是城隍庙在乡下而不在城里的原因。

固院城隍庙，在历经隋、唐、五代、两宋、明、清各个时期，依然存在，至今已1457年，而这在其他乡村是不曾存在过的。虽然这1400多年来城隍庙曾经多次被毁损，但是不同时期都有善人信士自愿募捐修缮，使得城隍庙得以保存完好，留存至今。后人依托经济条件的改善，将城隍庙的后勤设施一应设备添置妥当，才有了现在我们所看到的城隍庙。

于都县城隍庙整体建筑坐东朝西，占地面积共842.8平方米，整体结构呈长方形分布，为三进结构，主体由门楼、大殿、天井、廊房、积德堂、戏台等组成。门楼是公元2000年修建的，高6.6米，宽8.4米。门额上嵌有砖式牌匾，上方竖写有"雩都县"三个金字，中间横写着"城隍庙"三个大字，旁有小款："南朝陈武帝永定二年"，大门两边嵌对联："善恶定有报；祸福岂无凭"。在门楼前有一块砖铺地面，占地约40平方米，坪地中间摆放着三个大型宝鼎，均为铁铸而成，供来往的香客用于插放香烛或者焚烧纸钱。坪地前面有一片新建的广场。2013年，在广场北侧修建了两层楼房，供来往城隍庙的香客歇脚膳宿。在兴建楼房的同时，人们在广场西侧修建了一座戏台，坐西朝东，可供盛大庙会唱戏之用。旁边的餐厅和住宿楼是2018年新建的，每逢城隍爷出巡、城隍爷寿诞、"长生灯"会缘等大型活动，许多香客就会来此进香会缘，食堂、广场、戏台人山人海，热闹非凡。

门楼口有一对漂亮的石狮子，左边的雄狮威武庄严，右前爪把玩着一个绣球，右边的雌狮温柔和顺，左前爪抱着一只可爱的幼狮。走进门楼，南边紧连旧戏台。20世纪80年代修建了殿前戏台和两侧廊房，檐廊的石柱上挂有多副木制对联，对联的内容通俗易懂，以惩恶扬善为主题。戏台正面隔中殿与主殿相望。戏台南侧是接待室和城隍庙理事会办公室。门楼北边紧连厨房。第二进是中殿，新建于 2010 年，为钢筋水泥结构，是一座无墙式殿堂，每根石柱上挂有一副木质刻字楹联。第三进是主殿，中殿与主殿之间放置了带庑殿顶的鼎式铁香炉。主殿为清代砖木结构建筑，悬山式屋顶，青砖墨瓦，飞檐翘角。殿门正上方悬挂着一块木质大匾，上方写有"砥柱东流"四个大字，据说是清乾隆年间于都知县胡锡爵题写的。原匾已存放于于都县博物馆。走进殿内，鼓乐悠扬，烛光熊熊，香烟袅袅，许多善男信女们在上香进拜。主殿南侧卧室再靠右是积德堂。墙壁上摆满了大理石功德碑，上面镌刻着城隍庙捐资者的姓名。

（三）城隍庙会的活动变迁

城隍庙会活动可以分为重大仪式活动和日常仪式活动。重大仪式活动包括城隍神出巡、城隍神寿诞、城隍庙戏。日常仪式活动主要有祭祀法事、求签问卜、送年节灯和会缘上表。这些活动一般由理事会组织安排。

1. 城隍神出巡

自古以来城隍神出巡是城隍庙一项重大的祭祀活动。其程序是每年正月初三城隍神开始出巡，其间城隍神到各个自然村"办公"一天，并驻守在村庙，正月十六"回宫"。出巡和"回宫"路上，百姓燃放鞭炮夹道欢迎，焚香叩拜，祈求平安。城隍神出巡寓意城隍神下视百姓，体察民情，安抚民意，同时也是彰显城隍神的威灵，以震慑邪魔鬼魅，保护地方百姓。

古时，城隍神主要在城隍庙靠近贡江南岸一带出巡。清代至民国，城隍神出巡范围扩大。正月初三，人们请城隍神坐上轿子，排着全副仪仗（主要包括幡、旗、禁牌、法器等），沿路鞭炮齐鸣、锣鼓喧天，将城隍神请到罗牙岔，直到正月十六才将城隍神请回城隍庙。在这期间，城隍庙会有庙戏，庙里人山人海，热闹非凡。正月十六城隍神"回宫"时会在潭头圩游街，百姓摆出祭品供奉城隍神，沿路燃放鞭炮、焚烧纸钱，焚香叩拜。游街结束后，城隍神归位，出巡结束。这种习俗一直沿袭到 1966 年，而后停止。

1982 年开始，城隍神出巡的活动恢复，但根据百姓意愿，城隍神出巡的路线做了调整。路线改为正月初三在李屋出巡，城隍神仍驻在城隍庙；初四停巡一天；初五在周屋出巡并驻一晚；初六巡至大树下驻一晚；初七出巡江坝下及上、下刘屋；初八巡至石库内；初九驻窑前；初十出巡罗牙岔、黄竹陂、围崇脑、塔脚下，驻在罗牙岔；正月十六从罗牙岔到潭头圩举行游街，然后城隍神回庙归位。出巡前，百姓纷纷拿着祭品供奉城隍神，到庙里焚香上供。出巡时，众人带着全副仪仗，前面有人开道，后面有人护卫，有锣鼓唢呐伴奏，龙灯相随，一派热闹景象。沿路都有祈福的百姓焚香叩拜城隍神，城隍神所经之处鞭炮声震耳欲聋，火光烛光交相辉映。

2. 城隍神寿诞

城隍神寿诞是城隍庙又一重大仪式活动。早时城隍神寿诞在农历七月十三举行，民间称农历七月为"鬼节"，传说在这个月阎王爷会打开鬼门关，放鬼魂回阳间取亲人烧给他们的纸钱和金银财宝。而鬼魂都需要到城隍神那里领取出关的"路引"，有了"路引"，一路便可畅通无阻。因此百姓会在这期间杀鸡宰鸭以供奉城隍神，祈求城隍神给予自己在阴间的亲人以方便，同时也感谢城隍神以往对他们的照顾。有些富裕人家还会请庙戏或者请道士做香火，给城隍神祝寿。城隍庙理事会也会请道士来庙里做大型法事，祈祷城隍神保佑于都风调雨顺、百姓幸福安康。

后来，据传城隍庙附近百姓说城隍神给他们托梦，说："农历七月城隍神公务繁忙，希望能将庆寿诞之事改到农历八月去做。"实际情况也确实如此，农历七月百姓请道士做法事之事太多，道士们往往忙得不可开交，而此时还有城隍神的寿诞，道士们更是无暇休息，百姓也会因为请不到道士而影响情绪。城隍庙理事会考虑这一情况后，将城隍神寿诞推迟一个月，改在了农历八月十三。

于是，从20世纪90年代开始，每年农历八月十一开始举行盛大庙会，少则一个星期，多则一个月。到了农历八月十三，人们纷纷带着贡品来庙里祭拜城隍神，火光熊熊、烟雾缭绕，场面特别盛大。其间城隍庙外各种零食瓜果摊位数不胜数，庙内外人群熙攘，有时甚至会堵得水泄不通。

3. 城隍庙戏

每年城隍爷"出巡"和城隍神寿诞这样的大日子，城隍庙都会举行盛大庙会。信众出资请戏班，城隍庙只负责提供场地和戏班住宿。请戏的信众有的是为了表达对城隍神的感激之情，娱神娱人；有的是为祈福禳灾，请求城隍神庇佑；有的则是为先人消除生前业障，超度往生，祈求来世福报。早些年剧团演出戏价较低，近些年戏价飞涨，但延请戏班之人络绎不绝。每年演戏的戏班并不固定，有时会请民间剧团，有时会请县演出剧团或者外省剧团。剧目以百姓喜闻乐见的采茶戏为主，有时也会宴请其他戏班，例如黄梅戏、越剧等。

4. 祭祀法事

城隍庙恢复正常的仪式活动后，每月都会有不少信众做法事，少则几天，多则十几天甚至几十天，鞭炮声、诵经声、锣鼓唢呐声不绝于耳。规模较小的法事一般一天。在城隍庙主殿香台设坛，由一至四个道士操作，以客家方言念经上表为主，为信众消灾祈福。理事会偶尔安排法事，为群体祈福，时间两天三夜。

现在做法事，主要由理事会根据信众意愿，统一安排时间、人员进行。主要有两种方式：一种是独家或几家信众自己出钱，请道士在城隍庙内做一天法事；还有一种是城隍庙理事会在筹得的善款中拿出一部分钱，为写缘捐资给庙里数额较多的信众请功祈福，需做两天三夜法事。

5. 求签问卜

求签问卜是城隍庙的日常仪式活动，每天都会有不少信众前来问卜，以神灵的启示来化解自身的困惑。在城隍庙主殿神案上放着签筒和筶，签和筶都是庙里的神器，在制作完成后需要通过神明开光才能灵验。签筒里装有一百支签，每支签有七八寸长、约一指宽，依次排序，每根签上写着对应的序号。另外有一本签簿，每个序号都有对应的内容，一般都是四句七言诗，分别暗示出各签主的吉凶祸福。城隍庙用纸分别印上每支签的内容并挂在墙面上，方便信众查阅。

求签之人有疑难杂事时，可到神座前诚心祈祷，将欲解之事告知神明，请神明示。接着摇动签筒，直到有一支签掉出来，然后再准筶。筶是用两块木块做成的，长约二三寸，宽约一寸多，厚约几分，一面呈平面，一面呈圆凸形。信众将筶拿在手上向神明祷告后，将筶掷在地上，如果筶片一块朝上、一块朝下叫作"圣筶"，说明刚摇出来的那支签是对的，可以求解。如果准筶时掷出的筶片两块都朝上，叫"阳筶"；或两块都朝下叫"阴筶"，就说明摇出的那支签不对，需要重新摇签准筶，直到摇准"圣筶"的签为止。签薄或签纸上的七言诗内容都比较深奥难懂，有的虽然看起来似乎意思比较直白，其实却另含深意。这时，便需要找比较有学问或通晓禅机的人才能读懂签的真正含意，这个过程叫"解签"。

6. 会缘上表

城隍庙每年都会发起几次写缘募捐活动。根据庙里维修建设的需要，比如塑造神像、点长生灯等活动，向缘首们分发缘薄，由信众募捐，募捐完全采取自由自愿原则。愿意募捐的人在缘薄上登记，然后将钱交由理事会。这一活动叫"会缘"。会缘时，按事先规定，达到一定捐款数额即可在庙里聚餐。聚餐时，大家先到城隍神座前焚香朝拜，并由道士主持为众人上表。日常也有不少善士主动找到庙里捐助善款。

7. 送年节灯

每年腊月初一至除夕前，于都村民家家户户都会到城隍庙焚香叩拜，祭祀城隍庙诸神，俗称为城隍神"送年"。一年中，也会有很多村民到城隍庙祭祀，不过逢清明、端午、中秋这些传统节日时，人数更为众多，腊月人数最多，为城隍神"送节"。人们怀着虔敬之心祭祀城隍神，祈求一年阖家安康，顺心如意。

（四）城隍文化

于都城隍庙会将人们聚集在一起，使人们产生社会信息交流、商品交易、文化互动等，从而凝结成共同的精神文化交流，[1]逐渐形成一种城隍文化。

---

① 刘军民、李金芮:《关中地区城隍庙的社会价值探究》,《城市发展研究》2017年第12期。

1. 城隍庙作为古代建筑结构，是我国重要的物质文化遗产。它体现了古代木构建筑的高超技艺和审美标准，[1] 对于研究古建筑营造技艺具有重要的借鉴意义。城隍庙也反映了古代官署衙门的建筑风格和格局，可以为赣南历史研究提供实物依据，具有重要的历史价值。此外，城隍庙中的匾额、楹联风格多样，内容往往多为教育提点世人的劝诫语，一方面提供了研究明清书法的实物资料，另一方面也对当代人们起到警示教化的作用。[2] 欣赏城隍庙楹联书法技艺和文字内容还可以陶冶人们的性情，培养向上向美的情操。

2. 城隍庙是我国民间信仰的重要载体之一，是人们寻求城隍神保佑的精神寄托场所。其举行的一系列仪式活动，例如城隍爷寿诞、求签问卜、送年节等活动，表达了民众祈求幸福、趋避灾难的心理愿望。此外，城隍文化是人们呼唤真善美，反对假恶丑的一种表达方式。赏善罚恶、维护正义的城隍精神也可以营造健康和谐的社会氛围，可以起到净化社会风气的积极作用。城隍庙对于在喧嚣的现实生活中的人们也是一种心灵安慰，可以在城隍庙中寻得一片净土，远离尘世的种种虚伪与浮华，追求心灵的纯净与安宁。

城隍庙自古以来便与人们建立了深厚的联系，除了祭祀、祈福，城隍庙还是日常商贸活动的集散地，使其不仅仅是一个有着精神内涵的符号，还是一个生活聚会的场所，更是人们心灵寄托的载体。城隍文化内涵丰富，意义深远，这与世世代代生活在这里的人们的思想情感是分不开的。弘扬城隍文化，弘扬社会正能量，对于乡村振兴也有着不可估量的作用。通过举办城隍庙会可以使于都民众增强对赣南民俗文化的认同感，增强文化自信，产生社会凝聚力，打造于都城市文化名片，从而实现其社会价值和经济效益。

三、于都寒信民俗

寒信民俗自明朝开始至今已延续 600 多年，主要以祭祖祛邪、敬神祈福

---

[1] 刘军民、李金芮：《关中地区城隍庙的社会价值探究》，《城市发展研究》2017年第12期。
[2] 刘军民、李金芮：《关中地区城隍庙的社会价值探究》，《城市发展研究》2017年第12期。

为主题，大多围绕敬水府庙"温公"与"金公"二地方主神展开，内容丰富贯穿全年，每一步骤都有其独到的内涵讲究，且活动不畏风雨，年年不落。寒信民俗在活动期间的组织策划井然有序，随着时代的变迁向前推进，新意与传统并存，不仅当地人的参与度及认可度高，还吸引往来游客和投资商驻足停留。现如今，每逢盛大的水府庙会或是开潭活动，甚至还有不远千里跑来观看的人，足以见寒信民俗的名声之大、影响之深。活动过程中还会吸引商家及投资者注目，已然从最初村内的家族性活动变作具有范围影响力的民俗活动，近几年也由于政策带动和民众的文化保护意识的增强而得到进一步重视。

（一）寒信民俗之缘起

谈到寒信民俗的来历，就不得不说一说大部分民俗活动的核心——寒信村水府庙的起源。据传承人之一肖东洋先生介绍，寒信村的水府庙主神"温公"与"金公"并非赣江流域附近常见的水府庙主神"萧公"，而其中缘由则全因萧寿六公来到寒信峡定居，一日于垂钓时遇二公神像而起。

公元 1374 年，即明朝洪武七年，萧寿六公于赣县信江营出发，顺贡水而上，途中观得一处宝地，山岭呈南北走向，梅水川流于此，温度宜人，群峦环绕，俨然一派好去处，这便是如今的寒信所在。萧寿六公也因此最终定居寒信峡，在这片土地上耕作垂钓，好不自在。一年正值五月初六，耕读之余，萧寿六公又提着渔具往寒信潭垂钓。是时因雨季到来，梅水水位上涨，最上游许多东西都被顺着江河冲了下来。萧寿六公一到潭边便见大湾处（如今本地人多称"大圆角"）有一段短木随水流飘来荡去，萧寿六公走近打量一番，发现原是一尊背朝青天、面朝江水的神像，神像黑面大眼，面容威严，显得庄重而让人不敢造次。萧寿六公见此，念道："真真是大水冲了龙王庙，你从何处来，还往何处去？"随后便用鱼竿将神像拨出水湾，让其寻一去处。但那黑脸神像没一会儿工夫又回到了大湾处，萧寿六公又拨它出去，神像却又飘来荡去回到了大湾，萧寿六公见状，大笑几声道："罢！既然你不肯去别处，就随我一同定居于此罢！"是以，萧寿六公捞起黑脸神像，将其请回家供在家中右侧的一间房中，依神像身上的字迹继续唤其"温公"。

而在同年的七月二十四日，萧寿六公观那天色宜人，万里无云，便又到寒信潭垂钓，巧合的是又有一金色神像仰面朝上飘在同一处大湾里。萧寿六公同样用鱼竿将其拨出，推向远处，然而这次的神像也同那黑脸神像一般，任凭他如何拨走最终依旧会回到原处。再三尝试过后，萧寿六公对那金色神像询问道："你是想与温公一起同我在这里定居，还是游不出去？"他一边将神像再度拨出，一边说："若你是想往别处去，就顺水而去罢。若是想找温公一起随我在这定居，那就回来。"说罢，只见得那被萧寿六公拨出老远的金色神像还未等他转身，便又飘飘荡荡往岸边而来，不一会儿竟还是到了萧寿六公的面前。萧寿六公见此，便将金色神像请回来与"温公"一同供奉。因那金色神像并没有在身上留下字迹，又见得它浑身金光灿灿，面容温和，遂取名为"金公"。"温公"与"金公"随萧寿六公在寒信定居后，过了不久便被萧寿六公请到了新搭的小庙中继续供奉，来往船家见此偶尔会来上岸朝拜，二公对供奉者有求必应，护佑平安喜乐，名声渐起，萧寿六公的家族也逐步发展，日益繁荣。因二公都是自水中请回，而那供奉的小庙又在江边，于是将那庙称为"水府庙"，"温公""金公"也因此成了寒信峡一带有名的守护神，传颂至今。

而随着萧寿六公家族的发展繁荣，交易市场于明末清初逐渐形成，这便是如今当地人口中的寒信圩。寒信圩始于萧氏家族的兴盛及水运航道的建造，往来商旅带动了当地的经济发展，将此地的风土人情传出去，同时也让当地的民俗活动有了经济的支撑，水府庙香火愈发旺盛，寒信民俗也因此一年比一年隆重。如今，这些围绕着水府庙会举行的大大小小的民俗活动早已融入了寒信村及周边地区人们的生活中，在历史的变迁里传承，在传承中继续发展，成为一代又一代寒信人追忆先祖、增强家族凝聚力的重要平台。

（二）寒信民俗的基本内容

于都县位于我国江西省赣州市的东部地区，建县于西汉时期高祖六年，即公元前201年，是拥有两千多年历史的大县，素有"闽粤湘三省往来之冲""六县之母"之名。于都县东邻瑞金，北接兴国、宁都，贡江穿流而过，丘陵绵延，草木丰茂，是赣南客家文化生态保护区，同时也是客家人由北向南迁徙进入赣南地区的第一站。客家先辈将带来的民俗习惯结合沿途迁徙的所见所闻，以及赣南本土地区的风俗，逐渐形成富有客家特色的民俗活动。于都寒信民俗便是当地客家文化的体现。

一些地区的民俗活动不仅在中国传统佳节举办，还根据自己的特点安排。围绕水府庙祭祖敬神主题而展开的寒信民俗活动便是如此。寒信民俗从正月初一的游村到冬季在寒信峡祈求平安和好收成的开潭活动，活动内容丰富，表现形式多样，四季皆有举行，同客家文化完美结合，是体现寒信历史、展示寒信文化的重要载体。

1. 出行游村——正月初一

每年正月初一子时左右，在两日交替之时，当地人便会举行游村出行的活动。12位青年男子用轿请出"温公""金公""赖公"3位菩萨，而后抬着轿沿岸游村。抬轿子是一项神圣且值得骄傲的工作，因此不用分派任务便会有很多人争着去抬轿子，而余下没有抬到轿子的人则跟在后面，一路上爆竹声连绵不断，人群攒动，拥着"水府老爷"一路向前，昭示着新的一年拥有美好欢喜的开始。

2. 游船送船——正月初四（初五）

寒信村的送船民俗在早前作为庆祝元宵节、欢送春节的压轴活动，一般是在正月十五举行，后来考虑到大部分人要在初五后陆续离乡务工经商，遂改作如今的正月初四或初五举行。游船送船的日子是寒信峡萧氏家族春节里尤为热闹的一天，届时由先祖萧寿六公的子孙后辈送船，举十面大旗，扛十面铜锣，由十人装扮成古时的文官武官，各自拿着官印，擎举着"回避""肃静"等牌，请"温公""金公"二位菩萨周游寒信。一路上旌旗招展，爆竹齐鸣，前行的队伍由当地特有的纸扎龙舟开路，每到一处，停留片刻便有人敬奉茶水点心，期盼路过家门的水府菩萨能够保佑家族和睦、人丁兴旺、五谷丰登。各房还会将"五色种子"以红纸包起送入纸扎龙船中，由抬菩萨的队伍送至庙内。到了晚上十一点半左右，游船的队伍便要举行送船的仪式，将二位菩萨抬至岸边，同所有人一同为龙船送行。送船仪式要牵鸭子来（当地人称"鸭婆"），目的是托船，让龙船前游，到了河中间便可任龙船漂流，表达驱邪送灾之意，寓意着寒信人送走了灾祸，迎来属于新年的好运气。

3. 请灯——正月初十

请灯是寒信人护生观念的表现之一，平日高悬祠堂的剪纸灯在正月初十的请灯活动中成了主角。头年生了儿子的人家在这一天可带着孩子来祠堂挂灯，家族还会给新生的孩子请"宝宝衣"，期望孩子能够健康成长，长大成才。

4. 祭祖——清明

到了清明时节，便要举行祭祖仪式，在外的人无论怎样都要回来。而由于萧氏家族在赣县也有祠堂和开基祖墓，因此家族要组织车队前去赣县祭祖，前后历时 10 多天。祭祖的过程中还要整理一年内出生的子嗣名单、撰写念诵告文，届时开基祖萧寿六公及其上下三代是一定要请到的。从前祭祖仪式需要杀猪祭祀，如今则多改为杀鸡鸭等，主要目的为敬奉祖先。

整个家族进行祭拜之后，便是先祖萧寿六公的四大房子孙后辈各自进行祭祖的安排，依次叩拜列祖列宗，祈祷祖先保佑家族和睦，其间仪礼庄重，自成一套规范，通过仪式教育子孙奉行孝道、谨遵家训。

5. "温公"寿诞日——五月初六

每年的五月初六便是水府庙二位菩萨之一"温公"的寿诞之日，届时寒信当地及远近的信众都会齐聚水府庙进行朝拜，庆贺"温公"诞辰。活动期间会做法事，香烛不断，祈祷"温公"能够继续护佑百姓安生。

6. 朝仙——五月初七

每年的五月份，寒信村都要举行盛大的朝仙仪式，时间一般是五月初七左右，也有提前到四月二十五的时候。寒信朝仙有两种说法：一是菩萨每年都要去走走亲戚，谒见各路神仙；二是这一年之中，水府菩萨要保护寒信村人及周边地区的信徒，那么兵力和神力自然也会有所消耗。所以，去庙上朝仙换个说法就是为了补充神力和兵力，如此这般才能继续护佑子民的安全。朝仙队伍往往规模庞大，几百人的队伍手里持着七十多面旌旗，吹着唢呐，敲锣打鼓，一行人定要做出声势浩大的模样，抬着从水府庙请出来的神像，将菩萨送至村子东边的石门坎山上的永灵寺，或是送到宽田的天园山。随后还要将最前面的旌旗插到寺庙旁最高的地方，旌旗会经风吹成不同的形状，人们则会根据形状预测今年的收成会有何变动。待到第二日，朝仙队伍又会将菩萨接下山到田间、村内巡游，场面依旧宏大浩荡。路过的每户人家门口都会摆上敬神的贡品，如新米、鸡鸭、鲜花等，以求菩萨保佑。巡游过后将菩萨请到各村坊"下营"即做法事的地方，在东西南北中四方一中心各插一面旌旗，意为水府菩萨坐镇五个方位，将百姓咨询的问题通过"准告"的方式一一解答。一般询问的问题涉及当年收成、宗族添丁、家畜是否健康等情况，如果问到不如意的问题，便会请人燃香烛烧纸钱，祈求水府菩萨保佑吉祥，直到"打顺告"为止。做完相关仪式之后，队伍便要抬着菩萨去往下一村坊继续"下营"，一直到将菩萨请回水府庙为止。

7. 水府庙会——七月二十四

寒信水府庙会举办的时间定在每年的七月二十四日，即"金公"菩萨诞辰日。庙会一般从七月十九便开始准备，到七月二十七结束，历时八到九天。水府庙会在寒信峡一带已有几百年的传承历史，每年庙会兴办期间，周围地区的信众以及慕名而来的商旅都会聚集到寒信村，拜神祈福，亲自投身到水府庙会的各项民俗活动中。

七月二十一日，水府庙会便已正式拉开帷幕。当地传统的木偶戏、客家采茶戏齐上阵，进行为期十多天的唱戏跳戏活动。人们会将水府菩萨神像请到圩上看戏，而后二十三日抬菩萨回水府庙内做法事。二十四日当天一早，信众和其他参与祭神的人则也要早早抵达水府庙，宰杀家禽，点燃香烛，手持鲜花，迎接水府菩萨。上午十一点钟左右，会有十几名壮汉将菩萨用轿请出水府庙，去往铜锣坪的萧氏祖坟地，让水府菩萨与萧氏先祖会面，当地人称"练营"。"练营"时偶尔还会出现"朱光菩萨"被小孩子"偷走"的事，这时大人们就会一边作势找菩萨，一边喊："朱光菩萨怎的不见了？有谁知道就把他请出来吧！"接下来便有小孩子笑说："请就请，但要拿钱来哇！"

大人们便会答应下来，说着："钱就钱嘛！有钱，有的是！"寓意着有钱、有前途。如此直到下午三点后再将其他神像请回庙中，而"金公""温公"二位菩萨则请到圩上看台戏，此后几日都是如此，直到二十七日水府庙会正式结束。一般家住寒信村的人都会在这一天设酒宴款待到来的亲朋好友，其余信众则会被安排到村内与水府庙相邻的几座祠堂聚餐。因此在其他人相聚水府庙时，后勤处的人就要为接下来的聚餐打点材料、准备桌椅餐具。肖东洋先生介绍说，每年的七月二十四日都会有五百多桌信众在祠堂就餐，每桌都是九菜一汤，饮食丰盛，味道鲜美，富有当地特色。传承人肖紫雷先生也补充说，置办一次这样大规模的聚餐需要各部门的协同配合，接待、财务、后勤、安保、宣传缺一不可，人们各司其职，明确分工，这样才能为宴会的成功举办做好保障。届时，村子里的许多人家还会在门口、路旁放置茶水，提供给来往行人无偿饮用，足以可见寒信人热心好客、质朴纯粹的美好品质。[①]

寒信村水府庙理事会也会在庙会开始前制定庙会组织方案，召开会议并撰写发放"缘薄"，汇集庙会举办所需资金，并报备政府。现如今，水府庙会已经成了集休闲娱乐、市场交易、祈福禳灾等多种元素于一身的综合性民俗活动。

8. 重阳——九月初九

重阳节是我国的传统节日之一，重阳节时期的寒信村会开展一系列祈福祭祖的活动，同时教育孩子要尊长懂礼，重温家训，感恩先辈。

9. 开潭——冬季

寒信潭归属于梅江流域，最深的地方可达百丈，水流在潭底会形成回流，将淡水鱼圈住不再向下游走，在此繁衍生息，长此以往便成了各类淡水鱼的聚集地。相传当年的萧寿六公便是看中这寒信潭风光秀丽、气候宜人，且潭底鱼虾水草丰茂，才在此开基定居，因而寒信潭也成了寒信人十分宝贝的地界。为了保护生态，让渔业能够可持续发展，每年的一到十月，寒信潭

---

① 曾长生、寒信：《访古赏绿两相宜》，《老友》2010 年第 2 期。

附近流域都会进行禁渔，等到十一月左右才可开潭，因此在开潭日渔民们都会前去水府庙敬告菩萨，祈求"水府老爷"保佑开潭顺利，收成美好。

由于开潭日声势浩大，周边人慕名而来加以传颂，如今寒信峡开潭已经成为本地及周边地区的重要仪式活动，来往者络绎不绝，水面上无数渔船穿梭，河岸两旁人群攒动，场面分外宏大壮观。捕鱼的渔民都要争看谁家捕的鱼更大，谁家捞的虾更多，站在船头抛网收网动作一气呵成，一条条肥美的大鱼便从水中跃出蹦上渔船或筏子上，也有垂钓者紧盯江面，水波稍有动静便引得周围呐喊声此起彼伏，十分热闹。待到收工，渔民们陆陆续续收网上岸，将新鲜的鱼卖给岸边驻足的人，或是抱几条回家款待亲友，一同享受丰收的喜悦。

（三）寒信民俗的独到之处

寒信民俗传承历史悠久，自明洪武七年（1374）萧寿六公在寒信峡定居，到标志性建筑水府庙的建成，直至如今已经延续600多年。寒信民俗以水府庙及祖先信仰为核心，反映寒信人贴近自然、张弛有节的生活态度，以及不忘祖训、敬畏自然的质朴本心。同时，寒信村每一次的活动都会随着历史变迁及社会发展产生新的变化，近些年来更是吸收优秀的外来文化，融合自身特色将名声越打越响，在周边地区知名度极高，参与者人数逐年递增，尤其是七月的庙会，每年参会者可达3万多人，放眼全赣南都很少见如此规模的庙会。

肖东洋先生介绍道："去年的庙会已经有560桌人聚餐了，我们一般是八个人一桌。我们村民俗活动的特点就是保存完好，很多活动和活动道具都有专人去传承和维护，而且大家都很自觉地去做分内的事，每次举办气氛也很好。"

当地民众认为，神明能在他们诚挚许愿后助其实现愿望、护佑平安。且关于水府菩萨的传说同寒信的民俗活动一样，贯穿民众的生产生活，在菩萨的眼皮底下自然而然就会规范自己。那些同仪式一起流传下来的瑰丽传说和故事，教导着一代又一代寒信人勿做恶事，多行善事，如此才能得到祖先及

"水府老爷"的照拂，期望人丁兴旺、五谷丰登的愿望才能实现。这种规范性直到如今仍旧存在于当地人的生活观念中，因此当地人在时代的变动中依旧能守住那份质朴，将刻在祠堂里的家训继续教给下一辈人。并且寒信村的大部分居民都是客家人，而其民俗作为客家文化的重要体现，对人们了解、研究客家文化提供了很多帮助。

寒信民俗始于寒信人的内心世界，表现在生活中的每个地方，于当地水路的开发中成长，而后又反哺自己生长的这片土壤，形成一个传承链条，保持着最初的纯净、质朴的同时，将市场贸易融入自身，为当地百姓带来了商机和财富，也为推动当地旅游业、餐饮业、文化创意产业做出重要贡献。

（四）寒信民俗的传承方式及存续情况

一个民俗事象的功能决定了它的传承方向及路线，寒信民俗活动与水府庙信仰联系紧密，同时也与建立水府庙的萧氏家族关系匪浅，因此在传承上也多为亲缘传承和地缘传承，活动中很多仪式相关规则是由男性长辈传予儿孙。而自明初开始，直到新中国成立前，寒信村因地处梅江寒信峡口，一直是连接宁都、于都、石城等地的重要水上通道之一。当时的寒信民俗可以寒信为原点向外扩散至现今的宁都、石城、瑞金等县。新中国成立以后，保甲制被废除，设立区乡制度，寒信村因此归属于宽田区寒信乡。此后，寒信村经历了20世纪70年代初的公社制度，最终于20世纪80年代改制，归于段屋乡。寒信民俗活动也随着历史变迁和时代发展进行着调整与传承，现如今主要分布在赣州市于都县的仙下、段屋、银坑、宽田、车溪等各大乡镇。

现如今，寒信民俗的主要传承人为肖紫雷，以及现任寒信峡水府庙理事会理事长肖东洋。而对于寒信民俗的传承，肖东洋先生讲道："如今寒信民俗活动的内容设计、场地布置和组织策划都有着寒信村萧氏家族的参与，我们寒信村水府庙理事会也与萧氏家族理事会是同为一批人，大家都在一起做事。"寒信的民俗活动是宗族民俗与地方民俗活动的融合体，同姓氏的家族和不同姓氏的家族以外的人，因共同的地域和仪式性活动结合在一起，存续至今。然而随着社会、科技的发展，人们对生活水平的要求不断提高，当地愈来愈多的年轻人选择出门打拼。外出务工人员数量的增加，外来文化渗入带来的冲击，以及年轻一代对传统民俗活动的传承意识大多逐渐淡薄等原因，使得参与民俗活动的年轻人逐渐减少，这直接导致在传统民俗文化传承上出现后继乏人的情况。但近几年有关于非物质文化遗产相关的保护及开发的政策愈来愈完善，人们对于这些中华优秀传统文化也开始重视起来，传承人肖东洋先生对此感到欣慰："最近几年，像庙会啊开潭啊类似的日子，都会有人来参与或者来考察，对我们整个民俗活动的传承发展也起了很好的帮助。"此外，村中还会在民俗活动开始前对活动的整体规划进行上报，以记录和保证活动的举行。

四、于都中石练兵习俗

（一）地理与民情概述

于都县桥头乡位于于都县东北部，这里山清水秀，村落依山傍水而建，乡间的洋房错落有致，部分古老的屋舍于郁郁葱葱的树林中隐约可见。因为远离城镇，相对偏僻，也使当地良好的环境幸于保持。行走于桥头乡的村落，就似行走于山水画卷之中。用心去感受这里淳朴的民间风情，让人沉醉不知归处。中国人是扎根于乡土的，这里的人也是一样，这方水土，养育着具备刻苦勤俭、艰苦奋斗、不屈不挠、团结互助、坚韧不拔性格的人民，也孕育着当地独具特色的文化。

在桥头乡，可以看到保存完好的传统村落，其中位于桥头乡西南部的中石村便是其中之一。这里有许多至今保存完好、历史悠久的古祠堂，这里民风淳朴，人民热情好客、崇尚礼节，且保留着丰富的民俗文化，其中，中石村的练兵民俗就是充满浓郁地方特色风情的民间文化的演绎。

（二）中石练兵习俗的具体内容和形式

于都中石练兵习俗，最早可以追溯到清朝，是流传于江西省赣州市于都县的民俗活动。2017年11月10日，江西省第五批省级非物质文化遗产代表性项目名录公布，于都中石练兵习俗成为其中的一个省级非遗项目。

于都县桥头乡的中石村信仰着"五神"，即龙王公、七太公、杨太公、广东公、护国仙祖。这"五神"被当地民众奉为"菩萨"。中石练兵习俗，作为一项在于都极负盛名的民俗活动，与"五神菩萨"的信仰和祭祀具有紧密关联。此外，除了"五神菩萨"，有些中石练兵习俗中也包含着祭拜龙母的内容。

掌师请神是祭拜活动的第一个环节，村民把"五神菩萨"请出庙，村里香火鼎盛的"五神菩萨"在空坪上的祭台上，接受当地民众的上香、拜礼，并且燃放鞭炮。通过恭敬的仪式，当地民众希望能够求得"五神菩萨"的保佑。而后，就是掌师请菩萨来观看"阅兵"仪式，因为是村民练兵请菩萨检阅，所以，在当地这一活动被当地人称为"练兵"。参与练兵活动的为阳间的人，故而经过检阅的这些人被称为"阳兵"。中石练兵，练的就是虔诚地敬奉菩萨的"阳兵"。据当地人说，菩萨"阅兵"，是菩萨为了检验其信众是否常怀虔诚之心，同时，也是通过练"阳兵"来展示菩萨高超的"法力"。练兵期间，氛围异常热烈，"五神菩萨"坐在轿子上，由一众村民抬着，伴着震天般的锣鼓、霹雳似的鞭炮，来回地跑动和奔跃。在这个过程中，菩萨检阅练出自己的"阳兵"。练出的"阳兵"，具备了来自菩萨的"神力"。那么，如何判断是否练出了"阳兵"？其标志就是：看他们能不能用嘴巴把完好的瓷碗给咬碎，且连续咬碎几个嘴巴都不会伤到。

中石练兵习俗的目的，是当地人民通过驱邪祈福的方式祈求生活平安顺遂、丰收富足，这些都是人们对美好生活的祈愿。中石练兵习俗的整套活动流程，始于"上刀山"，终于"长襟活动"。中间的流程中有"过火焰山""水上漂""滚簕床""下油锅"等项目，活动具有较高难度，因而参加的人多为男性。其间的活动，与祭祀的地点有直接的关系。随着祭仪的展开，节目也随之开展。整个活动持续时间较长，一般为7—10天。观看中石练兵习俗的人大都表示，中石练兵习俗形式丰富，内容惊险刺激，能够带来感官上的刺激和精神上的震撼。

"上刀山"，当地人也称之为"爬刀梯"，是中石练兵习俗的开始性项目，长刀提前绑在锋利的圆形松木上，刀口向上，寒光逼人。长刀的数量和松木的高度一般是固定的，长刀的数量一般为36把，松木一般为18米高。在活动中，因为被菩萨授予了"神力"，在"上刀山"的表演过程中，掌师需准备"符水"，据说人的手脚上沾了"符水"，手脚就得到了神力的力量。上刀山的时候，是在"阳兵"带领下进行的。经"阳兵"同意之后才能去登刀山。"阳兵"的许可，便是神灵的授意。在登刀梯的时候，所有的观众都屏住呼吸，集中精神，一方面享受这刺激的场面，另一方面也为上刀山的人揪着心。但是，看到他们不断登山刀梯，而且个个都井然有序，且呈现出闲庭信步的姿态，观众才发现，是自己多虑了。中石村的人们深信，有神灵庇佑，是不会发生意外的。

"过火焰山"，当地人习惯称之为"下火海"。在"过火焰山"项目开始表演之前，掌师亲手点燃提前挖好的火坑中的木炭，这个火坑一般是由36块土砖围绕而成。在火堆里，满是提前就堆好的木炭，在逐渐燃烧之后，里面的木炭已经是通红的了，而且，风吹来，还能看到火星飞出。在"过火焰山"表演正式开始之后，会有几个身强力壮的男性在旁边不停地扇风，以使炭火更旺。而站在一旁的"阳兵"，在脚上沾上掌师提前准备好的"符水"，他第一个踩进烧得通红的炭火堆中，带领着其他人跑过"火焰山"，同样的，无一人被炭火烫伤。

"水上漂"，并非直接从水面上跑过，而是在一口深达数米的表面较大的水塘之上，拉一条约50厘米宽的红布条，连接鱼塘的两岸。菩萨练出来的"阳兵"，徒步从长达几十米的红布上由一边的塘唇走向对岸。整个过程虽然非常惊险，但是又非常刺激有趣，引来许多人驻足。

"滚簕床"，以布或者草席作为"床"，在布或者草席之上摆满当地山野中生长的"牛头簕"，当然，也可以用其他的带有硬刺的植物，这样就铺成了一张簕床。在"滚簕床"之前，"阳兵"会先进行一个"净场"仪式。"净场"即把一些不干净的东西驱赶走。"净场"仪式首先是要绕着"簕床"打几圈，然后，他端着装满水的瓷碗，在经过手舞足蹈的仪式后，用手指朝着瓷碗中的水比画，在比画了几下之后，将碗里的水含入口中，然后吐出喷洒在箅床之上。经过净场之后，"阳兵"把自己的上衣脱掉，赤膊而上，到箅床之上连续翻滚数圈。待起身后，身上毫发无损，没有出血，也没有伤痕，在他之后，场上的普通老百姓，也上去在箅床上毫无顾忌地翻滚，同样也是个个毫发无损。

"下油锅"，俗话称之"捞油锅"。在表演开始前，先烧好火炉，生好炭火；摆好大锅头（当地方言将"锅"称为锅头），锅中满上食用油，而后几个身强体壮的男子，有序地轮着来为火炉扇风，以让油锅更热。火红的火焰，凶猛地往锅壁上窜，很快油锅就被烧得沸腾起来。而后，边上会有人把豆腐切成小条。而此时，翻腾的油的温度还在继续升高。这时，将要表演的人围在油锅旁，口中微微在动，念念有词，说的什么难以听清。然后，这些人各自把一只装有水的碗托在手心，另一只手一会儿指着碗里一会儿指着锅里。待到油温彻底沸腾之后，这几个人便把豆腐放到油锅之中，并且搅动油锅，豆腐煎熟了之后，先是一个人赤手伸进油锅中去捞豆腐泡，捞起之后放入口中，面无表情地把豆腐泡吃下去。在他之后，其他几个表演的人，甚至是在场的其他人，都能把手伸入油锅去捞豆腐泡吃。

"长襟"，即在刀山树之下"栽根"，这是中石村的练兵习俗里的收尾项目。这个项目一般是在晚上举行。当地的居民说，如果家里的小孩子"不乖"（在当地方言中，"不乖"指经常生病，多灾多难），很可能是在出生的时候就被恶魔鬼怪盯上了，这样的情况下，就需要请"阳兵"来给这个小孩驱赶鬼怪，并且帮他"栽根"，这样这个小孩才能在神灵的庇护下健康成长。

"长襟"的具体仪式，主要是把还没有成年的男孩子或者平时较常生病的男孩子带到刀山树之下，为其"栽根"。"长襟"需要准备好当地特色的米果、时令水果、鸡蛋及大米等食物，还需要准备香烛、食用油、灯盏、公鸡等物品，此外，手镯、平时穿戴的衣服鞋帽、襟盏等物品也是必需的，这些都是由男孩的长辈提前准备好，之后摆于神台上，放鸡蛋的碗里还需要插上自制的纸花。在"长襟"开始前，首先要通过"阳兵"向神请示，即请神附于其身。只有这样，"阳兵"才有为大家驱邪避灾的资格。而后是由两个人抬着轿子并且摇动，速度由慢到快，动作由小到大。这时，在前领头的"阳兵"把轿子缓缓放下，手里拿着刀具，口里念着偈语，然后去咬装满水的碗，一直把碗咬破方停止，这样才证明了他已经得到了菩萨许可，成为菩萨的代言者。再而，"阳兵"在念着咒语的同时，随机拿起其中的一户人之前所准备的襟盎，并将其置于地上，帮这家人的小孩驱邪。驱完邪后，就到了襟盎"栽根"的仪式了。"阳兵"先是把五谷种子装在襟盎里，后拿着准备好的红布，把襟盎扎好，并用点燃的香在包扎襟盎的红布上烧出一个小洞，洞眼如黄豆般大小即可。之后，将六粒米整齐地摆放在襟盎的边缘，这时，"阳兵"在口中念着祝福语，并且打卦，当米粒自动地掉进红布上的洞眼中时，这个小男孩的"栽根"就算是成功了。在这个仪式完成后，"阳兵"会用红绳子各自绑在一只手镯和一只鸡上，再把手镯戴在小孩的手上，然后，"阳兵"会牵着这个小男孩，绕着一个摆好的箩筐转圈，箩筐里面装着他之前准备好的衣物。在"长襟"仪式结束之后，参加"长襟"的小孩的家长或长辈，需要把之前带来的且已经参与"长襟"的米果、水果、襟盎和"长命鸡"等带回自己家去，这样这个男孩方能一直健康平安地成长。

（三）中石练兵习俗的文化内涵

中石练兵的目的是寄托保平安的愿望。当人们登上高且险的"刀山"、走过炎热炙烤的"火焰山"，越过深数米深潭，滚过布满棘刺的簕床，下过翻滚沸腾的油锅，通过这些难度系数高的表演项目，预示着人们已经走入了下一个阶段，之前充满艰难的日子就已经远去了。因此，中石村里的很多民众，特别是男性，都愿意参与其中并接受挑战，吸引男女老少都前来观看。特别是当人们经历着灾祸和不顺的，对自己的前途感到迷茫时，他们也是想要通过这种方式，告知自己身边的或者已经遇到的那些鬼怪妖魔，"魔高一尺，道高一丈"，向鬼怪妖魔显示，自己已经得到了神灵的庇佑，让妖魔鬼怪离自己远一点。这样的神灵信仰，通过从神灵身上获得神力以驱邪逐魔、震慑鬼祟以及除凶纳吉的祭祀形式表现出来，体现了于都的客家民众向外宣示自己的胆魄和本领的决心，同时也展示了当地的客家民众独具特色的祈求美好生活的方式。

此外，中石练兵习俗中的许多数字的使用，也更加印证了中石村的客家民众重视寓意的生活文化。比如，几乎在各个项目中，都有数字"6"的使用。例如：一是刀山上插36把长刀；二是用36块土砖围火焰山；三是"滚箬床"的长和宽分别是18尺和6尺；四是"下油锅"共用36块豆腐。这些与"6"相关的数字，不是巧合，而是充分体现了传统的"顺"和"吉"的寓意。中石村的客家民众希望通过这些数字，在生活中能够顺风顺水、顺心顺意和事事顺意。中石练兵民俗具有浓厚古朴的气息，具有浓烈热闹的气氛，充满着原始神秘色彩。这一民俗活动，兼具原始的野性和民间信仰文化，发展至今，体现了客家先民对渡过难关的渴望，也体现了其不惧困难的冒险精神，而这一民俗活动，对现代乡村文明建设而言，也是一种精神宝库和文化财富。

（四）中石练兵习俗的传承价值

1.保存中石区域特色传统文化，丰富乡村精神文化

中石练兵习俗作为当地特色的一种民俗文化，当地十分注重传承和保护，这有利于文化的保存和发展，也有利于乡村的文化振兴。中石练兵习俗所体现的克服困难、坚韧不拔、敢于冒险的精神品质，以及宗族、村落团结和谐的集体意识和文化，都是值得发扬的。

如今，国家提倡乡村文化振兴，民俗文化及其所体现的精神文化也是其中的主要内容，为乡村的发展提供智慧源泉和内生动力。如今，乡村文化整体上日趋衰落是不可否认的现实，因而，更需要精神文化上的自我觉醒和自我意识。中石练兵习俗所体现的特色传统文化，需要不断挖掘、传承与发展。中国乡村文化是具有乡土气息的，乡土文化是当地人共有的生活方式与观念体系，是当地人的根脉，也是当地居民的精神养分。当地人受到优秀的乡土文化的熏陶，将会以更加积极的态度去参与乡村的传统文化建设、精神文明建设。

中石练兵习俗作为当地最为人熟知的一项民俗活动，是乡村传统文化集中而突出的表现形式，内容上，则蕴含着丰富的当地民间社会的历史文化积淀、民众集体智慧以及内在驱动力。这是中石村乡村文化中的优秀元素和精华之处。因为这一活动的参与度高，在潜移默化之中，对丰富人民精神生活产生了积极影响。在乡村文明建设的实践中，需要注入有益的文化价值观念，以为乡村的社会文明注入力量。中石练兵习俗所体现的文化和精神价值，对于提升中石人民的文化自觉及文化自信具有非同寻常的意义。

2. 具备全民同乐的娱乐功能，服务乡村社会

中石练兵习俗作为一项集体性的民俗表演活动，其受众覆盖全村，甚至吸引了周边地区的人前来观看，在一项项充满惊险和刺激的表演中，使人民获得了新奇的体验。同时，表演期间，也是观众的休闲时间，乡村的休闲活动相对较少，这类民俗表演可以给当地人民带来不一样的体验，满足了他们的休闲娱乐需求。当民俗活动的娱乐属性和功能被不断地开发，其受欢迎程度和接受程度将会得到不断巩固甚至是提升。同时，民俗与娱乐的融合，将会促进泛娱乐的消费。这样一来，乡村的娱乐生态将会被建立和不断扩展，其在人民的日常生活中的作用将会越来越凸显。

在过去，民俗活动是乡村重要的娱乐形式和内容。如今其作用仍然重要，只要我们合理进行保护和利用，它便不会随着时代的推移而消亡。如今，乡村居民的生活水平也在不断提升，他们对娱乐的需求也越来越重视，中石练兵习俗这项民俗活动的娱乐价值的回归，使大众在活动表演的氛围中获得精神的放松，切实契合居民对更高的生活品质的期盼。

当然，中石练兵习俗还可以在保持传统表演的前提下不断开发相关的娱乐项目，让村民更好地参与进来，使其具有更多的互动。需要强调的一点是，中石练兵习俗具有全民同乐的娱乐功能，但不是说其只为追求娱乐而不注重内涵的体现。相反，中石练兵习俗恰恰具有丰富的文化内涵，这使得当地居民对表演能具有更深的情感共鸣，且能从中获得精神的愉悦和对其背后所折射的精神文化的思考。

3. 开发民俗文化旅游，推动经济与文化传播

乡村如今已经成为一个热门的旅游目的地。乡村旅游不仅是体验乡村美好的风光，更是亲身去体验旅游目的地的地域文化。体验乡村特色文化，已成为乡村旅游最为欢迎的项目之一。中石练兵习俗在民俗旅游方面的开发具有市场潜力，因为这既可以给中石村带来经济利益，还能让更多人了解到中石村特色的乡村风土人情。

中石练兵习俗这一表演活动，放眼全国都是独具特色的，因为几乎没有与其相类似的民俗表演。而且，中石练兵习俗基于当地传统文化和精神价值，这是中石村的文化宝库，体现出乡村特色文化资源价值，是乡村更基础、更深沉、更持久的力量，经过开发后，其价值是不可估量的。加之中石练兵习俗如今已经列入江西省非物质文化遗产名录，围绕中石练兵习俗开发民俗文化旅游可谓有名有实。

此外，乡村文化旅游也是传播乡村文化的一种特殊方式，这是一种柔性的传播，而且传播范围相对较广。中石练兵习俗，对于外地游客来说，通过异质文化的体验，在不同文化相互交流的过程中，他们能够接触到乡土文化，体味到乡土趣味，很可能将这种乡土文化传播出去，中石练兵习俗通过民俗文化旅游的形式，保持文化品位并实现跨文化传播，实现内容的内涵化和形式的开放化，也可以为中石练兵习俗的传承注入动力。

第二节　传统医药：于都敦本堂熊氏民间中医

于都历史悠久，人口众多，地处山区，自古以来外出谋生人口流动大，流行病也时有发生。因此，适应当地民众医药需要的民间中医应运而生，且形成了浓厚的中医药文化氛围。

于都敦本堂熊氏家族，早年由江陵（今湖北省荆州市）来到南昌，明朝时，经吉安、遂川，于成化年间到达于都定居。明朝末年，清江（今江西省樟树市）名医金本贵先生为躲避战乱，来到于都行医、放花，寄住熊家，受

到盛情招待。晚年，金先生收熊奉吾之子熊应初为徒，传授医道，于都敦本堂熊氏民间中医从此诞生。此后，历时390余年，敦本堂熊氏连续十三代执着敬业，名医辈出，创建了家喻户晓的于都敦本堂熊氏民间中医。其中，尤以"放花"而闻名乡里。数百年来，敦本堂熊氏民间中医不仅为民行医，而且继承和发展了中华医药理念，在医学传承教育方面，保持了中华民族私塾文化的原生态，彰显出历史文化价值。

于都敦本堂民间中医的服务理念具有明显的群众观点和鲜明的民间特色，在医疗实践中彰显了"整体观念"和"辨证论治"等中医特性，掌握了一套独门绝技和施治的祖传绝招，显现出优良的医疗效果。敦本堂借此独特的医术，维系了长盛不衰的传承，在于都当地影响深远，在民间传统医药界有明显的典型性和代表性。历代传承中，敦本堂民间中医的大型医著《敦本堂熊氏医鉴》，其理、法、方、药诸方面的独特见解，尤其秘验方，是十几代人宝贵学识的历史积淀，具有很高的实用价值和科研价值。后虽遭焚毁，但经于都县非遗保护中心积极抢救，有望使其重获新生，因此具有较高的发掘保护价值。

一、历史源流

明朝末年，清江名医金本贵收熊奉吾之子、熊氏二十七世熊应初为徒，传授医道。

到了第二代熊氏二十八世熊如祖，半医半农，医术平平。

于是，熊家再度延请先师之子金乃成先生对第三代熊氏二十九世熊云山，从小一带一、手把手亲授医术，从而使熊云山得其真传。此后，金乃成先生将于都放花事宜逐步移交给熊家料理，熊云山从此弃农而专事医业兼放花，声名鹊起。

第四代值康乾盛世，熊氏三十世熊凤羽脱颖而出，名噪一时。四修族谱撰写长篇传略，赞扬其医德医术："善种天花……生丈夫子一，乃克家令器，儒与医兼擅其长。"儒医传承卓有成效。

至第五代熊氏三十一世熊允吉，敦本堂民间中医的传承日趋规范。除

《医学三字经》、《药性赋》、《汤头歌诀》、祖传秘方为每位学医者必定抄诵外，祖孙父子还组织对典型病案进行研讨并予以记录，同时收集整理了不少民间秘验方，留下了大量装裱精细的手抄本；医术也至炉火纯青，熊氏五修族谱记载道："博古能文，技艺远扬，活死回生，扁鹊义方，心存仁义，志秉忠良。"不仅盛赞其"活死回生"的医技，更颂扬其"心存仁义，志秉忠良"的医德。

第六代熊氏三十二世熊贵享，恩授登仕郎，仍然矢志医业兼放花，并将先师所传授的、先辈所积累及广泛收集的秘方、验方、民间偏方编辑成册。在此之前，其继承皆为单传。此后，传承人数增加，敦本堂民间中医发扬光大，进入鼎盛时期。

晚清时期，第七代熊氏三十三世熊任才，据族谱记载为"国学生（载县志）"，祠堂前为其竖立高大麾杆石；三十三世熊通显，除事医放花外，创办"同济堂药号"（该药号一直传承至第十代，于1958年合作化联营，第十代传人熊兆鸿历任联营国药店经理）。敦本堂民间中医从而更加名声大振。

第八代熊氏三十四世熊朋兰，晚清秀才；熊子祥，晚清进士。两位的高尚医德、高超医术，至今还在民间被传为佳话。熊氏中医的秘方经过历代的千锤百炼，更臻完善。自第五代开始至此，由朋兰执笔的集体著述《敦本堂熊氏医鉴》完稿，可惜该书于苏区时期遗失。

第九代熊氏三十五世熊玉冰，清末秀才，一代名医，名振于都及其周边县域，声望至今犹存，曾重编《敦本堂熊氏医鉴》。

熊氏三十五世熊仲南，地、县、乡三级地方志及县文史资料、卫生志为其撰写传略。新华出版社1991年版《于都县志》载，熊仲南对儿科天花、麻疹造诣颇深，在牛痘疫苗未问世以前，儿童难闯天花关。仲南继承和发展祖传秘方，救活不少垂危儿童，迹遍宁都、兴国、赣县、会昌、瑞金等邻县边界地区。20世纪50年代，县城及郊区一带麻疹流行，并发症较多，死亡率高，仲南坐镇县城，疗效显著，死亡率锐减。60年代，全县几次麻疹大流行，他受县政府委派，先后到宽田、靖石、禾丰、盘古山等地巡医，所到之处，疫情顿见缓和。群众赞他是"儿科神医"，治麻疹的专家。1960年起享受高级知识分子待遇。熊仲南系熊家第9代名医，为后继有人，他坚贞不渝，传教子孙医病济民，至1967年82岁逝世时，已传至11代了。人民出版社1989年9月出版的《赣州地区志》记述："家系祖传中医，仲南系第九代名医。……通晓中医，专长儿科，尤对天花、麻疹造诣颇深，名噪附近数县，……仲南所有医术传授不吝，1958年无私献方，江西日报曾报道表彰。"

第十代虽建树不大，但承前启后，延续了敦本堂熊氏民间中医的数百年传承。

第十一代熊氏三十七世熊瑞祥，年届八十，自幼随祖父熊仲南先生习医，曾精心研读过祖传医案及著述《敦本堂熊氏医鉴》，并由祖父亲授，在临床中广泛运用其秘验方。近年来，他通过回忆、搜集、记述，形成了三十余本近百万字的笔记，积累了大量原始资料，在于都县非遗保护中心扶持下，开始重新整理编写《敦本堂熊氏医鉴》，对敦本堂民间中医进行保护、传承。

至今，于都敦本堂民间中医已传至第十三代。

二、分布区域

于都敦本堂民间中医分布在于都县城及岭背、梓山、宽田、段屋、仙下、车溪等乡镇，尤以县城敦本堂熊氏民间中医最负盛名，誉及宁都、兴国、赣县、会昌、瑞金等县区，远至南昌，乃至广东、福建等地也有患者慕名而来。对此，敦本堂民间中医一视同仁，不分贵贱，不择远近，救死扶伤，普济众生。

三、基本内容

（一）悠久的传承历史

明朝末年，于都敦本堂熊氏家族二十七世祖应初公师从清江名医金本贵先生习医兼放花（种天花），创立了敦本堂民间中医，历时390多年，连续十三代传承至今。其间，熊氏家族几代出过登仕郎、秀才、进士、国学生，但熊氏只求功名，不谋仕途，而专事医业，执着敬业，矢志不渝，名医辈出，树立了家喻户晓的"熊先生"好名声。据考证，新中国成立后，于都县才逐渐普及西医。在那尚无西医，中医必须独当一面的漫长历史岁月里，在缺医少药的当时，敦本堂民间中医在其影响所及的区域内独树一帜，享誉一方，承担了防病治病的大部分责任，对保障当地人民的身体健康起到了积极的作用。

（二）奇效的种天花、治麻疹医术

天花，是一种由感染天花病毒而引发的恶性传染病。该病发病急、传染广、症状重、病程长、预后差。天花病毒抵抗力较强，能对抗干燥和低温，在痂皮、尘土和被服上，可生存数月至一年半之久。没有患过天花或没有接种过天花疫苗的人，不分男女老少（包括新生儿在内），均能感染天花。天花主要通过飞沫吸入或直接接触而传染。人感染了天花病毒以后，大约有 10 天潜伏期。潜伏期过后，病人发病很急，多以头痛、背痛、发冷或寒战、高热等症状开始，体温可高达 41℃ 以上，伴有恶心、呕吐、便秘、失眠等症状。小儿常有呕吐和惊厥症状。发病 3—5 天后，病人的额部、面颊、躯干、臂、腕和下肢先后出现皮疹，开始为红色斑疹，后变为丘疹。2—3 天后丘疹变为疱疹，以后疱疹转为脓疱疹。脓疱疹形成后 2—3 天，逐渐干缩结成厚痂。发病大约 1 个月后痂皮开始脱落，有的遗留下疤痕，严重的留下终身"麻脸"。重型天花病人常伴有并发症，如败血症、骨髓炎、脑炎、脑膜炎、肺炎、支气管炎、中耳炎、喉炎，可致失明、流产等，这是天花致人死亡的主要原因。

明朝时江西省就已盛行种天花。到了清朝，康熙帝发布政令，天下普种天花，这比西方种牛痘提早了 100 多年，开创了人类免疫学历史的先河，并启发了英国后来的牛痘疫苗的发明。敦本堂民间中医种天花的医术，是一种基于"以毒攻毒"的朴素免疫学思想的预防医学文化，儿童接种天花后发病，经治疗痊愈后，获得对天花病的终身免疫力。

敦本堂熊氏中医放花术别具一格，历经寻苗种、采苗种、养苗种、放花、暖花、出花、灌浆、结痂、收花、睄花童等过程，不同于一般的衣痘、水痘、浆痘和旱痘四种种痘术。其主要过程如下：

1. 寻苗种。通过"三锤三匠"师父走街串巷，在气候温热、空气潮湿的广东、福建和江西三南地区搜集信息，寻找症状轻微，天花颗粒饱满、色泽红润的患儿。

2. 采苗种。信息返回后即派人前去采苗种（患儿身上带有天花病毒的脓痂），并付给报信者及患儿家属适当资酬。根据师父传教和历代经验积累，认为天花病毒不耐潮湿温热，这类苗种的病毒毒气较轻（致病力较弱），致人发病后，症状较轻，预后较好，但同样可以"以毒攻毒"，让人获得终身免疫力。

3. 养苗种。苗种采回后，在山区选择一单家独户，予以适当经济补偿，装一灶坛，将苗种接种到身体健壮的儿童身上，让其发病出花，并小心养护，以此培育新苗种。

4. 放花。新"苗种"培育成功后，将其从患儿身上采集下来，置于"花童"（未得过天花的儿童）贴身内衣处，保存在一定温度下，到时候用"人奶"（相当于培养基）混合研磨，再去仙坛接种到花童的上臂（放花），让天花在限定区域内集中发病。

5. 暖花。放花大约一星期，花童发热并出现呕吐等症状。

6. 出花。大约一星期，花童的额部、面颊、躯干、臂、腕和下肢先后出现皮疹。开始为红色斑疹，后变为丘疹。

7. 灌浆。3—5天后丘疹变为疱疹，之后疱疹转为脓疱疹。

8. 结痂。2—3天，脓疱疹逐渐干缩结成厚痂。

9. 收花。大约1个星期痂皮开始脱落。有的遗留下疤痕，严重的会在脸上甚至满身留下大大小小的终身麻点。

10. 睄花童。在整个过程中，必须随时"睄花童"（巡视诊治），以确保"花童"平安。同时，依据发病过程中不同发展阶段的不同"花型""花色""花状""出花次序""分布状况"，以及其他相应的症状、体征、个体素质和气候环境等复杂因素，以整体观念进行"同病异治"的辨证论治、组方用药，减轻症状和减少并发病的发生；在紧紧把握"出花""收花"关键时，对不同的并发病治疗又显现了"异病同治"的辨证论治之特色。其间，敦本堂熊氏中医通过香头（族长）结合民俗把护理知识普及到了家家户户，这些知识为每个家庭妇女所掌握，对"花童"加以小心呵护。这凸显"治未病"的中医特色，在世界医学史上也属罕见。

对于麻疹病，也和对天花病一样，敦本堂熊氏中医在临床治疗中凸显了整体观念、辨证论治等中医特色，尤其在早于西方医学发现的柯氏斑出现之前，在麻疹病发病前驱期，根据病人的特有症状和体征，凭借祖传辨证经验，就能做出精确的诊断和预后。这一独门绝技为赢得宝贵的早期用药时间，促使顺利出花以保证病情的正常发展奠定了基础，为最终取得卓著疗效提供了保障，并突出了"治未病"的中医特色，为当地医界及大众所赞誉。

（三）独特的传承方式

敦本堂民间中医，具有独特、科学、实用的"祖传"模式，以及古朴的民间儒医传统文化特征，是中华民族民间祖传中医文化在于都的典型代表。

敦本堂民间中医的祖传文化模式具有五大特点：一是其传承历史跨时代、跨世纪，继承了中华民族私塾文化的千年传统；二是其传教方式为两个相结合，即"三个早期"（基础知识早期施教、基础理论早期实践、基本技能早期训练）的祖传与私塾教育相结合，"一带一、手把手"的理论与实践相结合；三是其传教内容，吸取了中医之精华，和现代学校教育必修教材内容非常吻合；四是其传教方法是师徒间毫无保留地一道登堂入室，代代创新和发展，打破了一般师承的有保留的、限于引路入门的传授常规；五是其传教途径是医药兼学并进。

敦本堂熊氏系中医世家，其家庭环境有着浓厚的医药氛围，其成员从小受到医药知识的熏陶。他们以"祖传和私塾教育相结合"的独特方式，采取早期施教，从孩童时代记忆最佳年龄段就开始结合私塾古文进行医学教育，不求甚解地唱读背诵《医学三字经》《药性赋》《汤头歌诀》。《医学三字经》相当于中医医学史和中医学概论；《药性赋》和《汤头歌诀》相当于中药学和方剂学。三部书朗朗上口，易于记诵。他们对这些歌赋，从小背诵得滚瓜烂熟，到老不忘，受用终身，实非一日之功。

其成员到了十来岁，则开始跟随长辈上圩、进城，坐堂或上户看病见习，进柜台辨识中药饮片，入作坊学习中药炮制，做到"医药兼学，同时并进"，早早进入"实践"。同时，师徒相携，对上述三部书和《医学心悟》，以及前人的其他著述进行私塾式的讲解研读，传授药性汤头、阴阳五行、气血津液、脏腑经络等浅显易懂的基础理论知识。其中，《医学心悟》集中医基础理论与内科学于一体。四部书内容和现代中医大中专学校除西医知识外的必修教材内容大致相近。

他们遵循"用药容易，识证难"的信条，注重基本技能的"早期训练"，结合随师临床见习和实习，辅以四诊，而尤其着重舌诊、脉诊的传授，并应用家传经验，以八纲统之，融会贯通地传授病因辨证、气血辨证、脏腑经络辨证、六经辨证、卫气营血辨证、三焦辨证等各种辨证方法及其灵活运用，同时紧密结合临床，传授"治未病""异病同治""同病异治"等辨证论治科学理论及其在临床中的运用技巧和经验，探索病因、病机等知识。此外，他们还不断扩大知识面，逐次研读《医门法律》《辨舌指南》《濒湖脉学》《医方集解》《症因脉治》《兰室秘藏》《名医医案》《医方一盘珠》《寿世保元》《医宗金鉴》等内外科名著，以及《痘疹精详》和《傅青主女科》等专著，博采众家所长融汇于自身，若干年之后达到相当于现代中医中专至大专水平。

至此，进入临床。初时，在长辈指导下，从对常见、多发、简单而顺当的病症诊治开始，逐步延伸扩展到多病种及疑难杂症的诊治上，循序渐进走上独立临床。具体临证时，辨证遣方用药，与众不同，而家庭内部即基本相近。一般以经方作为经典指导，多半采用时方及民间偏方和祖传的秘验方，不拘泥成方而着重通权达变，讲究实用有效。特别是其系列秘验方，独具一格，自成体系，代代秘传，世代创新，内部发展，熊氏以此独门绝技和祖传绝招为看家本领，维系其百年不衰。

及至弱冠年华，求知欲旺盛，在临床需要的鞭策下，自觉攻读《本草经》《灵枢》《素问》《难经》《伤寒杂病论》《温病条辨》等经典。到而立之年，即协助长辈带儿童读医药歌赋，并参与家庭内部对典型病案的讨论。过了不惑之年，知天命时，小有成就后才被指定带徒，而且一次限带一人。敦本堂民间中医这一独具特色的民间祖传儒医文化模式，一直坚持到二十世纪六七十年代。

其十一代传人熊瑞祥先生自幼随祖父熊仲南先生习医，继承优良传统，一直在民间应百姓之延请自由行医。他从未接受过家庭外的任何形式的学校医学教育，在祖传家教基础上自学成才，经江西省第一次中医自考，获大专文凭，之后又获得了主治中医师职称，并且按国家规定获准了带徒资格。2005 年获江西省卫生厅（现已撤销，改制为江西省卫生健康委员会）颁发的"江西省基层优秀中医"荣誉称号。以上事实见证了熊氏中医"祖传"模式的实用价值。

在特定的历史条件下，在基层民间，具备如此规范有序的传承模式，采用如此科学适用的教材，应用如此严谨有效的教学方法，传授如此前卫实用的知识，几百年传承，始终展现了民间儒医文化风范，保持了古老文化原生态，历尽沧桑维系至今，世代享誉民间，是非常难能可贵的。时至现代，这一模式仍然符合国家所倡导的中医师承传教的精神，并符合国家对中医师承传教的有关规定。

（四）深厚的民风民俗内涵

于都敦本堂熊氏民间中医，扎根于群众之中，有着深厚的群众基础，蕴含丰厚的民风民俗民情，至今还富有勃勃生机和浓郁的生活情趣，展现出中医文化的创造力，实在难能可贵。

以放花为例。放花不但具有深厚的预防、治疗和护理医学科学文化底蕴，同时还具有丰富的民俗文化内涵，放花仪式既简约又隆重。以自然村寨为单位，每三年一运，历时一月余。具体过程为：请神、接驾、装坛、放花、抱花、养仙坛、睄花童、下坛、送驾。在放花这一个多月时间里，有一系列民俗风情和清规戒律，比如打扫、洗刷、斋戒、沐浴等。全村肃穆安静，独尊仙太婆婆，信奉仙太婆婆普度众生，将花种撒向人间，护佑她的童子（花童）平安"出花"并"收花"，顺利迈过人生这道"铁门槛"。其间，人们不能吵架，抱花夫妻不能同居，要天天到仙坛顶礼膜拜。连"狗"都在神龛下的右侧设有一个神位，称为"部下尊神"，人们不能轻易冒犯，不可大声呼唤、呵斥。整个村寨极力营造一个平等、宁谧的和谐环境。周边村寨要敲锣打鼓到设在宗族祠堂的仙坛来娱乐以养仙坛。大家对仙太婆婆的花童说话都要和气，不可轻易冒犯得罪，这叫作"仙太婆婆名（讲）不得"。"接驾""养仙坛""送驾"仪式隆重，其规模视"花童"数量、经济状况，尤其是治疗效果而有所不同，大者蔚为壮观，小者只在灶神处装一灶坛。无论规模大小，都遵照相同的清规戒律。他们利用人们对仙太婆婆的虔诚心理，对"花童"加以小心呵护，同时体现了"治未病"和"同病异治"、"异病同治"的中医辨证论治之特色，培育了科学的中医文化，展现了中医文化的创造力，社会影响极大，声誉极高。族谱、方志均有记载。

（五）广泛的社会影响力

敦本堂熊氏民间中医，在临床中灵活运用中医科学理论的独特技巧与经验，由此而形成大型医著《敦本堂熊氏医鉴》，其中的理、法、方、药方面的独到见解及自成体系的系列秘验方，倾注了熊氏历代医家的心血，是其知识经验的历史积淀。系列秘验方，涉猎病种多、应用范围广、疗效卓著、价格低廉，能满足患者多方面的特殊需求，有些还是西医无可替代的。敦本堂民间中医在医疗实践中，彰显了整体观念和辨证论治的中医特色。于都敦本堂民间中医深入民间、贴近群众，以群众喜闻乐见的方式为百姓提供服务，并遵照"医者仁心"的祖训，为妇女、儿童、老年人及慢性病患者、残疾人、贫困患者提供上门或免费服务，满足广大群众的基本需求。

近50年来，敦本堂民间中医熊瑞祥诊所治疗各种疾病30余万例，其中，治疗麻疹3万余例；治疗妇女崩漏治愈率80%以上；治疗妇女不孕症200余例，有效率达70%以上。

　　博大精深的中医文化，源自古老的传统医药。敦本堂民间中医其声势规模虽小，但它以小见大，凸显了中医固有特色，具有儒家传统文化风范。其医疗服务具有全面、便捷、实在、有效和特别符合乡村民间需求的特点。其系列秘方效验价廉，经受了几百年历史考验仍然行之有效。它在于都这方热土上，依靠自身力量自生、自长、自我发展，经过几百年传承依然保持了古老文化的原生态。

四、传承谱系

第一代　二十七世祖
熊应初（1610—1694）

第二代　二十八世祖
熊如祖（1645—1726）

第三代　二十九世祖
熊云山（1697—1740）

第四代　三十世祖
熊凤羽（1749—1811）

第五代　三十一世祖
熊允吉（1780—1852）

第六代　三十二世祖
熊贵享（1803—1863）

　　第一代至第六代，敦本堂选择继承人皆为单传。此后，传承人数增加，不断发扬光大。下列诸公均事医。

第七代　三十三世祖
熊任才（1825—1877）　　熊通显（1830—？）

第八代　三十四世祖		
熊朋兰（1854—？）	熊子祥（1854—？）	熊济春（1860—？）

第九代　三十五世祖		
熊玉冰（1877—1937）	熊昌期（1878—1935）	熊琼英（1882—？）
熊辅文（1882—1963）	熊仲南（1887—1967）	熊辅西（？—？）
熊泮瑞（1894—1947）	熊海波（1896—1978）	熊渭璜（1900—1977）

第十代　三十六世祖		
熊若龙（1909—1978）	熊星烂（1913—1993）	熊圭璋（1920—？）
熊兆祥（1921—1970）	熊效忠（1923—1990）	熊兆麟（1923—1969）
熊兆鸿（1931—？）	熊麟祥（1934—？）	

以上诸公，除仲南公晚年被安排在公社卫生院外，其余均为民间医生。其中，熊朋兰为秀才，熊子祥为进士，熊仲南享受高级知识分子待遇。

第十一代三十七世　熊丽水（1938—1988），大专文化，漂矿医院医师。熊瑞祥[1]（1941年出生），个体诊所主治中医师，省优秀基层中医，其传略收录于都县人物录中。熊德祥（1944年出生），乡医。熊春元（1949年出生），乡医。熊扬中（1940年出生），国药店退休医生。熊扬礼（1961年出生），乡医。熊天雄（1960年出生），乡医。熊进新（1971—2007），大专文化，县中医院医师。熊继祯（1966年出生），县中医院中药师。

---

[1] 笔者在采访熊瑞祥医师时，他已年近八十，但仍然精神抖擞、思维清晰，非常健谈。

第十二代三十七世　熊扬城（1964 年出生），大药房坐堂执业助理中医师。熊金金（1963 年出生），大药房坐堂医生。

第十三代三十八世　熊仁盛（1965 年出生），大药房坐堂执业助理中医师。熊仁全（1974 年出生），乡医。熊仁山（1979 年出生），乡医。熊仁海（1980 年出生），大专，个体诊所执业助理中西医结合医师。熊仁忠（1978 年出生），大专，县中医院针灸医师。熊万群（1978 年出生），乡医。黄静（1980 年出生），大专，个体诊所执业中西医结合医师。

五、主要特征

一是敦本堂民间中医具有悠久的传承历史，建立了家喻户晓的"熊先生"三百多年的好名声，表现出中医在民间的旺盛生命力。

二是敦本堂民间中医的祖传方式，在医学传承教育方面，保持了中华民族私塾文化千年传统的原生态，而且符合现行政策及其有关规定，有世代传承、活态存在的特点。

三是敦本堂民间中医在疾病辨证方面的独门绝技及在施治方面的祖传绝招，是其赖以生存发展的看家本领，其借此维系了数百年的传承。

四是《敦本堂熊氏医鉴》对理、法、方、药方面的见识，特别是其秘验方，自成体系，是十几代人宝贵学识的历史积淀，具有很高的科研价值。虽曾被毁，但于都县非遗保护中心正采取措施进行抢救，有望让其重获新生，有较高的发掘保护价值。

五是敦本堂民间中医在医疗实践中彰显了中医特色，展示了它比西医在某些方面的优异之处，展现了中华民族中医文化的创造力，在民间传统医药界有显著的典型性和代表性。

六是敦本堂民间中医具有"儒家风范、群众观念、民间特色"的医疗服务理念，加上其身怀绝技，深得人心，颇孚众望，在当地影响较大。

六、重要价值

一是敦本堂民间中医独特的医学理念所形成的服务方式、服务方向、服务风尚等优良传统，老百姓喜闻乐见，符合世界医学教育大会相关宣言的精神，对保障人们身体健康，创建和谐平安社会，有很高的社会价值和深远的现实意义。

二是在悠久的传承历史中，敦本堂民间中医以独特的医疗服务理念对社会做出了积极贡献，为民解难，享誉民间。

三是在临床中彰显出中医特色，展示了与西医的不同特点，以实际效果证明了其优越性，展现了中华民族中医文化的创造力，在民间传统医药界有显著典型性和代表性。

四是在实践中灵活运用中医科学理论而独创的医著及其系列祖传秘方，是珍贵的医学文化遗产，尤其是对一些西医无特效疗法的病毒性及功能性疾病的治疗偏方，具有突出的临床实用价值和科学研究价值。

五是敦本堂中医的传教方式及教学方法独特、科学、实用、有效，时至现代仍然符合国家倡导的中医师承传教精神及其有关规定，几百年来保持了传统文化原生态，具有中华民族民间儒医传统文化特征，有典型代表意义，文化价值突出，传承实用价值较高。

六是其传教方式及经验和医技，特别是其实用有效的系列秘验方，历来封闭相传，而且一直停留在实践经验层面。如果连同其传承方式、服务理念等优良传统，加以发掘、整理，并以现代理论进行论证阐释，结合现代教育和现行师传政策加以保护和推广，对祖传中医教育的提高、传承发展民间中医、打造彰显中医特色的基层中医诊所意义重大。借此培养更多的基层实用中医人才，对减轻市县级医院压力，科学地节约和利用社会医疗资源，缓解"看病难、看病贵"的难题有着深远的意义。

附：关于于都县第二批非物质文化遗产保护项目《于都敦本堂熊氏民间中医》的调查报告

于都县非物质文化遗产保护中心于近期组织文化、卫生等有关人员对《于都县敦本堂熊氏民间中医》进行广泛的社会调查，深入宽田、梓山、岭背、仙下、车溪、段屋、贡江等十余个乡镇，访问近千人，耗时半年余，证实熊氏中医在妇科、儿科、麻疹类疾病医治上运用祖传秘方疗效独特，救治了不少危重病人，不乏起死回生者。

诸如儿科类：岭背塘外邹圆发的儿子邹育荣，周岁时患急病，放在屋檐下，准备下埋，备好了锄头和粪箕。熊医师闻讯进行人工呼吸，经抢救，死里逃生，获得新生，现在仍在经商做老板。梓山长口村石人排村民小组何贱秀（现年49岁），小时候有过麻疹，高烧人事不省，当地医生放弃治疗，经熊医师抢救死里逃生。70年代中期，车溪朱坑村100多名小孩患麻疹，有不少病情严重者，经熊医师精心治疗，仅一个来月小孩全部痊愈，乡民们敲锣打鼓送锦旗感谢。

妇科方面：贡江镇红旗大道10号张金凤其女罗文镇，结婚三年未生育，服药三个月喜得贵子，之后张金凤介绍了七八个不孕症妇女，经治疗效果都很好，众人称熊医师"送子观音"。梓山镇潭头村窑前组谢五秀（现年55岁），1993年患妇科崩漏症，多方求治无效，严重贫血，后经熊医师诊治，服药一个星期，痊愈。

经调查走访，熊医师诊治的典型危重病人80余人，证明熊医师医术高超，医德医风高尚，口碑较好。近50年来，熊医师治疗各种疾病30余万例，其中治疗麻疹3万余例；治疗妇女崩漏治愈率80%以上；治疗妇女不孕症200余例，有效率达70%以上。

关于于都民间放花，经调查了解证实，于都敦本堂熊氏民间中医祖传数代，在放花技艺上有独特贡献，其治愈率达99%以上，很少出现"麻脸"，于20世纪70年代以前，在乡间享有盛誉。

参与调查人：陈显清、刘光沛、孙继珍、肖继岳、刘瑞莲、肖妍、王军、管波。

于都县非物质文化遗产保护中心

2009年3月9日

第四章 传统音乐、传统舞蹈、
传统戏剧与民间文学

第一节 传统音乐、传统舞蹈、传统戏剧

一、"茶篮灯"

"茶篮灯"是于都县较为常见的一种民间灯彩歌舞,因其演唱时舞者口唱"茶歌",肩挑或者手提茶篮而得名。茶农在长期的茶山劳作中,为消除疲劳或传递情感,常常爱唱茶歌。后来,随着采茶歌的传唱,茶农依据在茶山采茶的动作载歌载舞,再加上一些道具如纸扎茶篮、扇子、手帕以及灯笼等,就形成了融生产、生活、情感于一炉,特色鲜明的采茶灯歌舞,亦名"茶篮灯"。

(一)历史渊源、分布以及流传和演变情况

唐朝末年,随着大批中原人南下,有人在于都黄麟、宽田等地落户,他们与山为伍,伴水为邻,终日爬山种茶,辛勤耕作,一边采茶一边唱着茶歌,产生了山歌、茶歌、采莲曲等。从正月顺次唱到十二月的叫"顺采茶",从年尾十二月唱到年头正月的叫"倒采茶",唱春夏秋冬四季的叫"四季茶"。随着茶歌的传唱与发展,在农闲时节,他们就将日常生活中最常见的种茶、采茶、倒茶、炒茶、卖茶、贩茶、送茶等情景,与当时盛行茶区的马灯、龙灯和舞狮形式结合起来,形成了具有赣南特色、富有于都山区特点的民间灯彩歌舞。

"茶篮灯"在于都县流传较广,主要分布在葛坳、宽田、黄麟、沙心、祁禄山等乡镇。改革开放以前,有不少造诣较深的艺人,每逢春节便会外出

表演，足迹遍布赣南的 18 个县市区，受到群众的广泛欢迎。

后来，艺人根据客家人上山、进坑、过桥等动作，结合在茶山劳动的情景，以采茶的茶篮、手巾、锄头等为道具，将"茶篮灯"改编为"十二月采茶歌"，表演人数由原来 12 个茶女、2 个男队首缩减为 2 女 1 男（女的为大姐、二姐，男的叫茶童），表演形式由原来的一唱众和变为载歌载舞、姐妹对唱、茶童手摇纸扇、插科打诨的小戏。

（二）"茶篮灯"的演出活动

"茶篮灯"演出一般是在正月初一至十五这几天。一般是"茶篮灯"演出队伍沿着村落敲着锣鼓，若有人放鞭炮迎接则停下来，然后进屋场，到祠堂里或禾坪上演出。演出队一天一般要演五六场，演完就回家。因此，"茶篮灯"的演出范围都不太大，总是以自己屋场为中心，朝外辐射。演出队每演完一场都要吃顿饭，收东家一个红包。

"茶篮灯"表现的都是茶家与茶商的生活。男角的动作都是半蹲，这表现了茶商爬山越岭鉴茶、买茶的情景；女角则多是于齐胸部的舞动，这与茶家摘茶的动作相近。"茶篮灯"舞蹈动作的特点就是男角的蹲和女角的圈。男角中，茶郎挑篓是蹲，买茶路上也是蹲，中人舞扇的蹲表现了挑篓、登山的具体行为动作，体现了兴致勃勃的气氛，显得非常轻松。蹲的动作，要求腰胯要稳，气息要沉，膝部始终保持弯曲状态，并以脚跟着地。女角的动作都是画圈，摘茶中手绢或是腰带的小横八字花、拜年中的左右大圈，送茶中双手的大横八字。这些圈要求做得连贯、顺畅。这些从原始生活摘茶中提炼出来的动作，表现了灵巧的双手在茶树丛中上下翻飞的情景，表演者要求手腕要灵活，转动自如。"茶篮灯"队最后的离场是在喜庆的锣鼓声中，演出队员手举茶篮、肩挑茶篓，欢乐地与东家告别。"茶篮灯"演出队伍所到之处，都是一片锣鼓喧天、鞭炮齐鸣、载歌载舞的热闹场景。

（三）"茶篮灯"的内容结构

"茶篮灯"内容结构很有特色，分正套、杂套两大部分。

正套分摘茶、倒茶（倒摘茶）、贩茶、卖茶、送茶五个段落（场次）。杂套分芙蓉歌、祝英台、写字歌、做鞋歌、想郎歌、恋妹歌、懒惰歌、放牛歌、勤俭歌、古人歌、今人歌、杨柳歌、戒烟歌、补缸歌、油茶歌、花卉歌、当兵歌、新年歌、仙人歌、哨姐歌、家务歌、绣花歌、生意歌、开店歌、讨亲歌、香包歌、新人歌、花鼓歌、蛮牯歌、扫台歌等。

（四）"茶篮灯"的主要艺术特征

于都"茶篮灯"的主要艺术特征包括如下几个方面：

1. "茶篮灯"行当简单却齐全，与采茶戏相类似又不完全相似，分生、旦、丑角，类似于赣南采茶戏前身的三角班。完整的演出有茶郎（茶老子）、牙人（中人）、四个茶女共六人表演。生角即茶郎，也是丑行表演。这完全是三角班的行当排列。"茶篮灯"的正套，有些内容与赣南采茶戏相类似，如"茶篮灯"里的十带货，就与采茶戏的十带货相类似。舞蹈动作也有许多与采茶戏一致的地方，如矮子步，"茶篮灯"里的只有双脚下蹲，上身尚一起一伏，没有采茶戏里的平、稳，双手也没有那种飘逸、圆柔的动作。

2. 演出多样性。一是基本保持原始风格，音乐、剧本都照旧本，表演亦循旧法，在师承方面以师徒传承为主，如黄麟乡罗西村的华称生和练兰英就从师邹罗发；二是在原始基础上，音乐、内容都有改进，剧本也大为精减，演出时间也较短，1995年左右，黄麟乡罗西村"茶篮灯"班子，按照旧形式，加入新内容，改写所有唱词，给内容赋予了新的时代气息，受到欢迎。祁禄山一带"茶篮灯"底子较厚，采茶戏很流行，因此，"茶篮灯"演员都是采茶戏演员。所以，祁禄山的"茶篮灯"发展到今天，受到采茶戏较大的影响，"茶篮灯"表演也较短。还有一种情况则是在人少的情况下也能进行表演，有时从头到尾只有两个演员，一演茶女，一演茶郎，内容也较多言情之事。

3. 音乐完整，优美动听，活泼欢快。于都"茶篮灯"共有摘茶歌两首，倒茶歌两首，送茶歌两首，卖茶歌、贩茶歌、拜年歌、送茶神呼赞歌各一首。从摘茶到送茶，一套共计十首，首首曲子优美动听、欢快活泼，具有动听性，又有舞蹈性。如下：

摘茶歌

1=G 2/4

$$5 \quad \widehat{3\underline{2}} \mid 5 \quad \widehat{3\underline{2}} \mid \underline{56} \quad \underline{53} \mid \widehat{\underline{21}} \quad 2 \mid \underline{25} \quad \underline{25} \mid \underline{23} \quad \widehat{\underline{21}} \mid \widehat{\underline{15}} \quad \widehat{\underline{16}} \mid \underline{15}—$$

正月 摘茶 是 呀 新 年 家家 户户 过新年 过 新 年

倒茶歌

1=D 2/4 3/4

$$\widehat{\underline{616}} \quad \underline{116} \mid \widehat{\underline{113}} \quad 2 \mid \underline{212} \quad \overset{.}{6} \mid 1^{6} \mid \underline{112} \quad \widehat{\widehat{\underline{2116}}} \mid \underline{65} \quad \underline{16} \mid \overset{.}{6}$$

十二月倒茶是 牡丹花 就一 年 啰 挑担介 茶箩 急急 忙 那

$$\widehat{\widehat{\underline{3561}}} \mid \overset{.}{5} \quad \overset{.}{5}: \parallel$$

快转 过 年 啰。

送茶歌

1=D 2/4

$$(\underline{6} \quad \underline{113} \quad \underline{2321} \mid \underline{6561} \quad \underline{553} \mid \underline{6113} \quad \underline{2321} \mid \underline{6561} \quad \underline{535} \mid \underline{6561} \quad \underline{5623} \mid 5—) \mid$$

$$\underline{332} \quad \underline{35} \mid \underline{61} \quad \underline{61} \mid 2 \quad \underline{2321} \mid \underline{65} \quad 6 \mid \underline{12} \quad \underline{12} \mid \underline{6123} \quad \underline{1216}$$

送茶 送到 天井 边（吓吓里格西洋吓） 客 官 买茶 也要

$$\mid \underline{5.\ 6} \quad 1 \mid \underline{61} \quad \underline{65} \mid \underline{65} \mid \mid$$

添 嗬 嗬 嘿海棠花留香

4.道具和乐器运用巧妙。"茶篮灯"多数是茶女双手端一茶灯（里面点上灯），茶郎挑一担茶灯进行表演。茶灯可用来表演，又可用来装东家送的红包。有的地方演出，茶女一手茶灯，一手手绢；有些地方则是一手茶灯，一手舞动缠于腰间的红绸带，牙人打一小钹上场表演。伴奏乐器一般一套锣鼓、一把勾筒，如条件允许，也可加入拉弦、弹拨等乐器。

5. "唱念带舞"的表演形式和"诙谐幽默"的精神特质。表演"茶篮灯"节目的演员，既是戏曲演员，又是舞蹈演员。"茶篮灯"表演形式，不像京剧那样唱腔多变，演员一般要将动作、说词协调配合。在不间断的表演中，舞者需要将每一个舞蹈动作都表现得淋漓尽致，以情入戏，调动观众的兴趣。另外，整个演出都需要保持高度的注意力，舞蹈的姿势和体态也需要长时间维持，最终达到满台皆舞的状态。在整个舞段中念、唱、舞贯穿始终。"茶篮灯"中可以明显发现一种"诙谐幽默"的气息。历史上赣南客家人承受了许多的苦难，但是在"茶篮灯"中，客家人咀嚼世间难事苦情，以文字语言和舞蹈语言的形式，表现出让人捧腹大笑的幽默诙谐。"茶篮灯"的舞蹈中融入了赣南客家人复杂的情感变化，并且情感戏份始终贯穿在"茶篮灯"的舞蹈中。在"舞中三绝"与戏曲语言的共同点里，都具有诙谐幽默的演出效果。高人比拟作矮子，双袖筒变形为单袖筒，主要是通过戏曲中的"反丑"来表现出幽默的风格。[①]

（五）影响和意义

"茶篮灯"有浓烈的抒情色彩与简单的故事情节，深受人们欢迎，成为流传范围广，对其他民间艺术形式（如赣南采茶戏）产生了较大影响的民间灯彩歌舞。"茶篮灯"以其浓郁的地方特色进行表演，反映了赣南客家人的生产、生活及文化演变。据考证，在江西省内外都具有较大影响力的赣南采茶戏，其前身就是"茶篮灯"，所以对"茶篮灯"进行挖掘、整理、保护，无疑对研究赣南客家文化起着重要的作用。

"茶篮灯"还对农村精神文化生活有着深刻影响。春节期间，乡村迎来"茶篮灯"，活跃了农民的精神文化生活。"茶篮灯"那轻松活泼、诙谐有趣的表演风格，以及甜美的歌声、优雅的舞姿很容易激起人们兴趣。同时，乡民们还认为：迎来了"茶篮灯"，家里更吉利，田里更丰收，出门更顺畅，生意更红火，大人小孩更平安。因而，"茶篮灯"在客家乡村深受欢迎。

---

① 王志强：《赣南地区"茶篮灯"设计艺术研究》，《福建茶叶》2016 年第 8 期。

艺人们在原有的"茶篮灯"剧本基础上还会创作、编排一些反映现实的剧本，对党和政府的政策、法规进行宣传。他们生动的说唱、惟妙惟肖的表演使得这种宣传收到非常好的效果。

（六）传承与传承人

传承谱系

传授者姓名	性别	年龄	籍贯	民族	职业	健康情况	工作单位或联系地点
葛贻琴	男	已故	于都	汉	农民	良	葛坳乡东林村
谭建忠	男	55	于都	汉	农民	良	葛坳乡杨梅村
葛何香	女	38	于都	汉	农民	良	葛坳乡杨梅村
黄九秀	女	65	于都	汉	农民	良	葛坳乡
邹佐福	男	已故	于都	汉	农民	良	黄麟乡罗西村
华称生	男	51	于都	汉	农民	良	黄麟乡罗西村
练兰英	女	47	于都	汉	农民	良	黄麟乡罗西村
刘章荣	男	77	于都	汉	农民	良	黄麟乡湖山村
曾九发	男	35	于都	汉	农民	良	宽田乡里屋村
朱生有	男	50	于都	汉	农民	良	宽田乡里屋村
张武琴	男	65	于都	汉	农民	良	黄麟乡罗西村

主要传承人

传授者姓名	性别	年龄	籍贯	民族	职业	健康情况	工作单位或联系地点
谭建忠	男	55	于都	汉	农民	良	葛坳乡杨梅村
华称生	男	51	于都	汉	农民	良	黄麟乡罗西村

附："茶篮灯"部分唱曲之唱词

唱曲一《十二月采茶歌》

唱词

正月摘茶是新年哟嘿，摘茶郎子莲花开过新年，家家户户多宴酒哟嘿，多多宴酒莲花开拜新年。

二月摘茶茶生芽，摘茶郎子摘茶芽，郎摘多来妹摘少，多多少少摘回家。

三月摘茶茶叶青，摘茶郎子出手精，两边生起茶花朵，中间站着摘茶人。

四月摘茶两头忙，摘茶郎子是牛郎，莳得田来茶又老，摘得茶来秧又长。

五月摘茶茶叶浓，茶树几下生蚜虫，多买钱纸敬土地，保护天下要太平。

六月摘茶日难当，多插杨柳少插桑，柳树大了有用处，杨树大了好乘凉。

七月摘茶秋风凉，家家户户割禾忙，谷子割了几十担，挑回家中堆满仓。

八月摘茶桂花香，风吹桂花满段香，男人喜欢桂花酒，少女单恋少年郎。

九月摘茶是重阳，重阳美酒菊花香，男人带了菊花酒，女人带了菊花香。

十月摘茶正立冬，十担茶蒌九担空，十担茶蒌空九担，明年正月再相逢。

十一月摘茶是寒冬，雪子飞飞飘郎衣，郎在路上卖茶转，妹在家中接郎归。

十二月摘茶又一年，郎子驮伞收茶钱，上屋茶钱已收到，下屋茶钱约明年。

唱曲二《十二月倒采茶》

唱词

十二月倒茶牡丹一枝花又一年哟，郎子驮伞进九房呀开收茶钱，上屋茶钱牡丹一枝花已收到哟，下屋茶钱进九房呀开约明年。

十一月倒茶牡丹一枝花是寒冬哟，雪子飞飞进九房呀开飘衣，郎在路上牡丹一枝花卖茶转哟，妹在家中进九房呀开接郎归。

十月倒茶牡丹一枝花正立冬哟，十担茶蒌进九房呀开九担空，十担茶蒌牡丹一枝花空九担哟，明年正月进九房呀开再相逢。

九月倒茶牡丹一枝花是重阳哟，重阳美酒进九房呀开菊花香，男人带了牡丹一枝花菊花酒哟，女人带了进九房呀开菊花香。

八月倒茶牡丹一枝花桂花香哟，风吹桂花进九房呀开满段香，男人喜欢牡丹一枝花桂花酒哟，少女单恋进九房呀开少年郎。

七月倒茶牡丹一枝花秋风凉哟，家家户户进九房呀开割禾忙，谷子割了牡丹一枝花几十担哟，挑回家中进九房呀开堆满仓。

六月倒茶牡丹一枝花日难当哟，多插杨柳进九房呀开少插桑，柳树大了牡丹一枝花有用处哟，杨树大了进九房呀开好乘凉。

五月倒茶牡丹一枝花茶叶浓哟，茶树几下进九房呀开生蚜虫，多买钱纸牡丹一枝花敬土地呦，保护天下进九房呀开要太平。

四月倒茶牡丹一枝花两头忙哟，摘茶郎子进九房呀开是牛郎，莳得田来牡丹一枝花茶又老哟，摘得茶来进九房呀开秧又长。

三月倒茶牡丹一枝花茶叶青哟，摘茶郎子进九房呀开出手精，两边生起牡丹一枝花茶花朵哟，中间站着进九房呀开摘茶人。

二月倒茶牡丹一枝花茶生芽哟，摘茶郎子进九房呀开摘茶芽，郎摘多来牡丹一枝花妹摘少哟，多多少少进九房呀开摘回家。

正月倒茶牡丹一枝花是新年哟，摘茶郎子进九房呀开过新年，家家户户牡丹一枝花多宴酒哟，多多宴酒进九房呀开拜新年。

唱曲三《摘新茶》

唱词

新年新春摘新茶，摘茶郎子摘茶芽，哥挑一担茶叶转，妹子一路唱采茶。

夏季一到摘茶忙，摘茶郎子要插秧，插得秧来茶叶老，摘得茶来秧又长。

秋季到来秋风凉，风吹茶叶满街香，摘茶郎子卖茶忙，上村转到下一庄。

摘完茶来正立冬，十担茶篓九担空，茶叶卖完结茶钱，结到茶钱好过年。

鸣鞭放炮过新年，家家户户笑连连，迎春接福除旧岁，锤锣打鼓拜新年。

茶郎子：挑起担子走忙忙，今夜来到贵富堂，前有狮子把水口，后有来龙进屋场。恭喜贺喜你，贺喜老表住在新社会里。

唱曲四《进门》

唱词

茶郎子：茶来噜嘞，进了一重门那进了一重门，哨担茶篓到时，你贵哟富门，哨担茶篓到你贵哟富门。

茶姐：茶来噜嘞，进了二重门那进了二重门，哨担茶篓到我贵哟富门，哟担茶萋到我贵哟富门。

茶郎子：茶来噜嘞，进了三重门那进了三重门，门神公子闹闹艳艳送呀上门，门神公子闹闹艳艳送呀上门。

茶姐：茶郎哥请拜年。

茶郎子：年都过了，还拜什么年？

茶姐：你有心拜我茶妹年，过了九月重阳也不算迟。

茶郎子：要拜就来拜呢！

唱曲五《拜年》

唱词

一拜就拜你祖公年，兴家发福万万年；

二拜就拜你茶妹年，幸福的生活是万万年；

三拜就拜你茶妹年，共产党的领导万万年。这下拜了你茶妹年了。

茶姐：茶郎哥，请食茶！

茶郎子：茶妹子，哇你不晓又蛮晓得，哇你道理不深又蛮喊你奉茶，细头子向下，大头子向上，两片黄茶叶浮又浮，茶又不像茶，食里喉咙盖子打翻车，酒又不像酒，食喉咙盖子叽里咕噜，茶郎我鼻子压压匀一餐食了三壶酒，酒醉打鸭气。

茶姐：茶哥从哪里来？

茶郎：我走了天下几十省。

茶姐：走了天下几十省，算我茶妹子听听！

茶郎：要算就两边打起锣鼓听我算！（过门）（锣鼓）

实心打在江西省，宁都州，实心打在云南贵州石城转，高人省，矮人省，翻背过去的浪荡省，浪浪荡，荡别里，一荡荡到于都端金转，茶来噜嘞，广东福建就是我们。

茶姐：茶郎走了天下几十省，带了什么好细货？

茶郎：细货带了蛮多！

茶姐：算我茶妹子听听。

茶郎：要算就两边打起锣鼓听我算！（过门）（同前面）

实心带了同心水粉，银镜子，牙梳鼻子刷，实心带了梭布针，棉布针，飞有油龙线布针，月白色布针，五色花布针，茶来噜嘞，还有两包绣花针。

茶姐：茶郎走了天下几十省，带了什么好布匹？

茶郎：布匹带了蛮多。

茶姐：算我茶妹子听听。

茶郎：要算就两边打起锣鼓听我算！（过门）（同前面）

实心带了青棉布，白布，飞雨油龙线布，月白色布，五色花布，茶来鲁来噜嘞，还有两瓜子红。

茶姐：茶郎走了天下几十省，带了什么好果品？

茶郎：果品带了蛮多。

茶姐：算我茶妹子听听。

茶郎：要算就两边打起锣鼓听我算！（过门）（同前面）

实心带了山中山梨子，田中田马齐，锅下炒豆子，锅盖烤花生，甘草橘饼子，薄荷甘橘子，茶来噜嘞，还有两筒面饼子。

茶姐：听了什么故事？

茶郎：故事听了蛮多。

茶姐：算我茶妹子听听。

茶郎：要算就两边打起锣鼓听我算！（过门）（同前面）

拔起火来溜溜动的走马灯，来来蒙的竹篙灯，纳纳扁的扇子灯，滚滚圆的鼓子灯，秀留秀留的鲤鱼灯，咦里牙啦的虾虫灯，齐里恰拉的康概灯，呢儿呢儿的毛虫灯，蹦跳蹦跳的蛤蟆灯，六只角的茶蓝灯，茶来鲁来，正月里来是元宵，今夜到你贵富堂上样花灯。青布伞，黑布巾，打打扮扮是观音，昨日到你十字街上过，有人笑我风流人，人带头，石榴花开在牡丹，你看花园中，我看百花开，客官担子挑起来，放落来，眉毛弯弯生得好，脚子细细成得小，步步走到观音堂上来了。

茶姐：这不是观音堂，是我的茶行，过了新年打扮了。

茶郎：江西打扮红香帽子头上戴了，白纸扇子手中拿了，红香带了腰上系了，红香鞋子脚上穿了，茶妹子，拿你的茶来看。

茶姐：茶客官呀茶客官，要茶就来看。

茶郎：蛮会扭。

茶姐：茶郎，这篓是高装，要抛起来看。

茶郎：我蹲到来都看得到时。

茶姐：茶郎，啲篓还介娄好，试茶试到尾。

茶郎：茶妹子，这篓茶名叫什么茶？

唱曲六《顺口茶》

唱词

茶姐：茶来噜嘞，真是像酒娘，走到山东山西采茶米，若要问我茶名生得好，名字叫作顺口茶，食在口中好细茶。

茶郎：什么？你要送我一篓茶。

茶姐：茶来噜嘞，你是听错了，我也说快了，若要问我茶名生得好，名字叫作顺口茶，食在口中好细茶。

茶郎：茶妹子，啲篓又是什么茶。

茶姐：茶来噜嘞，真是像酒娘，走到山东山西采茶米，若要问我茶名生得好，名字叫作王婆茶，食在口中好细茶无叶茶。

茶郎：什么，狗婆蛇，不要不要。

茶姐：茶来噜嘞，你是听错了，我也说快了，若要问我茶名生得好，名字叫作王婆茶，食在口中好细茶。

茶郎。噢，敢好的茶，介我就要，几多钱？

茶姐：伍拾块钱卖得你。

茶郎：该我茶郎赚钱的。

茶姐：等下，还要我茶姐算下，一上一，二上二，三下五除二，四下五落一,五去五进一，两边算当进，中间算当出，你还要我一十八块钱。

　　茶郎：好，给你，掀开袋子来装，我挑起茶担走了。

　　茶姐：茶郎哥，我送你一程。

　　茶郎：茶妹有意送就好。

唱曲七《送茶》

唱词

　　送茶送到神龛尾，一对油烛圆魁雷，生得贵子中状元，朋友亲戚都喜欢。哥喂，妹呀！

　　送茶送到大厅下，石灰粉壁光滑滑，栋上盖了琉璃瓦，脚踏金砖满地下。

　　送茶送到天井边，客官买茶笑连连，只要客官生意好，赚到铜钱要平分。

　　送茶送到大门边，客官买茶赚花边，拿了花边来称茶，哟担茶叶赚一千。

　　送茶送到大门口，还请客官慢慢走，安待客官慢慢行，一日相逢二日熟。

　　送茶送到禾坪舷，禾坪舷上放个肩，双双坐在禾坪边，送个包子还要添。

　　送茶送到茶亭边，茶亭有火要食烟，茶亭有水要止渴，茶亭有人要嘲天。

　　送茶送到十字街，哟担茶叶自家挑，要我挑来我就挑，安顿姐姐转里来。

唱曲八《吃了茶扫圆台》

唱词

　　吃了茶来扫圆台，敢多亲戚请出来，敢多亲戚请坐到，等我花灯唱得来。

　　锣子打来响喳喳，多谢东君喊食茶，摆好桌凳并香酒，盆盆果子起瓦花。

　　锣子打来响洋洋，多谢东君好酒娘，哪个嫂子敢会蒸，上厅食里下厅香。

　　锣子打来响柱柱，多谢东君糯米酥，哪个嫂子敢会切，根根切得一样粗。

　　锣子打来响当当，多谢东君落花生，哟盆果子装得好，先剥壳来后添丁。

　　锣子打来响连连，多谢东君花仁片，仁片当中做寿字，幸福生活万万年。

　　锣子打来响当当，多谢东君盐豆子，哪个嫂子敢会炒，又分香来又康酥。

二、"杖头木偶戏"

木偶戏是我国的传统艺术之一，又称"傀儡戏"。木偶戏历史悠久，人们普遍认为木偶戏"兴于唐，传于汉"。木偶戏根据形体和操纵技术的不同，可以分为"杖头木偶戏""提线木偶""布袋木偶"。江西的"杖头木偶戏"，流传于江西省赣州市宁都县、于都县。本文主要叙述江西于都"杖头木偶戏"的历史来源、表演形式、形态特征及传承保护等内容。

（一）历史渊源

根据族谱记载，明末清初年间，清兵入侵江西，社会战乱不止，百姓疾苦。江西宁都县赖村镇东塘村人纷纷外出打工谋生，村里有一位叫黄世权的男子也跟着外出闯荡江湖。他漂泊至福建省的上杭县，举目无亲，流浪街头，后来被一位杨姓艺人收留，学唱"杖头木偶戏"。这位叫黄世权的男子非常聪明，勤学苦练，几年下来，所学唱的"杖头木偶戏"有了很大的进步，成为杨姓师父的得意门徒。后来，黄世权就一直跟在师父身边七八年，在上杭一带游演，在当地小有名气。直到师父去世后，他才拜别师娘，回到宁都县自立门户，以演唱木偶戏为生。因此"杖头木偶戏"在明末清初就在赣南盛行了。后来木偶戏渐渐流传到于都，越来越多的人学唱木偶戏，木偶戏的演唱队伍不断发展壮大。

现在江西于都"杖头木偶戏"分布在于都县的一些乡镇，禾丰镇、梓山镇、银坑镇、罗坳镇及小溪乡、葛坳乡、桥头乡、仙下乡等乡镇都流传有"杖头木偶戏"。此外，"杖头木偶戏"在于都附近县市也有流传。例如一些木偶戏班会到附近的吉安市及瑞金、会昌、安远、兴国、宁都等邻县进行演出，流传范围很广。

（二）基本内容

"杖头木偶戏"，当地人称"蚊帐戏"，即在木偶头部及双手部位各装一些操纵杆，头部为主杆，双手为侧杆，演员躲于屏后，操纵时左手持主杆，右手持侧杆，举起木偶操纵其动作。木偶戏表演时演唱一些剧本唱词，以木偶人物作为剧本角色人物，操纵木偶表现人物的动作、心理等，同时配合以乐器伴奏来表现剧目内容。

1. 杖头木偶人物

我们在采访肖观福师傅时发现，他有两大箱木偶人物。据介绍：杖头木偶人物分为老、中、青三种，共有各种木偶人物 18 到 24 个，既有老生又有武生，既有文官也有武官，还有普通百姓；既有老旦，又有花旦和小旦，更有丑旦，俗称"丑角"，又号"三花子"。杖头木偶装有三条操作线，两条牵动双手，一条支配头部与身躯。它内部虚空，眼、嘴可以活动，颈部下面接一节木棒或竹竿。杖头木偶的偶型有大、中、小三种，代表角色不同，各有特色。以前杖头木偶人一般由艺人自己做，用樟木雕刻，丑角用篾子编肢体，然后点光。木偶人物的衣服大部分也是艺人自己剪裁的，包括头饰、道具等。现在表演木偶戏的师父大多已经不会这门传统技艺了，需要到市场上购买已经成品的木偶人物。木偶戏各色人物唱词不一，用来表现人物角色设定。肖师傅说他的木偶人物也有特定的唱词，以下是笔者根据肖师傅口述记录的几句唱词：

（1）大花：口似砂糖，笔似刀。眼睛一动千百计，暗计害人不用刀。

（2）三花：老子生得丑不丑，又爱牌子又爱酒。去年老子三十岁，今年回长二十九。（可充当奴才和大人的角色）

从这些人物唱词可窥探不同人物的身份和心理，在木偶戏演出时艺人可以更好地演绎剧本，观众也可以更好地理解角色和了解演唱内容。

2. 木偶的操纵方式

杖头木偶是由表演者操纵一根命杆和两根手杆进行表演的。命杆亦称"主杆"，上端与木偶头相连接；手杆也叫作"侧杆""手挑子"，与木偶的双手相连，表演者一手掌握两根操纵杆进行表演，因而又称"举偶"。江西地区称杖头木偶为"三根杆"或"托偶"。手杆放在木偶服装里边的，叫作"内操纵杖头木偶"，手杆放在衣服外的，叫作"外操纵杖头木偶"，江西的杖头木偶多为内操纵式。由于操作的是结实的木棍，相比提线木偶而言，它可以做一些大幅度的动作。

内操纵杖头木偶由头、命杆、肩牌、手、手杆、内衣和外衣组成。传统的木偶头用木材雕刻成形，头骨挖空，装有机关，使嘴、眼活动。命杆用圆木或竹竿制作，与木偶头固定连接。江西地区杖头木偶命杆长短与木偶身躯高度相当。手杆用质地坚硬的木棍或箭竹制成，与木偶手部连接，杆放在木偶衣服里面，它限制了木偶胸部塑造的随意性，因此采用固定肩板或在木偶后颈悬挂肩牌的方法，架衣代身，以便展现木偶的身躯。杖头木偶的双手是用木材雕刻制成，现在也采用塑料或树脂制作，根据人物需要雕刻成不同姿势的手形，还可以制成拿放道具的活动手。传统的杖头木偶偶体本身没有脚，需要有脚的动作时则另配腿，称"打脚"。

宽袍大袖的古代服饰可以使表演者操纵侧杆时，仍可在木偶衣服内自由活动。表演者可以同时握住肩板操纵把和命杆，另一只手操纵手杆进行表演，也可以放下手杆，一手持肩板操纵把，一手持命杆进行表演，由于木杆传导直接，操纵灵活，不仅擅于表演耍帽翅、翻跟头等粗犷的动作，还可以使木偶做出伸头探脑、缩脖端肩等细腻的动作，丰富了木偶表演动作，使木偶人物活灵活现，表演得栩栩如生。

3. 曲调及剧目

"杖头木偶戏"的曲调以楚剧曲调为主，有上弦二黄、下弦西皮，还有板腔、倒板、慢板、快板及一些小调。近几十年来，"杖头木偶戏"又融入了赣南采茶调，逐渐形成了音乐形式多样的戏曲风格。曲调创新发展，通俗易懂，又贴近人民生活，具有独特的艺术色彩，为观众所喜闻乐见。

由于江西木偶戏的演出基本上为"路头戏"，只要有一定的人物和故事情节即可演出，因此演出的剧目内容比较广泛。肖师傅应我们的请求，把他珍藏的剧本找出来。有些是历史话本，内容丰富；有些是经典剧本，书页已经泛黄，字迹也很模糊；有些剧本只有薄薄几页，如《钓拐》等，书页已经掉线，说明使用频繁。总体来说，表演历史题材剧目的数量较多，其中有《征东传》《征西传》《水浒传》《花木兰》《封神榜》等；消灾祈福的戏有《满堂福》《加寿图》《郭子仪拜寿》《九千上寿》《天官赐福》等，这类剧目主要为祈求平安、祛除灾难、祭祀神灵等；还有神话戏，主要特点是采用的故事都是普通百姓耳熟能详的神话传说，观众熟悉人物故事和大致情节，这类剧目有《白蛇传》《武松打虎》《西游记》《二度梅》《六月雪》等；还有一些生活戏，剧目内容以百姓生活为创作素材，如《钓拐》等。据肖师傅介绍，近年来木偶戏在表演过程中会移植、改编其他传统剧目，如根据采茶戏、梆剧、豫剧改编，创作反映现代内容的木偶戏，如《石敢当》《南海长城》等；或他本人根据采茶戏的情节改编木偶戏，如根据采茶戏的老配少改编为少配老，内容新颖，形式独特，给人耳目一新的感觉。

4. 表演流程

江西"杖头木偶戏"的演出场所要求相当简单，在长期发展过程中形成了一些相对较为集中和固定的舞台，主要有庙宇戏台、祠堂戏台和固定戏台等，找好戏台后，就可以架设舞台。一般采用一块红色的布幕作为舞台背景。前后台用布帷幕相隔开，设有上下场门，上部为传统建筑风格样式，用红漆装饰，下部用布帐来遮挡表演者及木偶和道具。

木偶戏演出时先装台，再开锣，然后祭拜祖师爷陈平和本地地方神。肖师傅介绍道，他演出时会将写有祖师爷陈平敬辞的红纸贴在舞台左侧，将写有地方神敬辞的红纸贴于舞台右侧，再进行"请八仙"仪式。"请八仙"时根据演唱场合的不同，需要演唱不同的唱词。"请八仙"仪式结束后，剧目再开演。演出时，演唱者面向观众操纵木偶，表演者被前面的幕布遮挡，观众看不到他。戏中的主要角色说唱也由此人担任，有时某些情节他还需要敲小锣、梆子等。台右边为出将（出台口），左边为入相（进台口）。音乐组中的指挥者，即鼓板师父，一般坐在舞台左侧前方，既能看到前台的活动，又能指挥整个乐队，以便更好地配合前台演唱。一般开始演出前要进行请神仪式，演出结束后要进行送神活动。其间演出地要给表演者包红包，以示谢礼。演出时间和表演的剧目内容长短有关，剧目较长需演出两小时左右，剧目较短表演一小时即可，时间比较灵活多变。

（三）主要特征

"杖头木偶戏"的木偶人物结构灵活多变，可塑性强，木偶人物操作灵活，可表现多个动作，惟妙惟肖，有的木偶人物形象特色不鲜明，可用于多个剧目角色，灵活性强。木偶角色齐全，分工明确，木偶的行当角色包括生、旦、净、末、丑，一应俱全，满足多个剧目不同角色的需要。木偶戏剧本内容丰富多样，涉及历史、神话传说、生活内容等各个方面，剧目广泛，可以满足广大群众的审美需求。木偶戏的舞台美术经济实惠，便利轻巧。杖头木偶对演出场所没有过高的要求，用布幕作背景，设木偶表演棚作表演戏台，无布景，简单轻便。木偶戏的行头轻便简单，只有两个木偶箱，俗称戏箱，还有木偶舞台的支架。每到一个台基，大家动手，搭好支架，围好大小幕布，并挂上几个木偶，只需不到一个小时即可准备好等待演出。木偶戏的演出场合多样，可用于庙会菩萨圣诞，祛邪祈福；可用于宗族祠堂落成，祭祀祈福；可用于庆贺学有所成，或婚丧嫁娶等。

（四）传承与现状

1. 传承方式

江西"杖头木偶戏"的传承方式主要包括两种，一种是传统的师徒传承，另一种是班设传承。

师徒传承的第一步需要拜师，拜师需要携带拜师帖和拜师礼。拜师礼一般在师父家的厅堂，如果当地有比较正式的行会，拜师礼需要在行会厅堂的正式场合举行。拜师之前，先拜木偶戏的祖师爷陈平，然后再行拜师礼，签拜师协议。举办完拜师礼再宴请同门师兄弟喝拜师酒，意为以后靠大家照顾提携。徒弟拜师之后，第一年只做工不学艺，需要帮师父做些杂活。第二年以做工为主，学艺为辅，只传授些简单的技艺。第三年以学艺为主，做工为辅，这时会学关键的唱法和唱腔，以及一些难学的剧目，技艺有很大长进。学徒三年即可出徒，如果徒弟觉得学艺不精，还可延长学习时间。学徒学成后出师，要举办出师酒，感谢师父的悉心教诲。据肖师傅说，他师承下仙县刘礼佳师父，在他15岁时，带了拜师帖和拜师礼随师父学木偶戏，拜师三年后出师。现在他所在的木偶戏班子，名为"合顺堂"，是师父流传下来的戏班。

笔者目前了解到的于都"杖头木偶戏"的戏班主要有三个，银坑镇汾坑村刘氏家族的"合顺堂""鼎顺堂"木偶戏班，既会提线木偶也会杖头木偶，长期活跃在于都附近县城和邻近的福建长汀及江西泰和、吉安、永新等地，历经数百年，世代相传，已经有十余代了。另一个杖头木偶剧团是桥头乡桥头村赖来钧的"兴顺堂"木偶剧团，也是既会提线木偶又会杖头木偶，共有剧目数百篇，世代相传。

2. 主要传承人

笔者调查到，于都县寒信村表演木偶戏的肖观福师傅（1967 年生），他会唱的角色有小生、小旦、大花、二花、三花、老生、武生，这些角色都由他一个人扮演，演唱不同的角色时会变换不同的唱腔。肖师傅会在江西赣州、瑞金、会昌周边市县演唱，演唱时间基本为五天，演唱剧目根据主人的要求选戏。据肖师傅说，在破除迷信时期有些剧目不让唱，会禁戏，比如在抗美援朝时期，《薛仁贵征东》剧目被禁演，因为朝鲜在中国东部，世人认为演唱这类剧目不利于政治影响。此外，江西"杖头木偶戏"的非遗传承人为旷称生，是于都县银坑镇银坑村人。

3. 传承困境

（1）戏班内部主要演员日趋老迈，演技退化。木偶戏不受重视，木偶戏艺人处于边缘化地位，使木偶戏的发展壮大受到限制，传人稀少，后继无力。演唱木偶戏经济回报率较低，而且没有稳定的收入，更加剧了无人愿意学的现实困境。

（2）剧本保管不善，损坏严重。一部分剧本是手抄本，来源复杂，多错别字。剧本中还存在部分复印本，页面模糊，导致字迹不清晰，难以辨认，影响演唱内容的准确性。

（3）同类戏剧挤压演出市场。以前唱木偶戏比唱采茶戏划算，唱木偶戏的人比较多。现在采茶戏和木偶戏唱戏成本相差无几，采茶戏适用于多种演出场合，而木偶戏演出场合有限，演出市场被采茶戏所挤压。此外，采茶戏的表演内容贴近生活，无论是老人、小孩还是年轻人，都可以看得懂，接受面广，而且舞台表演形式多样，受观众喜爱。木偶戏的受众主要是老人，年轻人和小孩看不懂，唱戏内容主要是历史题材的剧本，受众范围比较小，观众接受度不高，流传范围有限，难以广泛传播。

（4）随着电影、电视、网络等新兴文化形式的普及，人们越来越追求多样化的文化娱乐方式，木偶戏原本的娱神娱人性质逐渐转变为娱神性质，木偶戏的传承空间发生了变迁，逐渐被人们所淡忘，处于边缘化境地。

木偶戏是汉族传统戏剧之一。江西于都木偶戏历史悠久，角色行当丰富多样，操纵方式复杂多变，剧目种类丰富，唱腔优美，舞台艺术经济实惠，便利轻巧，演出场合多样，演出内容涉及范围广泛，它丰富了群众的娱乐生活，使当地人民获得了精神文化享受。这种表演艺术的发展体现了当地人对表演艺术的追求，对精神文化提高的向往。木偶戏一般用于祭祀、酬神、敬神的礼仪活动中，多用于宗族祭祀、神灵祭祀等场合，它保留和诠释了一些传统习俗，对于研究中国人的传统观念、信仰具有借鉴意义。然而，近些年于都"杖头木偶戏"面临着一系列传承困境，包括戏班本身的因素和外界因素，因此需要政府及人们的共同努力，做好于都"杖头木偶戏"的保护工作。

三、于都"半班戏"

于都"半班戏"是由民间灯彩、小调、小曲和山歌发展而来，它将多种元素相互融合，经过数代人的改进完善，最终形成的一种地方戏。其主要在葛坳乡、曲洋乡、汾坑乡及银坑村等地流传。除此之外，兴国、宁都、瑞金与葛坳相邻近的乡、村区域也广为流传，甚至还流传到抚州市、石城县的部分乡村。农闲时人们相聚一起观看演出，农忙时人们各忙农事。"半班戏"起源于清朝康熙年间，当时清军入关，朝政初定，为了营造太平盛世的氛围，康熙帝让全国普天同庆，灯彩、戏曲一时风行，当时的灯彩处处可见，后来老艺人把民间小调融入其中，初步形成小戏曲，后经数代艺人的发展、提高，逐步成了后来的"半班戏"。

（一）历史源流

通过查阅史料可知，"半班戏"属于采茶戏系统，并非于都县本土起源，而是从吉安永丰传播而来。有一说法，在清嘉庆年间，永丰县有一个"三角班"，其中有位名叫林官宝的艺人，他经年在宁都、兴国、于都三县的交界地做打砻手艺，他有一个徒弟名叫兴葛，并且林官宝将自己的技艺传给了他。于是他俩逢年过节，就演出"对子戏"，一般"对子戏"由两个人即可完成演出。此外还演"三角班"，"三角班"有花旦、小生、丑角，经过后来的不断发展演变成为"半班戏"。

何谓"半班"呢？就是该戏的行当不全，它只有"生""旦""丑"，而无"净"这一行当，就是"丑"行中也是小丑，即"二花"见多，其特点是脸上、鼻梁处画一"豆腐块"，戏中"三花"较少，"大花"角色几乎没有，所以称之为"半班戏"。"半班戏"发展至民国时期已经相对成熟，除了原有的行当外，老生、老旦、青衣、彩旦、花脸也逐渐增加进来，可以表演更加大型的剧目。

（二）表演形式及手法

据"半班戏"传承人谭仁才先生介绍，"半班戏"的班组规模相对较小，少则7至9人，多则9至11人，大多数的表演成员都是多面手，他们会吹会打，会拉会弹，内场外台样样精通。"半班戏"独一无二的特点是以反串的形式来演出，即女角色由男演员扮演，这样的表演方式趣味性较强，老百姓在观看期间不会产生审美疲劳，而且不同的乐器和演唱方式会产生视觉冲击。同时，演出节目题材多数为乡村故事、神话传说，少数宫廷剧目。小节目以"对子戏"为主，展现欢乐喜庆，中、大型节目描述恩怨情仇。演出艺术多种多样，独白、对白、演唱、念数、灵活运用，幽默、诙谐、滑稽，尤其是清唱戏、念数（板）相间，似念、似数又似唱，有板有眼，韵味十足，是唯独"半班戏"才有的演唱特色。昔日的"半班戏"表演场面非常宏大，深受当地老百姓的喜爱。

"半班戏"由于具有较高的包容性和融合性，其表演角色、妆容、服饰也融合了其他剧种的特点。剧中角色多以"生""旦""丑"为主。其服饰打扮一般会根据所演出的剧目来妆扮。"半班戏"最开始没有固定的演出场所和演出时间，大多是人口容易聚集的地方和茶余饭后的聚集地，主要目的是自娱自乐。后来逐渐在喜庆佳节、婚娶寿宴时进行演出，成为农村特有的娱乐活动，再后来发展到春节期间在庙会剧院演出，从原来的无偿演出发展为有偿演出，这时演出场所和演出时间趋于固定，表演也渐趋专业化。

"半班戏"的表演内容，多以方言、民间小调、山歌、神话剧形式，大戏以情爱恩仇、神话戏为主，小戏以搞笑、幽默为主。如神话戏《毛朋记》，女主角张玉英二世为人和毛朋结为夫妻，又如《落马桥》剧种主角王氏为争夺家产，害死金哥银弟后遭天打雷劈，又如《青龙山》男主角为了桃妹，败尽百万家产，最终讨饭为生，桃妹拆散别人家庭，终于害人害己遭天报应。再比如，《铡美记》通过改编，以一种轻松的方式，讲述陈世美抛妻弃子、背信弃义的过程，教化人们善恶有报，要做一个爱妻顾家、有责任心的人。

该戏在最初时的大部分节目都是以"对子戏"为主，一旦一丑，其形式是载歌载舞、谈情说爱，后来发展到剧情中既有反映友善和睦，相亲相爱的纯朴民情；也有揭示恶少乡绅欺压良家乡民、少女、少妇的恶劣行为；还有不少赞颂州、县、府衙乃至朝廷里为民办事、明察秋毫的清官；或者是披露鱼肉百姓、昏庸无道的"狗官"。表演时能使观众或狂欢大喜、捧腹大笑，或热泪盈眶、悲喜交加，或疾恶如仇、声泪俱下。

"半班戏"比较常演的剧目有《卖豆腐》《上广东》《补背褡》《睄妹子》《怀胎歌》《补碗》，还有《山伯送友》《落马桥》《蔡郎别店》《铡美记》《白蛇传》《青龙山》《蔡郎别店》《毛朋记》《采桑·金钗记》《李氏劝夫》《王氏劝夫》《表天下图》《罗瞎子算命》《安安送米》《产子·赶子》《送友访友》等，这些剧目多讲述民间传说和现实生活。"半班戏"多由两到三人演出，多讲客家"土官话"，全程边唱边跳，具有浓厚的生活气息，场面非常热闹。

"半班戏"的表演形式多种多样，一般每年正月，各村就会请戏班来演唱"半班戏"，一次要持续好几天。正月正好是农闲的日子，"半班戏"的演出丰富了人们的农闲时光。比如，正月里要走亲戚，邀请亲戚来自己家观看"半班戏"也是一个很好的选择。同时，亲戚来了会用擂茶招待，其间也会将左邻右舍请进来喝擂茶，大家喝着美味的擂茶，谈笑风生，场面非常的热闹。喝过擂茶，伴着一阵鞭炮声响，"半班戏"就开始了。大人们拿着长条凳，小孩、老人拿着"矮婆凳"都往戏场赶。为了拆卸方便，戏台布置多为木板，一般临时搭建在晒谷坪上，戏台正前方两米以外是一盏大明汽灯，为的是给来看戏的观众照亮。戏台前面一般挂着一块幕布，前台两侧坐的是吹打乐器的演员，主要有二胡、唢呐、鼓、锣、镲，分工明确，各司其职。为了更好的舞台效果，一般用一块幕布将前台和后台隔开，同时，还可以将自己戏班的名称印在红布上，以便于宣传。

锣鼓敲起，"半班戏"正式开始。有时候，演出时演员会有对白，也是大家最喜欢的环节，一般对白都非常的有趣，而且采用方言，群众没有距离感，非常的接地气，常常将观众逗得前仰后合。

"半班戏"演到正月就结束了。人们又进入农忙时节，这时人们不仅会对今年的"半班戏"评头论足，也会期待明年的"半班戏"演出。

（三）社会功能

1. 精神慰藉功能。尽管"半班戏"是起源于民间的传统艺术，但其艺术性和观赏性丝毫不逊于主流戏曲艺术。其自身包含了表演、唱白、音乐等多种元素，非常符合当下的艺术审美。"半班戏"的精神慰藉功能可以从两个方面谈及。一方面，对表演者来讲，"半班戏"的表演者一般为当地的农民，他们农闲时会排练演出，农忙时田间劳作，这极大地丰富了他们的日常生活。并且通过排练演出，他们获得了观众的掌声，实现了人生价值，增强了自我荣誉感。另一方面，对于观众来讲，"半班戏"的内容通俗易懂，而且表演时音乐的节奏和演员的唱词会让观众产生共鸣，或喜或悲，跌宕起伏。

2. 休闲娱乐功能。从"半班戏"的发展、形成、流传来看，历尽了数代老艺人的心血和汗水，他们运用自己的科学文化知识和丰富的生活经验，创造出了当今的"半班戏"，虽然是地方戏，但在一定的区域内流传广泛，极大地体现了当地的文化特色，丰富了当地民众的休闲生活，是妇孺老少喜闻乐见的一种表演形式。"半班戏"从最开始出现，发展至今都具有较强的娱乐性。"半班戏"从表演题材来讲，多为现实生活和民间传说，这些都是老百姓在日常生活中喜闻乐见的事物。

3. 启迪教化功能。"半班戏"的教化功能对民众的影响深远、持久。欢快、奔放的音乐节奏，不仅有利于改善民众的精神面貌，而且有利于增强他们的生活信心。通过排练、演出、观看、表演"半班戏"，民众可以感受到"半班戏"传达的精神内涵，潜移默化地影响自己的思想和行为。除此以外，"半班戏"表演时场面热烈，内容丰富，表演人员缤纷绚丽的服装搭配也给观众强烈的视觉冲击。其表演内容多以民众日常生活琐事为素材，非常"接地气"，表演很容易让民众看懂并受到教化。总之，"半班戏"的内容丰富、通俗易懂，不仅具有娱乐大众的功能，还具有启迪大众的教化作用，深受老百姓追捧。

（四）保护与传承

"半班戏"作为于都县的一种传统民间文化艺术，不仅承载着这个地方的历史变迁，还为当地文化发展做出了较大贡献。"半班戏"带给老百姓丰富多彩的农闲生活的同时，也承载着一代又一代人儿时的记忆。多少人都盼望能常常看到当年那些原汁原味的"半班戏"，但是随着时代的变迁，"半班戏"被其他的新型娱乐方式所代替。如果"半班戏"就此被其他剧种替代而致其失传，将是我们的遗憾。

目前，"半班戏"面临着很多传承与保护的难题。首先，前期投入较多，后期学习难度高。身处市场经济，大部分剧团都是学唱、演出其他地方古装戏、历史传统戏，民间团体多个体组建，培训基金短缺，培训机会甚少，加之"半班戏"的学习难度较大，要求较高，学戏者寥寥无几，已经到了失传的边缘。因此，其剧目的整理，曲调的收集记谱、录音、演艺摄像等都亟待开展进行。其次，演员面临断代，戏班生存面临危机。现今市场经济发达，大多数年轻人外出打工、经商，学习"半班戏"的人员越来越少，特别是女性学员，致使演员均处于青黄不接的状态，如果不积极采取挽救措施，"半班戏"或将无人可承。最后，现代文明的冲击无法避免。80年代初期，回响在大街小巷的流行歌曲、香港的武打片、电视机的普及等多样化的娱乐方式猛烈地冲击着乡村，"半班戏"这一传统民间文化被渐渐遗忘，甚至在不少村子里，"半班戏"早已解散，大多数的年轻人将发展目光聚焦于各大新型产业。据传承人介绍，令他不可思议的是，从去年开始，圩上竟然出现售卖"半班戏"音乐的东西，仿佛"半班戏"又重现生机。但不难发现，观看"半班戏"的主要是老人、小孩和妇女。也许在这些老人的心中，温暖亲切的"半班戏"一直都是难以抹去的美好记忆。"半班戏"原生态的声音虽然被现代音响设备所取代，但他们听到这个声音，仿佛又回到了"半班戏"的年代，大家一起听着咿咿呀呀的"半班戏"，孩子们尽情地嬉戏玩闹，老人们寒暄聊天，青年人插科打诨，加之"半班戏"的演唱，逗得大家哈哈大笑，场面非常的热闹。

谭仁才为"半班戏"主要的传承人，葛坳乡杨梅村人，1969年生，17岁跟随父亲谭荣华学习"半班戏"表演。5年前，将从父亲手中接过来的于都葛坳红梅剧团更名为赣南福临门客家艺术剧团，在外来资金的帮助下，拍摄了100多部剧目。经他介绍，近年来，为了对"半班戏"进行"抢救性保护"，政府对"半班戏"进行了摸底调查，设立了"半班戏"特色文化村，整理了剧本，收集了音乐曲牌、录制音频以及光碟等。除此之外，民间对"半班戏"每年都有不等规模的资金投入，使"半班戏"得以传承发展至今。

近年来，文化软实力在综合竞争力中发挥的作用越来越大，政府也加大了对于非物质文化遗产的保护力度，特别是像"半班戏"这样具有深厚内涵，文化价值极高的"软实力"，政府更是高度重视。面对"半班戏"的现状，已经采取的保护措施有：成立文化互协会，建立特色文化村，组建"半班戏"剧团，打造客家文化品牌，振兴文化产业。通过实施这些措施，近年来，虽然在保护方面取得了一定的成效，但是让其长久的传承下去，仅靠这些措施还远远不够。我认为还要从以下几点考虑。首先，我们应该在尊重"半班戏""原生态"保护的基础上，优化非物质文化遗产的相关政策，比如，提供一定的资金支持。从目前现状来看，"半班戏"仍然在农村具有很庞大的群众基础，但是表演人群主要为中老年群体，出现这种现象的重要原因是生活成本的增加，通过唱"半班戏"获得的收入微薄，不足以维持正常的生活，至此，绝大部分的年轻人外出打工，这就使得"半班戏"面临很大的传承压力。如果提供一定的资金支持，就会激发一部分人的传承热情，实现"半班戏"的"自我救赎"。其次，着力提升非遗传承人的艺术素养，尝试广泛推广"半班戏"。"半班戏"这种艺术类的非物质文化遗产，采用"原生态"的保护措施，我们只能保留下其道具、服饰、剧目话本、表演影像等固态的东西，而没办法将一些活态的东西保留下来，比如唱腔、唱调、语境等，这时候就需要传承人发挥其重要作用。可以尝试开班传授"半班戏"，广泛地推广"半班戏"，以焕发"半班戏"的活力，从而促进"半班戏"的保护与传承。总之，凡是有利于"半班戏"保护的措施，都值得我们尝试。

四、于都"提线木偶戏"①

寒信村是江西省赣州市于都县的一个千年古村，其风景优美、山水秀

---

① 注：关于于都"提线木偶戏"的内容，参考的论文主要有：

何颖川 . 江西省塘坊乡木偶戏的民俗与音乐形态研究 [D]. 江西财经大学，2017.

黄益军，王纯婷 . 非物质文化遗产的保护性旅游开发：以泉州"提线木偶戏"为例 [J]. 宜宾学院学报，2012（3）：81—85.

王伽娜 . 非物质文化遗产的现代性危机：以高州木偶戏和采茶戏为例 [J]. 人民音乐，2012（5）：63—65.

李佳霓 . 国家级民俗类"非遗"的现状考察与反思：秀山花灯田野调查报告 [J]. 重庆科技学院学报（社会科学版），2020（2）：87—91.

庄幼红 . 泉州提线木偶戏的流变与传播研究 [D]. 福建师范大学，2015.

张艳红 . 山西孝义木偶戏的民俗文化探析 [D]. 辽宁大学，2011.

杨中瑛 . 失落的乡音乡韵：关于孝义皮影传承与发展的调查报告 [D]. 云南大学，2018.

程凯 . 国家非遗东至花灯的田野调查报告 [J]. 池州学院学报，2016（5）：27—29.

丽，被誉为段屋乡的"北大门"。在这里，数百里的梅江蜿蜒穿过，寒信大桥跨越江面，仙澄公路横越其中，寒信峡谷景色秀丽，历史文化悠久。在这里，祠堂密集，人杰地灵。近年来，国家对于非物质文化遗产的保护力度越来越大，寒信村凭借丰富多样的非物质文化遗产被评为"非遗小镇"，其中于都"提线木偶戏"独具特色，是其最具有代表性的民间文化之一。"提线木偶戏"主要流传于江西省于都县寒信村、仙下乡潭石村、桥头乡桥头村及银坑镇汾坑村、抚州市塘坊乡等地，是一种将唱调、表演和器乐演奏等多种表演形式融合的一种表演艺术，其发展具有浓厚的民俗文化气息和学术价值。现将通过调查所知"提线木偶戏"的历史渊源、基本内容、传承价值等相关事项，介绍如下。

（一）木偶戏的历史渊源

通过翻阅许多相关文献以及田野调查可知，"提线木偶戏"最早源于"偃师刻木"的寓言故事。商周时期，木偶成为殉葬的人俑，此为木偶的雏形。发展至汉代，木偶开始以表演形式出现。相传，西汉有位大将军，名叫陈平，在一次战争中，他将制成的木头人悬挂在城门口，用于虚张声势吓退敌人，果然敌人见声势浩大即落荒而逃。随即陈平大将军带领士兵连击敌人，最后将来犯的敌人击退。后人据此将"木头人"称为"木偶"，并加以唱词，由此演变为今天的"木偶戏"，并将陈平大将军奉为先师。木偶戏班表演者萧观福介绍说，现在木偶戏戏班在每次开始表演木偶戏前，都要点香和蜡烛，以示对陈平先师的尊敬。唐代时，木偶戏迅速发展，活跃于社会的各个阶层，表演于各大繁华都市街头。宋代时，木偶戏进一步发展，表演种类不断增加，表演形式丰富多样，同时糅合了音乐、文学、舞蹈等多种元素，这一时期是木偶戏发展最繁荣的一个时期。新中国成立后，木偶戏吸收了很多的西方元素和现代元素，传播范围也从国内传至国外。这一时期木偶戏的表演内容愈加完善丰满，表演形式更加丰富多样，同时，也获得了政府的大力支持，筹建了木偶剧团、木偶戏班，演出了大量的剧目，并且多次获得国外演出的机会，由此，木偶戏发展突飞猛进。从表演者萧观福的言语中获悉，近年来，新型电视、娱乐媒体的大量涌现，木偶戏的发展受到了猛烈冲击，木偶戏开始走向衰落甚至沦落为无人传承的地步。

（二）木偶戏的基本内容

"提线木偶戏"主要由道具木偶、配音人员、操纵人员和乐队四部分组成。木偶多雕刻而成，主要是在其主要关节点如头、背、腹、胳膊、手部、脚部等各个部位缀上丝线，表演时操纵演员拉动丝线就可以控制木偶。表演时有喜、怒、哀、乐的表情变化，加之能唱善白的语言，使得所表演人物栩栩如生、个性鲜明。表演中木偶的头部、眼睛、手部、嘴巴、脚部灵活自如，唱调时木偶的嘴巴会跟着曲子的韵律开合，眼睛也会随表演动作不断闪动，从神情、动作可以看出木偶的心情是高兴还是忧愁。除此之外，木偶的手还能传递物品、弹琴写字、骑车划船等，对于有经验的操纵演员来讲，"指挥"木偶完成这些动作易如反掌。同时，表演时多伴有乐器。在采访表演者萧观福时他介绍说，以前表演需要的木偶原型，戏班可以自己根据需要就地取材进行制作，现在大家只需要去购买现成的木偶，买回来之后根据剧情需要更换服装、头饰就可以进行表演了，非常的方便，但是也多少失去了一些原来的味道。

于都"提线木偶戏"无论从表演形式、表演剧目和表达内涵上都区别于其他各地的木偶戏，形成了独具特色的一支。

首先，于都"提线木偶戏"是将表演、唱调和器乐演奏完美融合的一种表演形式，具有综合性。表演者萧观福介绍说，表演时他们通常会根据剧目需要和表演场合确定演出人员，如剧中角色较少且配乐简单，就只需要两到三位演出人员；若是遇到角色较多并且配乐复杂的剧目，就需要较多位演出人员联合演出。但是由于目前擅长表演木偶戏的人越来越少，有时候他们往往会一人分饰多角，一边唱一边操作木偶，这非常考验他们操作木偶的熟练度和协调性。对于一些年轻的表演者来说，他们很难同时兼顾唱和演。所以，于都木偶戏在表演形式上不仅具有很高的综合性，对表演人员的技能要求也非常高。

其次，从表演剧目来看，于都"提线木偶戏"表演剧目种类繁多，且表演内容多为老百姓耳熟能详的历史故事或神话传说，群众基础较强。除此以外，在表演时，多采用当地方言进行表演，表演角色清晰易懂，特别容易被民众所接受。同时，演出地多在祠堂或庙宇中，既经济又方便，而且观赏性较强。表演者萧观福给我们分别从表演角色、表演剧目、表演形式上——做了介绍。

1. 表演角色。角色分为老年人、中年人、青年人 3 种，共有木偶人 18 到 38 尊。其中角色既有老生、小生，也有文官、武官，既有达官贵人，也有平民百姓；除此之外，还有老旦、花旦、小旦（青衣）以及丑旦（丑角），俗称"三花子"。在表演过程中，每个木偶都会扮演不同的角色。这些角色各有特点，且都有相关的顺口溜对其进行介绍。比如：

猪八戒：天蓬元帅。根据《西游记》中的描述本色形象出演即可。

正生：头戴乌纱身穿龙，为官容易读书难。良民见我呵呵笑，富豪见了心胆慌。可以扮演正面角色。

小生：小小细勤学，文章天下贤。满朝都是贵，一排读书人。可以扮演官家子弟或者穷人，但其间要进行服装和头饰的更换。

2. 表演剧目。主要有《薛仁贵征东》《薛丁山征西》《隋唐传》《罗通扫北》《薛刚反唐》《水浒传》《西游记》《三国演义（选段）》《杨家将》《杨门女将》《五行传》《花木兰》《二度梅》《封神榜》《北路》《南路》《莲子腔》《四句板》《返魂调》，以及一些地方小调。

这些木偶戏的表演剧目主要以历史上名人事迹改编和中国传统经典故事为主，通过表演这些剧目，表达出穷苦百姓对英雄主义的崇拜和对勤劳勇敢的中华美德的赞扬。

3. 表演形式。表演分为内场和外场。内外场人员分工明确，内场人员伴奏，外场人员操纵和演唱木偶戏。木偶戏舞台布置非常简单，表演时，表演者需将自己身体藏于背景板后面，用手操作木偶边唱边演。

木偶戏演出时先装台，即为了便于外出表演，表演人员会将表演需要的木偶、服饰道具，以及演出的背景板都整理在箱子里，每次有人邀请他们演出木偶戏时，他们只需要拿上箱子就可以去演出了。到了演出地，他们再将这些道具一一拿出来，安装好演出的戏台，摆好所用的道具，之后伴着一声锣响，木偶戏表演开始。其间，表演者要祭拜祖师爷陈平和本地地方神，进行打八仙仪式。打八仙时根据受邀活动的不同，其唱词也各有不同，如：考取大学时要唱"八仙到厅堂，水气满门祥。一门三进士，代代状元郎"等，仪式结束后东家点剧目，开始表演。一般开始演出前要进行请神仪式，演出结束后要进行送神活动。其间东家要向表演者包红包，以示谢礼。一般每场演出需要两个小时左右。

最后，于都"提线木偶戏"表达内涵丰富，具有一定的生活趣味，展现出丰富的民俗文化。"提线木偶戏"作为一种独特的表演艺术，与当地民众的信仰生活有很密切的关系。在于都寒信村，人们对神灵信仰的崇拜体现在各种民俗活动和传统节日上。因此，在祭祀、节庆等民俗活动中都会请木偶戏班来唱木偶戏，现在甚至老人过寿、幼儿满月、考取大学等活动也都会请木偶戏演出。除了其传统的功能外，另一个原因是唱木偶戏所需人力物力少，气氛热闹，娱神娱人，深受群众喜爱。同时，"提线木偶戏"能够发展至今且生生不息，其中最主要的一个原因是其具有娱乐大众、增加生活趣味的功能。在中国农村地区，大部分的农民都依靠农业耕作来维持生计，有的农作物春种秋收，有的农作物冬种夏收，农民的生活大多艰辛单调，为了缓解一年四季的辛苦劳作，人们将木偶戏作为娱乐心情的重要方式。木偶戏的传播和发展极大地丰富了民众的生活日常，满足了民众的精神需求。除此以外，木偶戏还可以起到宣泄情绪的作用。在木偶戏中，通过妆容服饰可以很容易区分出好人和坏人，在情节设置上，主持社会正义的人终将胜利，迫害百姓、阴险毒辣的人终将受到惩罚，传达出的思想是善有善报、恶有恶报、有情人终成眷属等。同时，观看木偶戏时民众地位没有高低贵贱之分，也没有美丑贫富之别，大家都面向舞台围坐观看，这样平等的表演氛围，可以缓解民众的负面情绪，增加民众的生活趣味。

（三）木偶戏的传承

"提线木偶戏"发展源远流长，传承着时代的文化精粹，蕴含着丰富的物质和精神文化。从木偶戏的源流发展来讲，木偶戏出现时间较早，是传统文化的最好见证者，同时，在其发展过程中，每一个时期都不断地吸收时代精华，融合时代元素，革故鼎新，为我们研究各个时期的物质文化生活提供了活的样本。从其传承精神上来讲，"提线木偶戏"的剧目多为历史名人故事和神话传说，能够传达给民众一种精忠报国、积极向上的生活态度，无形中为民众树立了道德标杆，从而增强了民众的约束能力，促进了良好的精神文明建设。

但是由于现代科学技术的发展和社会生活节奏变快，加之表演木偶戏获利颇微，如今的木偶戏戏班已经"名存实亡"。现在的戏班由零散的人员组成，表演木偶戏也只是在农闲之时其作为一项副业，主业仍是农事活动。除此之外，从事木偶戏表演的人员多为中老年人，青年人很少，如果戏班的发展没有青年人的参与，将会出现木偶戏无后可继的问题，那么就会面临生存危机甚至传承断代。表演者萧观福介绍说："早期木偶戏的传承方式主要有两种，分别为家族内部传授和拜师传授。家庭内部传授是指同一家族中，上一辈班主为了继续发展家族戏班，需要在下一辈家族成员中物色一个可以接替自己班主职位的人，这个人既要有表演木偶戏的天赋和热情，又能够领导好家族木偶戏班的成员，传承'提线木偶戏'的发展。这样，当上一辈班主不能完成正常演出事务时，下一辈班主传承人要接替其完成演出，并且成为新一辈的戏班班主。拜师传授是指对于木偶戏有学习热情但没有家族木偶戏戏班的年轻人，出于爱好或者想以此来达到养家糊口的目的的人，在想要学习木偶戏时，就需要拜认师父，拜认师父需要专门的仪式，仪式结束方为拜师成功。之后吃住在师父家，师父要去演出时可以跟着师父去演出，以此学习表演，从中积累经验。这种方式与家族内部传授有一个很大的区别，这便是打破了传统的血缘宗族界限，这是对传统方式的一种突破，这种突破使得更多的人能够有机会去学习'提线木偶戏'，这是有利于木偶戏的传承与发展的。"言语中我们可以感受到作为表演者萧观福对于木偶戏现状的惋惜。

科学技术的发展和时代的变迁削弱了木偶戏的社会地位，西方文化和思想的渗透弱化了木偶戏的民俗内涵。现在，人们的休闲娱乐方式日趋多样化，观看木偶戏不再是民众的首要选择，虽然仍有一部分人对于这些传统文化保有热情，但毕竟是少数，相比于其繁盛时期相差悬殊。其次，木偶戏多兴盛于偏远山村，这些地方接收到的西方思想较少，传播的速度较慢，木偶戏被保存的很完整。但是，近年来城市化进程的推进，使得木偶戏受到前所未有的挑战。除此以外，木偶戏的传承发展离不开必要的政策保护。通过访谈了解到，政府对于非物质文化遗产传承人并未给予一定的资金补助。甚至，对于表演者来说，这项荣誉并不能激励他们更加重视木偶戏的传承。其次，政府没有制定出整体性、全方位、完善的保护措施，导致木偶戏逐渐失去了本真性。

"提线木偶戏"作为一种传统的民间流行文化，经历了数载的变迁，见证了当地的社会变化和科技革新，仍然能够留存至今，可见其在当地民众的社会生活中扮演着至关重要的角色。这种传统戏剧采用方言表演，最大程度上保留了其原有的本真性，充分融合了当地的音乐文化特色，具有很高的历史价值和群众基础。

然而，随着社会的不断发展，新型媒体等对"提线木偶戏"的冲击越来越大，使得"提线木偶戏"在自身革新和传承发展方面面临着巨大的挑战。就目前情况来讲，"提线木偶戏"自身革新面临着角色审美与大众不符、演出剧目老套陈旧，演出时间固定性强等问题，传承发展方面面临着传承断层、群众基础减弱等窘境。因此，木偶戏的保护迫在眉睫。

近几年，文化软实力在发展中的作用越来越突出，获取信息的渠道越来越多样，使得人们对非物质文化遗产的认识越来越成熟，从一开始"静态保护"到现在的"动态保护"，从一开始的"单一保护"到现在的"全面保护"，这些都是"提线木偶戏"重新焕发活力的重要路径。除此之外，"提线木偶戏"的保护与传承需要在政府的主导下，传承群体、行业协会以及地方群众等各界人士协同合作，共同关注木偶戏的发展，一同守护这片精神家园。

第二节　民间文学

一、"五保公的传说"

（一）项目概述

"五保公的传说"在于都县禾丰、新陂、利村、铁山垅等乡镇广泛流传，迄今已有400多年历史，是于都县非物质文化遗产项目。

传说中的"五保公"系于都县新陂乡义屋村人。其祖父丁仲诚于明朝成化三年（1467）从赣县兰芬迁新陂；其父丁正奇是仲诚的第4个儿子，母亲张氏。正奇44岁时，张氏45岁，于明朝弘冶甲子年（1504）农历八月二十日生下第4个儿子，乳名五保，取名丁广保。公元1507年，张氏病故。当时五保才3岁，他失去了亲娘后，跟随着大嫂袁氏逐渐长大。明弘冶正德壬申年（1512）农历九月二十日中午，五保不慎在祠堂门口的池塘内溺水而死，时年仅九虚岁，葬于自家菜园后面。五保死后，大哥广祥在自家的小厅堂内摆上了五保的木雕刻像，既是纪念五保，也是安慰爱妻袁氏。这便是五保雕像最早出现在新陂义屋的来由。这尊雕像后因兵燹被毁，虽重新雕刻，却没有了"传说"中的本意。后来，自幼与五保熟悉的丁家之女嫁给了离新陂三十里远的禾丰黎邦，她生下的一位男孩，不久便夭折了。为了纪念儿子，也为寄托对五保的哀思，祈祷今后的日子一帆风顺，丁氏便假托五保的名义请雕匠刻了尊雕像，敬供在神台上。这便是禾丰黎邦五保雕像的由来。

五保公年纪虽小但胆大机智幽默，并且具有神通，据说能够为人消灾解难。每年农历八月二十日是"五保"诞辰纪念日，禾丰镇黎邦桥曾氏祠堂和新陂乡义屋丁氏祠堂都要举行纪念活动。黎邦曾氏族人早十来天便请戏班唱戏，各家各户的亲朋好友提篮携担，再远也要前来庆贺，与亲朋团聚。在此日，活动举办地人如潮涌，热闹非凡，是当地人的盛大节日。

"五保公生日"的庙会活动，在禾丰、新陂等乡村不但规模宏大，持续时间长，而且民俗活动内容非常丰富，有游村、抬轿、唱赞、沐浴、喝五保茶、烊寿、谢神、烊灯、聚餐等活动。几百年来信奉者人数甚多，至今已达数十万。影响范围也很广，除附近的六县十八乡外，还影响到港澳台一些同胞。

这个具有悠久历史的民俗，对于当今人们研究赣南客家历史和文化，促进非物质文化遗产的保护挖掘和整理传承，具有一定意义。

（二）传说故事

1. "五保公传说"之一：五保祖坟的故事

在于都县新陂乡义屋村不远的牛形峚上，有五保的祖父丁仲诚的坟墓，现仍保存完好，每年清明前后，其后裔都会去祭祀清扫。由于年代久远，其墓面的红麻石碑上只能看见"□□□□□诚府君墓"字样，落款为"□□□吉旦重修"。五保公的祖父丁仲诚于明朝成化三年（1467）从赣县兰芬迁于都新陂义屋村，当时属雩化里。在他去世之后，有一则传说在当地流传。

五保的祖父丁仲诚去世之后，家里请了有名的地理先生给他做坟墓。该地理先生四处勘察，精心挑选了一个叫作"牛形峚"的山头，并择日请了一班生龙活虎的青壮年，在山头祭拜了山神，然后动土开挖。

在家里做茶饭的厨娘，按当地的风俗在半晌时分要送茶到坟地给师父们打点充饥。她提着里面装有米果酒水等食物的菜篮，匆匆地赶往正在施工的坟地。在半路上，她遇见了一个人，这个人浑身脏兮兮，手脚还流着脓水，散发出刺鼻的臭味。那人见到厨娘，突然拦住说："大嫂，你行行好救我一命，给口吃的吧！"厨娘好生奇怪地问道："你是何处人氏，怎么流落至此，弄到这个地步？"那人苦笑着说："大嫂啊，一言难尽，我是外乡人，你先给我吃饱肚子再说吧。"说完，伸手到篮中拿了一只米果，狼吞虎咽地吃了起来。吃完之后他正想再拿，厨娘说："客官，对不起，这些米果是送给山上做风水的师父们吃的,你要吃了他们就不够了。这样吧,你在这里等着,待我回来带你去我家,管你吃个够。"

"是真的吗?"那客官问道。

"假不了!"厨娘肯定地说。

"那行吧!呃,你刚才说做风水,是哪家?"那客官又问。

厨娘说:"是丁屋仲诚家。"

"哦——"客官掐着手指,口中念念有词,眯缝着双眼喃喃地说,"不好,你带句话给师父们听:穴位冒(江西方言,指没有)选好,费工费力不讨好,四面硬石壁,中间刚刚好。千万别忘了啊!还有一句话回头到家再告诉你,快去吧!"

"行。"厨娘匆匆提篮往山上走去,那客官则躺在路边等候厨娘回来。

厨娘来到坟地现场,见师父们窝着一肚子火:一镐下去尽是石壁,"当"的一声,迸发出火星,震得人虎口发麻。大家正埋怨风水先生说:"看过看绝,看个石壁做墓穴!"正在此时厨娘来了。她将半路上遇到那客官的话一说,大家不相信,厨娘说:"信不信由你们,但我看也不妨试试。"接着,一个后生挥着镐,在四边石壁的中间,果然找到了一个放棺材的位置,尽是松软的泥巴,不大不小刚刚好。厨娘说:"别急啊,大家吃了茶再干也不迟嘛,客官还在路上等我呢!"于是,众人便兴高采烈地又吃又喝,将篮里食物扫了个精光,厨娘才下得山来。

厨娘走在回去的路上,见那客官还在路边等她,于是两人一同回到丁屋仲诚家。厨娘又是端凳又是沏茶,还从厨房内端来了米果,提了壶米酒,让那人边吃边喝。厨娘问:"客官,你刚才说还有一句话要告诉我,是什么话请说。"那人笑答:"石壁当中坐棺材,池塘捞起棺材盖。如若葬得好风水,后代定能出贤才。"厨娘笑着说:"你说得好,金嘴银嘴富贵嘴。"于是,将那客官留在家里,为他治好了伤才让他离开。果然,后来丁屋在自家祠堂门口的塘内,捞起了一个红麻条石的棺材盖,搬到墓地一合那棺材,不大不小刚刚好。

若干年后，丁屋便出了个五保公，远近闻名。那厨娘呢，正是五保他娘，那客官据说就是"八仙"之一铁拐李。

2. "五保公传说"之二：五保探亲

相传数百多前，于都禾丰黎邦村有户姓曾的人家，娶了丁氏为妻。丁氏是五保的姐姐，长得漂亮又贤惠能干，到了曾屋养鸡养鸭又养猪，日子过得挺顺心。

一天，五保从新陂到禾丰来做客，大姐见了高兴得不得了，拉住他的手说："五保哇你怎么知道大姐住这儿啊？"五保说："听人家说的呗，曾屋门前有口塘，屋背樟树好乘凉。"大姐听着笑了，心想：才九岁呢，没人带着就敢独自走三十多里山路，找到曾屋来了，真是个聪明伶俐的弟弟！她问五保："爹爹身体可好？"

五保点头说："好。"

"那大哥大嫂呢？"

"唔，都好，都好，就是——"

"就是怎么了？"

五保那双大而圆的眼睛闪出两朵泪花，他嘟起红红的小嘴说："你出嫁了，屋里没人陪我玩了，我天天跑到村口望你归呢！"

一句话勾起了丁氏的心事。她知道，五保排行最小，三岁时娘就死了，自己也才十岁，既是姐来又是娘。六年中姐弟朝夕相处形影不离，想不到自己说声出嫁就嫁出去了，自己心里不是也日夜牵挂着五保弟么？

丁氏一把将五保搂在怀里安慰道："五保哇莫哭啊，你就在姐这儿住下吧，我们再也不离开了！"

五保听姐一说，破涕为笑。

五保住在大姐家，天天帮姐放鸭。一大早，五保拿着根长竹，嘴里打声呼哨，那几百只鸭子便"嘎嘎嘎"地随五保下到田里，"唛唛唛"地吃虫虾和失落的谷粒。鸭子被五保喂养得又肥又大。

有一天，村里有人从田里回来告诉丁氏："快去看啰，好端端的一伙鸭子，被五保活生生地弄死了！"丁氏大吃一惊，急急地赶往田里。远远地见五保在大樟树下睡觉，忙喊："五保哇，放鸭怎么睡觉啊！"五保听见，一骨碌地爬起来，急急地溜到田边，慌慌张张地从田塍上抓起鸭头，匆匆地往田里的鸭身上安去。此时，大姐来看，见满田塍摆满了鸭头，田中都躺着那些扭断了头的鸭身，丁氏惊得张开了大嘴，两眼睁得大大的。此时的五保，也顾不上那么多了，把鸭公的头安在了鸭婆的身上，又把鸭婆的头安在了鸭公的身上；白鸭头安在了黑鸭上，黑鸭头安在了白鸭上！你说怪不怪，被五保安上了头的鸭子眨眼间便"嘎嘎嘎"地欢叫起来。五保不好意思地说："姐，天气热，我在树底下乘凉呢，你看，那鸭子不是好好的？"大姐嘴上没有多说，心中却充满着疑惑，深深地感到神奇。

从那时起，鸭子便有了黑白相间的花颈鸭，鸭子的叫声也从此变得喑哑起来了。丁氏把这群鸭子挑到墟上卖了，买了头小黄牛回来。昔日的"五保"放鸭倌变成放牛倌了。

这天，五保牵着小黄牛到屋背坪上吃青草，看看天已晌午了还未见他回来，丁氏跑到屋背去叫。近了一看，见小黄牛头颈插进土里，尾巴还悠悠地晃着哩！再看五保，睡在大树底下直打呼噜。丁氏气得用巴掌打着五保的屁股，连声说："好你个五保，睡睡睡，也不怕伤风着凉啊！"五保被大姐拧着耳朵站起，嘻嘻地笑着，嘴里喃喃地说："牛呀牛，你也别睡了，快回家吧！"那小黄牛"哞"的一声叫，把头从土里拔了出来摇了摇，甩着尾巴随五保回去了。

从这两次事件后，丁氏心想五保越来越顽皮和难以捉摸了，万一在这里出了什么事，怎么向老爹交代啊？

一天，丁氏问五保："五保哇，想家不？"

"想。"

"那好，过两天我送你回去吧！"丁氏连夜赶制了一双新布鞋，还做了一锅糯米果，斩了一只鸭腿子。那天，丁氏把新鞋给五保穿上，自己用小竹篮挎着那米果和鸭腿子，姐弟俩一路上说说笑笑回新陂老家。

三十里山路，不知不觉就到家了，五保说："姐，你先走吧，我去厕泡屎来。"丁氏先回到家。

老爹看见自己的闺女回来了，两行眼泪从脸颊上流了下来，随即痛哭不已。丁氏忙问："爹爹，女儿回来了，你应该高兴，怎么那么伤心啊！"爹爹说："好闺女，五保他，他——"

丁氏吃惊地问道："他怎么了？"爹爹无比心痛地说："他已于去年九月二十日死了！"

"死了？不可能吧！刚才还同我一起回来的呢，你看这米果和鸭腿子——"丁氏的话还没说完，只见篮内的东西"嗖嗖"地飞到了厅堂的神台上。丁氏这下吃惊不小，她急急地回原路找五保。厕所、小河、菜园、池塘还有山地和竹林……她一路找一路呼喊。找遍了九九八十一弯，翻过了七七四十九崈，第三天傍晚找到了禾丰自家屋门口的池塘边，见那双给五保穿上的新鞋齐崭崭地放在塘边上，丁氏一下子扑上去捧起那双鞋，紧紧地贴在胸口上，哭得更加伤心了。哭着哭着，只见池塘内"咚"的一声冒起了一截木头，丁氏两眼愣愣地盯住它，心中想道：奇怪呀，塘中心漂起块木头，难道是五保的化身么？想着想着口中不由喃喃地说："木头呀木头，你要真是五保的化身就朝我游过来"——那截木头果真在水中朝她浮来。丁氏抓住这截木头，急急地往自己家中跑去。

时刻都在自己心头的好老弟，如今已经变成了一截木头，她搂住它，饭也不吃，觉也不睡，没日没夜地哭啊，哭啊，哭了三天三夜，泪水哭干了，喉咙也哭哑了。她请来村里最好的雕刻匠将那截木头刻成五保的全身像，又请来油漆师父将那雕像刷上油漆，供奉在自家厅堂的神台上。

半夜时分，丁氏突然听见神台上"嗵"的一声响，她点灯四处看看，只见五保雕像头朝下脚向上正好翻了个跟斗。丁氏忙把它翻过来改正了。谁知连续三个晚上都发生类似的情形。

是什么缘由叫五保的雕像天天都翻个头呢？丁氏端起那雕像左看右看仔仔细细地看了个遍，突然她从树木的花纹中看出雕刻匠把木头刻反了，怪不得五保天天翻跟斗呢！于是丁氏将那像重刻，雕得只有一尺来长了。现在曾屋祠堂的五保像就是那个时候的正宗像。自从五保公的雕像供奉在祠堂里后，好几天的凌晨，人们听见祠堂里有"刷刷刷"的竹扫扫地声，人们进去查看却不见人影，地却扫得干干净净，原来都是五保公干的。

3. 关于五保公的其他传说

黎邦曾屋祠堂常常有一位身穿红衣的儿童，领着孩子们弈棋、打石子、捉迷藏、拉蒙子，尽情玩耍，胜似至亲兄弟。有一年秋收大忙时，各家各户都把小孩放在祠堂内，关好大门，让小孩自己玩耍，每当孩子的母亲去喂奶时，总听到孩子们的甜蜜嬉笑声，还有几位小的坐在高高的神架上玩。有一天，红衣童子领着孩子们嬉戏，一顽童被鞭一扭而哭，其母正在扫庭院，闻声赶来，问是谁打你哭。顽童手指红衣童子，其母无意将手持扫把一指，说："你不该这样啊。"一转眼，红衣童子便不见了。五保成神了，这消息迅速传开了。

清乾隆年间，南蛮叛乱，五保公显灵化身从戎，随军步战，英勇善战，智降敌首，以理使之诚服。故此，五保公晋升为都督，钦封灵侯。

清咸丰七年（1857），太平军与清军、地方团练先后在禾丰水阁，后在亭子、隘下激战，各村几乎被毁，而在大路边的曾屋却秋毫未损。后来一伤兵说："我们边打边退，就没看到这个村。"原来双方激战前夕，曾屋不少老妇跪在五保公神像前祈求五保公救命。民众都说："全靠五保公保佑曾屋。"

民国初年（1912）八月十八日，赣州楚剧团自搬道具来黎邦演戏，黎邦众人皆诧异，忙问其故。剧团团长说："是你们村一个脸上有痣的人，到我们那里商定的，并要我们按时前来演戏。"众人这才恍然大悟，原来是五保公（神像脸上有点缀）亲自去请他们来演戏的。族里人顿时便传扬开了，五保公显身哩，他喜欢看戏！所以，每年五保公的生日都要请戏班来演戏，这种风俗一直沿袭至今。

苏区时期，新陂人民的革命活动开展得热火朝天。罗江、小溪、利村的靖卫团团总，图谋联合进攻新陂，扑灭新陂的革命烈火，扬言要把新陂踏成平地，鸡犬不留，扫帚过斩。一天凌晨，蒙雾重重，日色无光，三股靖卫团从三个方向气势汹汹进攻新陂。罗江靖卫团从西面登越马岭，利村靖卫团从东方插入冷水坑，小溪靖卫团从南面袭入新陂上塅。靖卫团一路焚毁印丘民房，烧杀抢掠，无恶不作。妇女们见状跪地叩首，齐曰："五保公救命啊！"正在危急关头，五保公果然显灵，一眨眼间，新陂上塅如降天兵天将，红旗招展，万马奔腾，冲杀敌人，喊杀声枪炮声混成一片。三股敌军溃不成军，抱头鼠窜。小溪靖卫团团总狼狈逃窜，幸遇残敌搭救，才侥幸返巢。

抗日战争期间，新陂大屋丁宗杰在龙云军团任军需。有一年随军进入缅甸，开辟运输通道，突然被日本鬼子包围，命在旦夕。宗杰疾呼："五保公救命。"随即五保公显灵，草木变兵。日本鬼子见千军万马冲杀而来，胆怯溃退，宗杰等人得以脱险。

民国三十年（1941）间，新陂良坝丁贤城、丁色新两人为谋生计，前往上坪采挖钨砂。一天早饭后，他俩刚进入坑道，忽然轰的一声，天崩地塌，坑道塌方，坑道口被阻塞。两人出入无路，上下无门，正处于绝望之中，忙叩道曰："请五保公开路救命。"霎时，灵光一闪，两人即随灵光奔去，见一小孔，凉风徐入。两人忙将小孔尽情开大，钻身而出，乃一老坑道，又沿老坑道转弯抹角，越过许多曲折坑道，手脚磨破都不觉得痛，直到傍晚，才从山背面坡上的坑口出来，灵光突然不见了。是五保公显灵相救了两人的生命。

每年农历八月二十日是五保的诞辰纪念日。有一年，丁氏老爹说好想念五保呢，丁氏便请了几个吹鼓手雇了几个后生，用轿抬着五保的雕像，一路上吹吹打打往新陂走去。谁料到半路上抬轿的后生都感到肚子痛，原先还能坚持，走了不多远，便再也没法抬了。有人偏偏不信，勇敢地替上去抬轿，谁知没走几步也突然间肚子痛，痛得连腰都直不起来了。大家只好将五保的雕像抬回禾丰。打那时起，五保也就变成了五保公了，每年逢五保的诞辰，朝奉的人也越来越多了。

丁五保的传说，举不胜举。自古至今，每年农历八月二十日"五保"诞辰纪念日，禾丰镇黎邦和新陂乡两地人涌如潮，香火袅绕爆竹震天响，尤其是黎邦曾氏族人早十来天便请戏班唱戏，各家各户的亲朋好友提篮携担，前来庆贺，并与亲朋团聚，其热闹程度非一般庙会可比，较之除夕或中秋也有过之而无不及。"五保公生日"的庙会活动，在禾丰、新陂等乡村不但规模宏大，持续时间长，而且民俗活动内容丰富，五彩缤纷，热闹非凡，有游村、抬轿、唱戏、沐浴、喝五保茶、烊寿、谢神、烊灯、聚餐等活动，少则半月，多则四五十天，颂扬五保公之功德。

（三）五保公故事流传原因及特点

一是与黎邦曾屋特殊的家族史息息相关。"新陂丁氏"的长子宏麟，字端宇，娶了"新陂人丁氏"为妻，这个"新陂人丁氏"终生不育。宏麟又配了"副室严氏"，还是未育，只好"三配唐氏，生四子"。然而"新陂人丁氏"颇有心计，她是"五保公传说"的得力传扬和颂扬者，一则为了对付自己夫君对偏房的钟爱，同时在封建礼仪、社会交往、宗族事务等一系列事情中充当了举足轻重的角色。她不但控制了曾家的经济大权，而且大肆渲染并演讲"五保公的传说"，为五保添上了神的保护色。借助于神的威力和五保的威望，"新陂人丁氏"略施小计请出了"五保公"。那天下半夜，禾坪上、屋里屋外，甚至房顶上都站满了"身穿红袍，手持利器之人"。据说是"五保公"请来的天兵天将。一时间，五保公之神明传遍了十里八乡，其威名也远播四方。族里人对五保公不但肃然起敬，而且也神往之、虔敬之了。

经过几代人的努力，"五保公的传说"就这么不胫而走，代代相传。原本是凡人的"五保"也在不经意间戴上了神的光环，冠冕堂皇地"坐"在了曾姓祠堂的神台上，成了万众瞩目众人朝拜的"五保公"，不但享受着人间烟火，它那美丽的传说也随着岁月的增长越来越多，越传越神，越传越广，越传越远。

二是与"传说"故事本身所特有的内蕴有关。"五保公"的传说富有浓郁的地方特色，主人公是个既活泼又顽皮的少年；描绘的内容都与农事有关，与百姓的日常生活非常贴近。虽然故事也将"五保"神化了，却更加增添了神秘的色彩，引发了故事性。所以，这种民间口头文学得到群众的喜爱，易懂易传，愿讲愿听，茶余饭后便可娓娓道来，既迎合了大众的心理，也满足了大人对儿童的至爱。这也是该传说得以流传的原因之一。类似这样描写少年的民间口头文学流传时间之久，影响范围之广是极为罕见的。

三是特殊的地理位置给"传说"插上了流传的翅膀。同是一个"五保公"，禾丰黎邦就非常兴行，而"五保"的出生地新陂比禾丰就差得远。这里一个主要的原因在于禾丰黎邦地处几个乡的交叉点，又在墟边上。作为一个乡的政治、经济、文化的中心，流动人口较多，交通也较为方便，信息较为快捷，给"传说"的延续和传播起到了不可低估的作用。

相反，新陂义屋地处利村和新陂的交界处，离利村墟七八里，距新陂墟也是七八里，整个村庄散立在三沟九坳之中，不但屋场没有禾丰那么集中，就是地势也处于深山密林之中。不但外来人口较少，就是本地人与外界的接触也是不多的，"传说"就较难传播了。

四是雄厚的经济物质基础给"传说"的发展和传播起到支柱性作用。禾丰黎邦人的经济收入较新陂义屋更丰。一般每年的庙会人们都主动自愿捐款。新中国成立前，黎邦靠祠堂前的赌棚抽取赌金来维持，最多时有十多个赌棚开赌桌。有一年请戏班唱戏四十来天，每天付给戏班的银洋为160块，合计下来六千多块银洋的支出都是在赌棚内抽取的。

五是神奇"传说"的增效效用。随着时间的推移，"五保公的传说"愈传愈神奇，就像滚雪球般的，越到后来，效用越大。黎邦紧靠铁山垅矿，1922年开矿以来，不少村民上山挖钨砂。民窑设备简陋，安全系数不高，所以不少矿工祈拜"五保公"求福避邪、躲灾消难，这样一来增添了不少关于"五保公"的传说。有祈求了"五保公"进洞挖矿发财的；有在矿洞遇难化险为夷的；有运砂途中遇险转危为安的；还有买牛的、看病的、演出的艺人等，各式各样的人都在诉说着"五保公"的神奇，不同时期都在演绎着不同的"五保公"的故事。

六是别出心裁的传播方式使"传说"越传越远。黎邦人彪悍而吃苦耐劳，时常表现出他们的精明。他们在"五保"生日之际始终坚持唱大戏请戏班上门演出。那个时候既无广播也无电视，报纸书籍更谈不上，唯一的文娱活动就只有戏班了。它既能寓教于乐又能寓情于理。一个小戏台，古今中外，民情风俗尽融其中，大人小孩，男人女人，大家济济一堂，其乐融融。加之黎邦人请戏班要求很高，不上一定的等级和水平是不请的。所以除县专业剧团外，地区级的、省内外一些名声较高的专业剧团都曾在此演出。这种独具匠心的传播方式，使脍炙人口的"五保公"的传说不胫而走，广泛传播。

现在朝奉"五保公"的人数已达数十万，每年农历八月二十日为"五保公"做生日的村落已有近十个。明清时，黎邦村曾屋仅有一间不到40平方米的"清其堂"，到了清道光五年祠堂扩大，内悬"濂浩公祠"巨匾，分上中下三厅，占地约近300平方米。四十年代祠堂前的坪扩大到800多平方米；1985年再次扩建，到1998年坪已扩大到5600多平方米了。祠堂前的池塘也一而再再而三地往前推了挖。目前，祠堂门口传说中的那口池塘还在，水面上凌空架起了一座钢筋水泥结构的戏台，气势雄伟。据说，所有资金、劳力、工具都是各家各户自愿出的。1998年农历八月二十日，戏台落成典礼，也是"五保公"诞辰纪念日，他们请来县剧团演戏10天，天天观众数千人。舞台两侧贴着彤红的对联，上书："秋风阆苑莺歌三千客，明月禾丰燕舞第一台"。祠堂门前贴的对联是："看好戏连台众欢乐风调雨顺千秋盛，听琴声悠扬心舒畅五谷丰登万载兴。"

（四）纪念五保公的特色民俗活动

"五保公生日"的庙会活动，在禾丰、新陂等乡村不但规模宏大，持续时间长，而且民俗活动内容丰富，精彩纷呈。"五保公"生日前一个星期左右，即农历八月十二三日开始将戏班请来，然后吹喇叭、打锣鼓、敬神，把"五保公"在平时端坐的神坛上请下来，进行游村仪式，再进祠堂。这时请演戏的"打八仙"唱赞，念"观音送子"等。祠堂主持要向戏班送红包，谓之"谢八仙"。唱戏二天后，到八月十五日晚上七时许，要给五保公沐浴，当地人叫"五保公洗澡"。届时，用新脸盆装浓茶水，用新毛巾给五保公擦身。每年要将人奉送的金、银帽冠和新袍、新颈箍给五保公换上，穿戴整齐。随后，将其洗的"仙水"倒入事前准备好的数桶摊凉了的绿茶水中，此谓"五保茶"。然后，众村民用口盅或碗、勺、瓶盛"五保茶"喝下，据称此茶能祛病祛邪，保人平安。给"五保公"洗澡的人一般由年纪稍长、子孙较多、在村里有威望的人来承担，一般洗四十分钟左右。洗时，鼓乐齐鸣村民们叩拜细观，众人虔诚待之。洗完，众人抢喝"五保茶"，据传第一个喝上"五保茶"的新娘，当年必定会生下个胖小子，男人喝了则壮阳提神，力大无穷，老人喝了健康长寿，小孩喝了祛病避邪，大家乐此不疲，喜气盎然。

八月十九日举行"五保公烊寿"。晚上开始，各家各户到祠堂内杀鸡杀鸭，祠堂主持人在二十日凌晨二时左右请屠父杀猪，一般要杀4—5头肥猪，才够整个生辰纪日用。此时，4位唢呐手也显得不空闲，吹吹打打，鞭炮齐鸣，香烛袅袅，鼓乐喧天，台上唱戏，台下欢腾。十九日、二十日为庙会高峰期，众人从四面八方赶来，提篮携担为"五保公"进香点烛或捐款、捐物，活动形成高潮，气氛十分活跃。八月二十二日，为谢神日，祠堂里请众人会餐坐席，一般有七十来桌，丰盛的客家菜肴供众人品尝。当日，敲锣打鼓、唢呐齐奏、鞭炮轰鸣将"五保公"送回神坛，整个纪念活动才宣告结束。

平时，每月农历十九日都有人来敬神，送油、送米、送钱。九月十九日还要为"五保公烊灯"，众人带油来点灯敬神，届时祠堂里还要将全村人请来聚餐，庆贺五保公"九九长明灯日"。

（五）意义价值

1.《五保公传奇》一文是客家地区少有的少儿作品，具有探讨和研究客家生产、生活、文化、风俗等发展的重要价值，颇有趣味性和可读性。

2.《五保公传奇》从百姓视角切入，展现了大家对残疾人群体和少儿群体的关爱和帮助，体现了中华民族弥足珍贵的人间大爱。

3."五保公生日"期间，庙会规模宏大，持续时间长，而且民俗活动内容丰富，精彩纷呈。其中，有游村、抬轿、唱赞、沐浴、喝五保茶、烊寿、谢神、烊灯、聚餐等活动，为人们提供了鲜活的学术研究课题，以及如何更好地保护非遗等诸多命题。

4.庙会文化的兴衰与当地经济的发展紧密相连。"五保公庙会"一定程度上刺激了当地的经贸业、旅游业、建筑业，尤其是百货、饮食等摊点的发展，拉动了内需，促进了经济增长。

5.庙会为群众提供了文体活动的场所，丰富了文体活动的内容，促进了当地文化的繁荣发展。

6."五保公"的传说为我县非物质文化遗产宝库增添了一颗亮丽的宝石。

二、"宗仙的传说故事"

"宗仙的传说故事"是于都县非物质文化遗产项目，其故事诙谐幽默，情节曲折动人，在于都县宽田、段屋、车溪一带长期而广泛地流传，并辐射、影响到周边的一些县域。

（一）苦难童年

明清时期，段屋乡寒信村出了个"萧宗仙"，系萧氏四房玉敬的后代。他出生时，被胞衣裹着，粉红红的肉团，十分令人喜爱。当接生婆将胞衣剥开时，他哇哇大哭，一直哭了三天三夜。众人甚觉奇怪，父亲给他取名为"宗仙儿"，意谓祖宗神仙的儿子。在他满月时，宗仙头顶上突然裂开脱皮，渐渐地褪至额头上形成了一箍皮圈，不但样子难看，还整天好哭。母亲找来算命先生替他算命，先生曰："此人不可小觑，乃蛇精转世，要在某日某子时，鸡叫后，全身皮才能脱光，到时才可成人。"母亲遂遵此嘱。

那天，快到半夜了，母亲去厨房烧滚汤，准备给宗仙脱皮后洗澡用，一边吩咐宗仙的大哥注意听鸡鸣声。大哥心想，娘巴不得鸡早点啼，让小弟早日脱苦海，于是他捻住鼻子学起了鸡叫："喔喔喔……"这一叫不打紧，引得四周的公鸡也"喔喔"啼叫起来。娘端了水，急忙走进房间一看，天哪，宗仙脱皮还未脱尽呢，正好脱到下嘴唇上，因不合时辰，整个嘴巴就像猪嘴筒，样子活像个猪八戒！有什么办法，天生成的呀！俗话说："生成八斛米，走遍天下不满升。"眼看着宗仙一天天长大，村里人都看不起他。唯有她大姐，觉得宗仙可怜，并且好歹也是同胞亲骨肉，从不嫌弃他。宗仙十岁那年，母亲去世了，大姐就把他送去学做篾匠。第二年，相依为命的大姐也由媒人说合，嫁到宽田上山头郭屋做媳妇去了。大姐出嫁了，宗仙难过得几天几夜不吃喝，心里一直惦记着大姐。

（二）败也宗仙，成也宗仙

大姐出嫁后，宗仙便一门心思学做篾匠。他心灵手巧，小小年纪做的篾器在寒信街颇有名声。特别是他做的粪箕、簸箕、捞罩、扁篓更是供不应求。但是，他记着大姐的话，从不乱花一文钱，省吃俭用过日子。

一天，大姐托人捎口信来，说："宗仙你做舅舅了，你大姐生了个胖小子，请你后天去郭屋吃三朝酒。"宗仙听了，高兴得不得了，顺口说："哦嗬，这下要我两担粪箕过了。"言下之意是卖两担粪箕的钱才够去大姐家喝酒的贺礼。捎信的人将宗仙说的话原封不动地转告了宗仙大姐。谁知，大姐生的第一个胖小子，还不满三朝就夭折了。消息迅速传开，有人说，宗仙的嘴很毒，他说什么就是什么，很少言不中的，所以给他取了个外号叫"半神仙"。然而，大姐和姐夫却不这么看，认为宗仙还小，童言无忌，对宗仙仍然十分关照。

隔了一年，大姐又生了个儿子，满月时请宗仙去喝酒。这下，宗仙学乖了，不但贺礼包得重，起初也不乱说话了。但是，在他吃完饭后却笑嘻嘻地说道："姐姐，上次外甥不满三朝就死了，旁人说都怪我，这次如果外甥满月后死了，可不能再怪我。"姐姐一听，气得浑身打抖。也真怪，没过几天，大姐生的第二个小孩果真又死了。大姐哭得昏天黑地，宗仙这"半神仙"的恶名也越传越广，越传越神。宗仙见大姐无比伤心，心里也非常内疚，三天两头去看望大姐。

又过了好些年，宗仙已经成了大人。大姐和姐夫五十来岁了，仍膝下无儿无女，夫妻俩为此很痛苦。那年正月，宗仙去姐夫家做客，大姐说："宗仙，你看姐夫对你多好，平常舍不得吃的老冬酒、老腊肉、老鸡公、老鲩鱼都拿出来给你吃呢！"宗仙说："大姐，还有俩老你未说到。""什么？"大姐问。"你俩孤老啊！"宗仙的话刚出口，见大姐满脸怒色，宗仙说："大姐，不是我有意伤害你，这么大年纪了，你已经没有生育能力，我看就让姐夫讨个小吧，也好传宗接代啊。"大姐望着宗仙，觉得他说的话虽然听来尖酸刻毒，却不完全没道理。第二年，在大姐的撮合下，让姐夫讨了个小老婆，生了个胖小子，为郭氏传下了血脉，延续了香火。

几百年来，宗仙大姐嫁往的宽田上山头郭屋村，不但流传着宗仙的故事，还在郭氏祠堂内摆上了宗仙的牌位，供后人瞻仰。

（三）神嘴宗仙

"宗仙特灵，神嘴说什么就是什么……"一时间，宗仙的大名在村里外传开了，人们将宗仙描绘得神乎其神。离寒信村不远的枫树村小佛岭，不知是清朝哪年有人想建一支塔。工地上施工人员搭脚手架，拌石灰浆，砌砖搬石，忙得不亦乐乎。中午时，施主挑来担果品茶点，让大家休息一下。大家正吃着，忽然，见宗仙远远地朝工地走来。有人喊："宗仙，你逢墟回来了？"宗仙回答："是啊！"

"来这里歇会儿，喝口茶吧！"施主热情相邀。宗仙说："好啊，有没有米果吃？"

"有啊！"众人答道。宗仙笑着说："那就好，我喜欢到哒！"（意思是喜欢极了。）众人听后，觉得不吉利，大家都不高兴，又不好发作。只好眼睁睁地看着宗仙拿了两块米果，边吃边走了。

果然，此塔一建起来就"倒塔"了，以后几次建塔都建不成，直到现在只留下个塔基在山顶上。

还有一次，寒信村河边的做船工地，一艘新船做好了，正准备下水，人们正在做活水（即庆典）。当时宗仙不大，只有七八岁的样子。开始他在工地上玩，后来爬进新船仓内，不知不觉睡着了。庆典仪式结束了，大家都回去吃饭，有人喊："宗仙呃，该回去吃饭了。"宗仙抹了抹眼睛，不好意思地说："嘿嘿，没想到我在船里靠一下，靠沉哩（即睡着了)!"此后，那艘新做的船，一下水便莫名其妙地沉了。宗仙那"神仙嘴"更加传开了。

宗仙的名声越来越大，有人喜欢他说话幽默，实话实说，也有人嫌他说话尖刻，不留情面。有一次，某户人家在街上买了条猪崽子回来，被宗仙碰见了，主人请他进去喝茶，女主人说："不要请他，他不会说话，往往好事都会被他说坏。"宗仙听见了，说："不请我喝茶就算了，翘我的嘴巴都翘不开。"那户人家的猪崽在买回来之后，不吃不喝，主人花尽力气都翘不开猪的嘴巴，只好眼睁睁地看着猪崽死了。

街上做生意的人也是这样，有人喜欢与宗仙交谈做朋友，也有人视之不吉利，避而远之。有一次，宗仙从某茶店前过，茶客喊："宗仙，来这里坐坐，喝壶茶"，店主埋怨茶客说："喊他做什么？他最不会说话。"恰巧此话被宗仙听见了，他说："不喊就不喊，别开我（"躲开我"的意思）做什么，鬼都不进你介（这）店!"果真，此茶店日后生意一落千丈，无人进去喝茶，生意日渐清淡，店主只好关门大吉了。

据传，宗仙在世时，说成了唯一的一件大好事，至今仍在民间流传。有一家做蚊帐的店家，某日，宗仙朝店里走来，店主人的小孩告诉大人说："爸爸，宗仙朝我们店里来了。"大人吩咐说："将店门关了，不要让他进来。"小孩迅速地将店门关紧，不让宗仙进店。宗仙笑着说："关什么门哟，打开门来我也不进。"待宗仙走了，店主才将店门打开。奇怪的是：此后该店做的蚊帐，哪怕是蚊子再多，打开蚊帐门，蚊子也不进去，所以，该店从此生意特别的好，蚊帐供不应求。

有年冬天，气候特别寒冷，一伙人在榕树下烤火。宗仙没法挤进去，心生一计，说："你们还在这里烤火呀？屋背塘里正在戽塘，有好多好多鱼子虾虫呢!"众人一听，赶紧起身回去拿渔具。当人们拿漂罩、鱼篓跑到屋背塘边一看，哪里在戽塘啊，整塘的水还淼淼荡漾着呢！大家始觉上当受骗了。一看，宗仙一个人在榕树底下，悠然自得地烤着火呢！

（四）宗仙抗粮

那一年，夏涝秋旱，农家几乎颗粒无收，宗仙多次抗粮抗税，不交皇粮，弄得官府衙役束手无策，拿他一点办法也没有。这天，征粮官差终于将宗仙带进了屋内，恶狠狠地说："宗仙，你本事大啊，前几次让我们累断了腿，也没把你抓住。今天，你就是有孙猴子的本事，也逃不脱交皇粮了。"宗仙笑着说："大人，看你说的什么话？我宗仙小小百姓一个，怎么会抗粮呢？别说我没孙猴子的本事，就是有也不敢啊！来、来、来，请坐，请诸位喝茶。"宗仙又是端凳又是筛茶，又端出果品招待官差。此时，已近中午了，刚才官差们好不容易在竹山里将宗仙押回家来，目的就是要宗仙量上几担谷，以交皇粮。只听宗仙开口说道："大人，现在已近中午，我家里还有点腊货，只要放到饭甑里一蒸，饭菜全熟。到时，你们还可尝尝我家里老冬酒，那才过瘾呢！来来来，这位官差大人，帮我将这腊肉、鲩鱼、鸡公提到厨房去。"说着，搬了楼梯，将挂在屋梁上的腊肉、腊鱼、腊公鸡解了下来，递给一名官差，然后，随同一起进了厨房。

不一会儿，官差从厨房里出。其余人问："腊肉蒸上了？""蒸上了，宗仙正在砧板上剁鸡、鱼呢！""好，好！"众人口角生津，心想今天总算能饱餐一顿了。只听见厨房灶膛里柴火毕毕剥剥地燃烧着，大锅里的饭甑正呼呼地冒着热气叫人嘴馋呢！官差们在厅屋内边喝茶边聊天，等啊等啊，等了好半天，没听见厨房里有什么动静。官差实在等得不耐烦了，让一人进去看个究竟。那人边走边喊："宗仙，宗仙，你弄的什么神仙饭？半天都没熟？"到了厨房一看，哪里有宗仙的影子？揭开饭甑盖一看，天哪，饭甑内哪里有什么腊肉鸡鱼啊，连半粒米饭也不见，只有两块砖大的石头，在饭甑内蒸着呢！官差始觉上当，大声叫苦不迭。此时的宗仙早已从厨房的后门逃之夭夭了。官差们只好自认倒霉，一个个垂头丧气地走了回去。

过了段时间，一天深夜，官差突然将在家熟睡的宗仙逮了个正着。考虑到这家伙屡教不改，决定施以刑罚。一副刑枷将宗仙套住了，还加了副脚镣。两位官差拿着哨棒一左一右押着宗仙往县城走去。离开寒信村时，宗仙说："官差大人，现在天已秋凉，我坐牢罪有应得，我家一贫如洗，唯有一床棉被，我舍弃不下。再说，坐牢也由犯人自带被席啊，麻烦你官差大人，将我这床破棉被带上，我好在大牢内过冬啊！"官差大人一听，瞪圆双眼怒斥道："瞎了你的狗眼，我官差大人是与你驮棉被的吗，要驮，你自己驮。"可怜一个宗仙，刑枷在身，又脚铐铁镣，还要背床棉被往县城牢房走去。

一行人从早上一直走到下午，看着离县城只有二十里路远了，上了一个名叫好岭崇的山顶上。两个官差早已累得上气不接下气了，忙说："宗仙，在这里歇息一下，好得离县城不远了。"宗仙答："行啊！"众人歇下。两位官差，坐在山顶的石头上，宗仙趁他俩不注意，将那床棉被用脚一蹬，骨碌碌地滚下山去。宗仙惊呼道："哦嗬，我的棉被滚下山去了，官差大人，麻烦你俩将它捡回来。"官差大人望着滚在山脚下的棉被，没好气地说："要捡你自己捡，我们才不去捡呢！"

于是，宗仙小心翼翼地爬下山去捡那棉被。到了山脚下，宗仙突然将刑枷拆了，又将脚镣打开，对着山顶上的两位官差喊道："狗差，你们听着，我腿下两只包，作寒又作烧，你要我交粮，交你一股卵。"说完，飞也似的沿着山间小路一溜烟地跑了。二位官差眼睁睁地看着宗仙从眼皮子底下溜了，气得捶胸顿脚，真是喊天天不应，呼地地不灵。

三、寒信村"水府庙传说"

（一）概述

1. 寒信村与水府庙

寒信村"水府庙传说"，是与寒信水府庙、水府庙会紧密结合的一系列民间传说。寒信水府庙位于于都县段屋乡的古村——寒信村，其朝向与梅江流向大抵相同，为东北—西南朝向，巍然伫立在梅江之滨。寒信村依山临水而建，呈靠山傍水之势。西流而来的百里梅江奔流而过，让寒信成为赣州东部六县的水上交通要道；奇峻的寒信峡风景如画，吸引了无数人驻足。

寒信村不仅风景秀丽，而且有着丰富的历史人文底蕴。明朝初年的洪武年间，寒信村的先民迁居至此，而后不断繁衍壮大。古老的宗祠、沧桑的古民居、蜿蜒的石板路、人们津津乐道的古码头，似乎在述说着这里的历史。作为一个人文巍然的客家古村落，2013 年，寒信村列入中国传统村落名录中。这六百多年间，寒信村留下了无数的故事和传说。据笔者实地调查，在当地流传的故事和传说中，流传度最高且最广的便是杨救贫（即杨筠松）的传说和"水府庙传说"。

寒信村的水府庙香火鼎盛，一直以来都是方圆几十里内最大的庙宇。水府庙里面供奉着当地人称为"温公"和"金公"的两位菩萨，这两位菩萨，是寒信村及周边地区的地方保护神。寒信村几乎每年都会举办水府庙会，每年的庙会，不仅是神灵朝会，还是萧氏的宗族聚会。"水府庙传说"的内容是神灵、祖先与平民三者同构的，而故事中的平民有当地人，也有路经此地的人。"水府庙传说"的内容都是宣传正能量的，传说中集中体现了当地居民的愿望、爱憎以及理想化的追求。

2. "水府庙传说"历史渊源与分布区域

明朝洪武年间，寒信萧氏的先祖从赣县迁至寒信峡定居，不久，水府庙在梅江边那里建起来。寒信村最早的水府庙大致距今有六百多年的历史，后来水府庙经历过多次翻修和重修。因为"水府庙传说"中包含着寒信萧氏先祖于寒信定居的传说，故而"水府庙传说"中的最早故事也是追溯到这个时间，而后的六百多年来，故事数量和内容不断丰富。因而，可以说，"水府庙传说"的历史，就是寒信村萧氏在当地定居、繁衍生息的历史，也是其充满神圣化的生活史。"水府庙传说"这种民间文学体裁，具有古老而神秘的色彩，经过不同历史阶段的流传，为寒信村增添了古朴的底蕴，为水府庙增添了神圣的气息，为寒信村居民增添了精神文化养料。

"水府庙传说"的主要分布区域为段屋乡寒信村，以寒信村为中心，辐射周边的村镇和县域。"水府庙传说"的流传有两条主线。一是以宗族为主线。"水府庙传说"在萧氏宗族中得以流传，故事不仅是在寒信的萧氏中流传，还在其他地区的萧氏同族中流传，主要集中在贡江流域地区，如于都、赣县、宁都、会昌、瑞金等地。二是以神灵崇拜为主线。因为水府老爷的灵验，水府庙的香火较旺，在周边地区的名气较大，因而"水府庙传说"不仅在周边地区得以流传，而且在其他较远乡镇甚至外市、外县地区的异姓中也得以流传。

（二）寒信村"水府庙传说"文本整理与分析

1."水府庙传说"文本内容

通过实地调查和资料收集，综合对寒信村萧氏族长萧紫雷的采访及相关记录，《车溪乡志》及于都县人民政府网站中获得的资料，笔者将所收集的寒信村"水府庙传说"的文本整理如下：

（1）寒信峡定居

相传萧寿六公在寒信峡开基定居后，耕读之暇，常去寒信潭周边垂钓。有一年五月初六，阴雨绵绵，梅江河水暴涨，寿六公头戴斗笠拿着鱼竿照常去寒信潭钓鱼，发现河里一个大湾处（现在当地人称为"大圆角"的地方）有根短木头漂来漂去。寿六公把那木头拨近一看，居然是一尊面部朝下背部朝上的菩萨，黑脸大眼。寿六公见是一尊菩萨，口中念道："大水冲了龙王庙，你从哪里来，还往哪里去？"并用鱼竿将黑脸菩萨拨了出去。可是，被寿六公拨出去的菩萨一会儿又游回到湾里，寿六公又把它拨出去，一会儿菩萨又游回来了，如此几个来回。寿六公见此情景，一阵大笑后说道："好吧！既然你不肯去别处，那就跟我一起在这里开基定居吧！"于是，寿六公将黑脸菩萨捞起供奉在自家旁右边一间屋里，并依据菩萨身上的字迹依旧称其为"温公菩萨"。

无巧不成书，当年的七月二十四日，天气晴朗，风和日丽，寿六公又去寒信潭钓鱼，在原来拾得黑脸菩萨的河湾里又发现一个金光灿烂、脸朝上的菩萨漂来漂去。寿六公用鱼竿将金色菩萨拨出老远，以帮其顺水而下。可是，金色菩萨跟黑脸菩萨一样，再三被拨出，又再三回来。寿六公对着金色菩萨说道："你是想找黑公菩萨跟我一起在这里开基，还是游不出去？"寿六公一边用长长的鱼竿将金色菩萨再次拨向河中，一边说："如果你是想到别处去，你就顺风顺水而去。如果是想找黑公菩萨跟我一起在这里开基，你就到回来。"说来真奇怪，寿六公将其拨出去老远，待寿六公一收鱼竿还没转过身，那金色菩萨又往岸边漂来，不一会儿工夫就回到了寿六公旁边。于是，寿六公将金色菩萨捞起。金色菩萨身上没有字，寿六公就依据其金光灿灿的身象为其取名为"金公菩萨"，并将其与"温公菩萨"安放在一起。后来，寿六公在自家旁边搭了一间简陋的小庙供奉"温公、金公"二位菩萨，因菩萨是从水中来，故将此庙取名为"水府庙"。寿六公与温公、金公在寒信峡开基定居后，日渐昌盛，水府菩萨也被广泛传颂，左邻右舍前来朝拜，有求必应，名扬八方，成为百里内外的水陆保护神。

（2）横石埠过渡

旧时有一年，在寒信峡下游几十里地离于都县城不远的横石埠渡口（现在于都县贡江镇上窑村的横石埠渡口），两个男子从横石埠过渡，离船上岸时，一个黑脸大眼的人对摆渡撑船的人说："今天，我们没有带钱，七月二十四日烦你到寒信峡来拿，我们不仅会给你过水钱，还会请你吃桌面（席）、看大戏，我姓温，他姓金，你到寒信圩一问就知道了。"渡工看二位相貌堂堂，说话也很诚实，不像是骗人的样子，再一想，早听说寒信峡庙会很热闹，但一直未去过，也好去看看，于是约好到时相见。转眼到了七月二十四日，渡工前往寒信峡收过水钱（过渡费），来到寒信峡，只听得鞭炮声连续不断，看到硝烟绵缦，敬神的人来人往；圩上在唱大戏，看戏的观众人山人海；而且家家户户宰鸡杀鸭，整个寒信峡热闹非凡。可是，渡工问遍了寒信峡也没找到姓温和姓金的人家，其实，整个寒信村几乎都是姓萧，只有少量几户姓王、姓黄、姓李、姓周的，根本就没有姓温、姓金的人家。渡工把那天在横石埠过渡欠过水钱的事和两人的相貌一说，有人告诉他：我们整个寒信峡只有水府庙里的两个菩萨一个叫作温公，一个叫作金公。渡工走近菩萨面前一看，大吃一惊，两尊菩萨的面容神韵简直和那天两位过渡人一模一样。二位菩萨也看着他，好像要跟他说话似的。渡工撩起菩萨的旗袍一看，旗袍下端端正正地堆着几个铜钱，正是两人过渡的过水钱数。渡工拾起铜钱，虔诚地合手为菩萨叩头，口中念道："请温公、金公大神保佑横石埠渡口平安无事。"热情好客的寒信峡人不仅招待了该渡工的酒饭，还邀请他每年的七月二十四日到寒信峡来做客，并且每年都会从庙会经费中拿出两人的过水钱交给渡工，年年如此，一直坚持到20世纪50年代初期。听说，横石埠渡口几百年来也从未淹死过人，不能不说这是寒信峡水府菩萨的功劳。相当长一段时间里，每年横石埠渡工都会去寒信峡取过水钱，寒信人能愉快地交两个人的过水钱，绝对是冲着对水府菩萨的信仰和敬重。

（3）乱石滩救船

过去，梅江由寒信峡上行百余里至宁都、石城，下行汇入贡江至赣州，其间险滩危峡、急流暗礁无数，常碰触船楫。为求平安，凡来往船只到寒信峡必停船，登岸入水府庙祈祷，有求必应。因而"温公、金公"菩萨成为江河保护神，其灵异事迹层出不穷，在其信士中广为传颂。

其中有这么一个故事：有一个叫陈万福的石城籍生意人，载了一船丰山纸，走水路从石城县运往赣州。当行至龙岩渡时，不料船被礁石触破，水进船舱。在面临人货俱危的情形下，陈万福措手不及，六神无主，急速点香烧纸，走到船头虔诚地跪下，朝着水府庙方向大喊："温公、金公菩萨救命！"不一会儿，船就安全渡过了乱石滩，船舱也不再进水，一路安全到达赣州。卸完纸后，他们才发现是一条大鲤鱼从破漏的地方往船里钻，就这样卡住了身子，堵住了江水，保住了货和船。

民国初年，广东梅州一位老板，因生意常年往来于寒信峡，对水府庙"温、金"二位菩萨也特别虔诚，他特意从外地带来一只雕刻得非常精致漂亮的红麻石香炉奉给水府庙。一天，香炉从香案上失踪，不知去向。过了几天，这个几十斤重的香炉被一个叫李大贵的渔民在寒信潭边打鱼时网了起来，原来失踪的香炉到寒信潭去了。有人说，是水府菩萨要将炉中的香灰倒入寒信潭，来保过往人、船平安的，又冥冥之中安排人把香炉打捞上来，现在水府庙里放着的那个香炉就是李大贵无意中从十几米深的潭里捞起的香炉。后来，水府庙的香炉灰也一直倒入梅江，把人们保平安的愿望带到水府。

（4）惩恶扬善 [①]

水府庙温金二公在寒信峡定居 600 余年，香火不断，深得信众们的敬重。人们都说水府老爷神灵，是非分明，惩恶扬善，至今寒信村还流传水府老爷惩恶扬善的故事。传说明末年间，寒信峡临村有一懒汉常干些小偷小摸的事。有一天深夜，他悄悄地来到水府庙，把戴在温、金二公脖子上的银链取下，企图偷走，但他转了一晚总找不到门出去。待鸡鸣时，他只好把银链给二公戴回去。说来奇怪，一戴回去门就出现在他面前。他回家后一病不起，请大夫也总找不到病因，只好将到水府庙偷温、金二公的银链的事说了出来。原来他是被吓病的。其家人带上香烛到水府庙敬请温、金二公高抬贵手放其一马，并讨了一小包香灰带回化水让其喝下后，没有吃药病也好了。

此事传开，水府庙菩萨的财物偷不得，从此以后不管温、金二公穿金戴银，庙中贵重物品，庙门大开也从未少过。民国初年，宽田乡石马圩萧起凌去宁都县城，请一刘姓银匠师父为温、金二公各打一顶银帽。讲定价钱后，刘姓银匠师父企图掺假乱真，可是总打不成帽子，熔了又打，打了又熔，翻来覆去花了两个多月的时间，最后只有用纯银熔打才把两顶银帽打成。后来，他深有体会地对萧起凌说："寒信峡温、金二公真神灵，教人做人莫亏心"。

民国十二年（1923），寒信村老屋萧翰林到宁都、石城等地回家路经澄江翻入河中被水淹死。捞起尸首清理遗物时，发现一本缘簿和钱。打开缘簿一看才知原委，原来他深知周边县民对寒信峡温、金二公的信仰和敬重，他独自跑到宁都、石城等地，冒充为菩萨塑身修庙，写假缘骗取民众钱财，人们都说："菩萨显灵，骗人没好报。"

[①] 这一传说通过采访寒信村萧氏族长萧紫雷得以采录。

2."水府庙传说"文本分析

（1）"水府庙传说"体现现实与超现实的结合

"水府庙传说"既包含着现实的因素，也包含着超现实的因素。一方面，"水府庙传说"以日常生活为切入点，立足于当地或路经此地的人物和风物。另一方面，故事多是以"金公菩萨"和"温公菩萨"这两位神灵为主要人物，并且将其进行抽象和幻想的艺术化处理，使故事具有传奇性和超现实性。其兼具有"世俗故事"和"写实故事"的特点，即传说中的背景和内容取材于现实，与日常生活息息相关，同时，又借助非自然力将主题及故事内容进行升华。

（2）"水府庙传说"反映了当地居民的愿望和情感追求

"水府庙传说"，表达了当地人民对于祖先在此开基的历史的纪念；而建起水府庙供奉"金公菩萨"和"温公菩萨"，祖先定居与建庙供神的时间几乎同步，这为萧氏定居增添了神圣性的色彩，同时，这也表达了当地居民希望得到神灵庇佑的愿望。旧时当地居民以在梅江捕鱼为生，且兼做码头生意，故而希望在水上通行时能够平安无恙，在当地居住和生活能繁荣昌盛。随着家族的不断壮大，人丁越来越多，加之与外界交流日益频繁，"水府庙传说"通过对惩恶扬善的宣扬，展现了寒信先民对自我的道德规范和对外部人的善恶识辨的自我提醒。这些都体现了当地居民朴实而追求美好的精神世界，一是对过去的精神遐想，二是对现实的内心祈愿和规制。

（3）"水府庙传说"是庙会民俗生活的缩影

水府庙受到水府菩萨庇佑的传说故事，其中突出的一点是集中体现了水府庙中"温公""金公"二位菩萨对人们所求内容的应验。"水府庙传说"围绕水府庙而产生，同时又在一定程度上服务于水府庙会的举办。直至现在，水府庙里的信众仍然很多。人们有求于水府庙里的神灵，水府庙庙会这一民俗活动巩固了民间信仰的神圣性，同时又间以娱乐性，即娱神娱人。"水府庙传说"与水府庙庙会是相辅相成的，对水府庙中的"温公""金公"的供奉，体现了以前以打鱼为生的寒信峡萧氏的生活理想，同时反映了寒信村的宗族、祭祀、民俗信仰等一系列完整的民俗生态系统，这是过去的当地居民的生活文化和民俗生活的缩影。

（三）寒信村水府庙会的传承

1. 寒信村水府庙会的传承价值

（1）宗族维系的价值

"水府庙传说"这一系列寒信村的民间传说，从内容上看，"水府庙传说"的内容体现了祖先和神灵的双重神圣性；从"水府庙传说"的传承与传播上看，宗族在这方面的作用尤其突出。总体上看，"水府庙传说"是宗族的世俗化，而非宗教化的。可以说，"水府庙传说"是宗族精神的一部分，体现了宗族的整体意志，其中体现的强烈的宗族观念，能形成共同的宗族意志，进而形成宗族合力。共同的宗族精神和宗族生活，让宗族在文化上和心理上形成共同的认识，这对宗族关系的维系以及宗族的稳定具有一定的积极作用，同时对维护乡村秩序、推进乡村治理有一定的作用。

（2）丰富乡村文化的价值

充分传承、传播流传于民间的民俗文化，将有利于丰富乡村的文化，因为民俗文化是散落在民间的集体智慧的结晶。如今，国家正在如火如荼地解决乡村振兴的问题，而文化振兴是乡村振兴的重要方面。"水府庙传说"是流传于寒信村人民口头的宝贵财富，"水府庙传说"的内涵中，包含着无数精神文化价值。其实，不管什么时候，乡村的精神文明都并不匮乏。主要问题是民俗文化在物质文明的冲击下渐渐被人们所遗弃。在美丽乡村的建设中，农村居民的精神文明显得尤其重要，"水府庙传说"就是体现乡愁乡情的重要文化内容，对"水府庙传说"的内涵进行挖掘、传承、传播，对丰富乡村文明具有重要作用，这也是乡村文化自信的重要方面。

（3）教化与规范价值

"水府庙传说"中寄寓着民众的道德观念，以神圣性和传奇性的情节，发挥着道德教化和行为规范的作用，使民俗能广教化。"水府庙传说"里所突出的道德规范可以规范当地居民向善的观念和做好事的行为，这有利于乡风文明的建设。水府庙信仰与宗族规范所突出的教化内容，通过水府庙的传说进行精炼化和通俗化，这样对于教化当地居民的思想、培育良好的乡风民风具有较好的效果。当地族长萧紫雷表示："寒信村风气良好、民风淳朴、崇德向善，这得益于水府老爷和宗族的教化。文明的乡风，得益于当地民俗文化的教化，这是值得继续维持和发扬的。"

（4）历史文化价值

水府庙的民间传说作为"口传的历史"，特别是可作为一部民众思想与文化的发展史，具有重要的历史文化价值。"水府庙传说"描述了水府庙神灵与当地居民或途经当地的人的相关事件，解释了寒信村地方风物及习俗，作为一部民众自我书写且流传于口头的历史，成为寒信村作为古村落、古码头、古渡口的见证，成为水府庙作为寒信村古庙的历史见证。"水府庙传说"以祖先和神灵信仰为中心构建的民间传说，其与宗族建业及发展息息相关，同时这也反映出当地居民对历史的看法和情感，这对了解当地历史和族群发展过程具有一定的参考和补充作用。

（5）旅游资源价值

"水府庙传说"里融入了寒信村的民间信仰、人文景观、地理环境等内容，这些都是可以作为地方旅游的主要资源。作为民俗文化的一部分，"水府庙传说"以水府庙为依托，可以通过与庙会的结合，为民俗文化资源注入一定的内涵，使得水府庙的旅游资源更加丰富。特别是对风俗文化的解释，能够让人们更好地理解当地乡土文化和人文精神，使得水府庙的旅游更具地方特色，同时使得水府庙以及以水府庙为依托的水府庙会更具神圣性、神秘性、文化性、精神性，使其更具有吸引力。

2.寒信村"水府庙传说"的传承现状

（1）"水府庙传说"传承机制

"水府庙传说"的传承，与水府庙会的组织与举办息息相关。目前，能够完全讲述"水府庙传说"的主要讲述者和传承人为宗族理事会的13人。这13人同时也是水府庙会的重要组织者和负责人，具有一定的文化水平和宗族影响力、号召力。除这 13 人之外，寒信村能讲述"水府庙传说"的人以年纪较长的人为主，而且大部分不能完全讲述。可以说，"水府庙传说"的传承机制与水府庙会的组织机制和寒信村萧氏的宗族组织机制是紧密联系在一起的，而其中宗族组织机制是核心，因为宗族组织决定着水府庙会的组织和"水府庙传说"的传承组织的形成。"水府庙传说"作为于都县的一项县级非物质文化遗产，当地的宗族也意识到传承"水府庙传说"的重要性。但宗族组织是非正式的民间组织，故而寒信萧氏宗族组织通过融入村民自治组织（即村委会组织），而强化了其正式性，进而向镇里和县里争取支持。

（2）"水府庙传说"在传承方面的问题

"水府庙传说"既要传承又要保护，必然需要有发展的眼光，即"传承保护谋发展利用，发展利用促传承保护"。在这个方面，"水府庙传说"因为与水府庙会相结合，为水府庙会披上一层神圣的外衣，通过切实的利用实现传承和保护。但是，一方面，其只为水府庙会所利用，途径单一；另一方面，在普通民众之间的口头传播作用明显地越来越衰微，传承人的基数在不断减少。

虽然寒信当地镇村政府部门和宗族负责人对"水府庙传说"的传承付出了一定的努力，在故事的采录和文本整理上取得了一定的成果，但仅限于文本搜集和整理，传承的活性不够。此外，"水府庙传说"在当地的传唱度下降，民间自发地传承"水府庙传说"的家庭和个人已经很少。加之传承人老龄化严重，而大部分民众对非遗的保护意识淡薄，有些人认识不到非遗的重要作用和价值，对于非遗传承和保护工作的紧迫性也认识不足，造成"水府庙传说"的传承后继乏人的现象。

第五章 传统制作技艺（一）

第一节 "三锤三匠"与草鞋制作技艺

一、"三锤三匠"

"三锤"即打铁锤、补缸锤、弹棉锤（槌）；"三匠"指木匠、泥匠、篾匠。"三锤三匠"包含了历史上在于都岭背一带盛行且炉火纯青的打铁、补锅补缸、弹棉花、做木工、做泥水工夫、做篾这六大传统手艺。

（一）历史源流、分布

"三锤三匠"是在历史上与民众生活息息相关的六大传统手艺，虽然文献中没有记载关于于都"三锤三匠"起源的具体年代，但因为"三锤三匠"是与人民社会生活密切关联的重要传统手艺，因此它们在客家先民从中原迁徙到于都时就逐渐出现了。"三锤三匠"中的每项手艺在于都县各乡镇甚至各村庄均有广泛分布，可谓家喻户晓，许多人家以此为生。并且，这六项手艺共同具备了传统手工艺的文化价值，体现出中国传统文化特别是客家文化的许多特征。

（二）具体内容

1. "三锤"之打铁

打铁是一种原始的锻造工艺，即手工锻造铁器，盛行于20世纪80年代前的农村。打铁是将锻炼烧红的钢铁，做成器物。于都县岭背镇东坑村的张爱明生产的锉刀、禾镰、铁锁等日用铁器尤为著名。

（1）基本工序：剪材、加温、锤打、放钢加固、坯型打磨、刨光、粘油等。

（2）所需工具：铁夹（用来夹烧热了的铁坯）、砧子（铁匠打铁的平台）、风箱（用于鼓风旺火），以及铁匠炉、铁锤、磨石等。

（3）制作流程：以镰刀为例，待徒弟打出锥形之后，老铁匠要趁热将刀刃打薄，然后在刀上打出与木柄连接的圆孔来，这个步骤需要铁匠先对罐刀刀柄位置的铁进行打制，使其伸出长长扁扁的一条；接着再伸进砧子上的圆孔里并套在铁砧上的牛角上形成圆形缺口；最后还要精敲细打一番，使得缺口的圆更加规范。

2."三锤"之补锅补缸

补锅补缸是一种一技多能的手工工艺，包括补缸、补锅头、修伞、打锁匙等。

其工序按照具体修补的物品和情况有所不同。总的要求是精修细补，废物利用，因材施艺，方便人们的日常生活，务求让顾客满意。

3."三锤"之弹棉花

弹棉花，又称"弹棉""弹棉絮""弹花"，是中国传统手工艺之一，历史悠久。清代于都人外出弹棉絮者盛行，他们弹的棉絮以柔软美观、厚薄均匀、经久耐用等特点名传四方。民国时期，前往闽、湘、粤、台湾、东南亚等地的弹棉匠人不断增多。

（1）工作内容：弹棉，实际上指的是弹棉胎，也有弹棉褥（垫被）。棉花去籽以后，再用弦弓来弹出絮棉被、棉衣的棉。

（2）所需工具：大木弓，用牛筋为弦；还有木槌、铲头、磨盘等。

（3）制作流程：弹时，用木槌频频击弦，使板上棉花渐趋疏松，后由两人将棉絮的两面用纱纵横布成网状，以固定棉絮。纱布好后，用木制圆盘压磨，使之平贴、坚实、牢固。按照当地民俗，固定棉絮所用的纱，一般都为白色，但用作嫁妆的棉絮必须以红绿两色纱来固定，以示吉利。

4."三匠"之木匠

木匠又称"木工"，是指在制造家具零件、门窗框架，或其他木制品过程中用手工工具或机器工具进行操作的人，包括造船匠、雕刻匠、油槽匠、建筑匠、加工家具匠等，有的建筑木匠已经成为土木工程师。

（1）工作内容：木匠以木头为材料，伸展绳墨，用笔画线，后拿刨子刨平，再用量具测量，制作成各种各样的家具和工艺品。木匠从事的行业很广泛，他们不仅可以制作各种家具，还广泛参与到建筑行业、装饰行业、广告行业等，如在建筑行业做门窗等。

（2）所需工具：斧头，用以劈开木材，砍削平直木料；刨子，用以更细致地刨平修饰木料表面；凿子，用以凿孔与开槽；锯子，用来开料和切断木料；墨斗，用来弹线与较直屋柱等；鲁班尺，丈量与校正角度等。

（3）制作流程：打磨工具；设计与制图，计划好木凳各个部件的长宽高和厚度；选取合适材料，裁木料、锯木头；选取下料和配料；将木料磨平，打磨方正；根据设计图挖眼和开槽，形成合适的榫卯结构；塑形，把材板截取、整修成设计标准要求；组装和校准，把塑形好的材料按设计图进行组装和校准；净面与打磨，把板凳面板清理干净并打磨光滑；等等。

5."三匠"之篾匠

篾匠为将完整的竹子制作成各种各样的篾制品的匠人，包括箬匠、火笼匠、家具加工匠等。篾匠把一筒青竹，通过层层剖析，利用竹子天然的韧性，加工成生活用品。于都篾匠生产的火笼、米筛，县内外颇有名声。

（1）工作内容：完成一个竹器，要经过选料、剖篾、刮青、编织、上格、织藤、定型等多道工序。篾匠手艺最重要的基本功就是劈篾，把一根完整的竹子弄成各种各样的篾，首先要把竹子劈开，一筒青竹，对剖再对剖，剖成竹片，再将竹皮竹心剖析开，分成青竹片和黄竹片，剖出来的篾片，要粗细均匀，青白分明。青篾丝柔韧且极富弹性，适合编织细密精致的篾器，加工成各类极具美感的篾制工艺品。黄篾柔韧性差，难以剖成很细的篾丝，故多用来编制大型的竹篾制品。

（2）制作工序（以小竹筐为例）：用刀把厚竹片削成两片，再用分割机器将竹片进行二次切割，将其分成若干薄竹片，使每片竹片能够达到可轻易弯折，折断定型的厚度。纯手工将宽度相当的若干竹片穿插组合排列，使其相互穿插而不散落，然后折断确定框架形状。

6."三匠"之泥匠

泥匠为从事砌砖、盖瓦、建桥梁、修铁路、修公路等建设工作的建筑工人，包括建房匠、捡瓦匠、做灶匠，其中建房匠最为普遍。

（1）主要工作：瓷砖的铺贴（包括墙砖、地砖、卫生间厨房砖），水泥砌墙（用红砖常规砌墙），水泥包水管（把卫生间、厨房裸露在外的下水管用水泥包好），水泥打灶台，地面水泥找平（铺木地板的房间地面水泥找平），等等。

（2）所需工具：锯子、泥刀、锤子、皮尺等。

（3）基本工序（以捡瓦匠为例）："上房揭瓦"前，得先在屋内观察桁梁的腐朽程度，判断是否结实，是否承受得住人的重量，然后再爬梯子上房顶，小心地踩在"领子"上，把坏掉的瓦片剔除，好的瓦留着铺瓦时继续用。铺瓦也有讲究，第一层铺的是沟瓦，凹面朝上，第二层瓦凹面朝下，每片瓦上下错开大约10厘米距离。瓦片必须按顺序整齐地放置，才能保障雨水顺着沟瓦的沟槽流到屋檐下。

（4）工作要求：在做工过程中，要求工作者有极强的眼力，以判断墙面的平整性。工作时要做到一看、二撬、三平整。看：要求看水平面、拉线和地基线，以做出比较精准的判断。撬：所起墙壁，砖块必须撬或者赶上前面的要求。平整：最后的修复工作。

（三）原因、影响及意义

20世纪80年代以前，于都县每个村子都有铁匠、木匠、泥匠、篾匠等手艺人。这些手艺人都来自农村，农忙时在家务农，农闲时挑副担子出门，走村串户，沿途吆喝揽活，以图糊口；也有专门干这行的，他们漂洋过海，以精湛的技艺备受人们的青睐，有的手艺人甚至奇迹般地挂起了大商号招牌，办起了大工厂。

于都"三锤三匠"，不乏许多令人印象深刻的事迹。例如1959年，张爱明铁匠制作的"东坑锉刀"在北京国际博览会上获金奖，得到周恩来总理授奖旗，甚至捷克斯洛伐克在画报中专门撰文介绍"东坑锉刀"。1972年邓小平来于都时特意订购了两床棉被，还向工作人员夸赞了于都的弹棉手艺。诸如此类的故事都生动体现了于都"三锤三匠"技艺出众，广负盛名。作为"三锤三匠"发源地，于都县曾因此获得"民间手艺之乡"的美誉。

在现实生活中，"三锤三匠"作为一项具有传统文化内涵的职业，是匠人们的谋生之路，每位匠人依靠它在从前艰苦奋斗的年代维持家庭生活；通过学习手艺获得一技之长，从中找到并实现自我价值。同时，做手工艺制品也满足了他人的生活需求，为大众日常生活提供了很大的便利，促进了社会手工行业、建筑行业等各行业的发展。更重要的是，"三锤三匠"诠释了何为工匠精神，蕴含着深刻的思想文化内涵，并且各种手工艺制品通过各种途径外销到各地，甚至出口到国外，也促进了中华民族传统文化与手艺的传播。

由于于都人多地少，富余劳动力多，所以做手艺的人也多，由此诞生了"三锤三匠"这样的传统技艺。数百年以来，于都农村人民在艰苦的生活中兢兢业业，勤恳生活，努力做好手艺，将打铁、补锅补缸、弹棉花、木匠、泥匠、篾匠这六门手艺世代传承并发扬光大，成为传统文化的重要智慧结晶。

如今，作为传统手艺的一个类别，"三锤三匠"已经逐渐淡出了人们的生活，愿意亲身经历、继续学习并传承下去的人已十分少见。但是，"三锤三匠"蕴藏着的执着专注、精益求精、一丝不苟、追求卓越的工匠精神，以及学手艺亦是学规矩、学做人的思想内涵，正是中华民族优秀传统手艺文化的精华，它曾在千千万万农村人民的生活中起到了重要影响与积极作用，带领人们走向富强幸福的康庄大道。

（四）主要传承人情况

张观福，1974年生，男，现岭背镇东坑村人。他自12岁左右开始接触打铁技术，一直做打铁的工作，到现在仍然偶尔会在工坊进行小量的铁器制作，尤其擅长镰刀等的制作。他从小在家中观看父亲打铁，并自己拿着锤子等工具进行把玩。由于家中贫困，须得学一门手艺谋生，虽自身有意愿学习修理电器，但他还是决定听从父亲的安排，跟随其学习打铁，最开始从锄头尖做起。张观福从业以来，制作的铁器部分用于销售给当地村民，便利生活。

彭海金，1971年生，男，现仙下乡莲塘村陈屋组人，补锅等修补工作技巧熟练，在当地较为出名，现在仍在坚持补锅补缸的相关手艺。初中毕业以后，彭海金17岁开始跟随姐夫在银坑镇学习补锅补缸等修补手艺。他学习了将近一年后，回到仙下莲塘村开设补锅补缸修补铺子，为村民们修补日常所用的生活用品，并以此手艺谋生。自手艺学成后至今，他一直在村里坚持该工作。

谢地生，1956年生，男，现岭背镇谢屋村人，打棉被技艺熟练，现在仍在坚持打棉被。谢地生年轻时想学门手艺谋生，考虑到打棉花较其他工作更为简单，耗时较短，赚钱较快，自15岁开始就跟从父亲学习打棉花，传承父亲的打棉花手艺。学习了三年以后，谢地生独自前往韶关谋生，后收下了多名学徒，教人以一技之长，并给商店加工棉花被。1985年左右生意最为忙碌，他聘请了20多个工徒，曾20天制成了2000张棉花被。1998年，谢地生开始承包开厂，形成了自己的产业。2001年，他开始协助儿子，将生产的棉被通过电商途径出售。开通电商后，棉被销量提高，工厂收入增加。

谢季秀，1920年生，男，现岭背镇燕溪村人，师从父亲做木匠，一天能够做好一扇木门或一扇祠堂门，尤其擅长做水车。其以制作木制品速度快、质量好、技艺高超出名。

谢皓月，1956年生，男，现岭背镇燕溪村人，现仍在坚持制作篾制品，逢年过节以及各种祭祀日制作篾制品较多。他家中先前较为贫困，所以希望能够学一技之长谋生，1970年开始跟随父亲学习做篾制品这门手艺。由于父亲在教授篾艺时比较严格，1973年他选择去往信丰县跟从别的师父学做篾匠。1976年学成后，由于手艺活忙碌，谢皓月收了4个徒弟传授做篾制品的技艺。现在他的儿子放弃了学习这门传统手艺，但孙子在家时偶尔会帮忙。

刘国墩，1949年生，男，现梓山镇潭头村人，他擅长做泥水工作中石砖房的主体工程，自己能够做灶台，建房屋。刘国墩初中毕业以后待业家中，希望学习一门手艺支撑生活，因此，16岁开始跟随父亲去往安远学习泥匠手艺，后离开父亲转而跟从村中别的师父学习，历时 5 年学成，开始自己挑担子给别人盖房子。1976 年，刘国墩加入梓山乡建筑队；1984 年他开始带队承包建筑房屋，参与了于都县人民医院的工程建设；1986 年，他参与于都县欧阳大厦的建筑，其技艺受到县政府、县建设局的重视。50 岁时因家中变故，刘国墩返回潭头村，继续从事泥水匠工作，帮村里人盖房。于都县曾多次派人邀请其返回县城从事建筑工作，均被拒绝。他一直做泥匠工作，直到 2018 年停止。

附：非物质文化遗产于都"三锤三匠"考察研究报告

于都县地处江西省赣州东部，贡江从境内流过。于都建县于西汉高祖六年（公元前 201 年），距今有 2000 多年历史，是赣南建县最早的三个县之一。截止到 2010 年第六次人口普查，于都县人口 94.4 万，其中非农业人口 16.74 万，人口密度 326 人／平方千米。于都人口密集，人多地少，穷则思变，于是，勤劳智慧的于都人把生产的注意力从传统农业转向需要一定手工技艺的手工业，"三锤三匠"就是其中的代表。所谓"三锤三匠"，"三锤"指的是打铁的铁锤、补缸补锅锤、弹棉花的弹棉锤（槌）；"三匠"指木匠、泥匠、篾匠，是农村传统手工技艺的集中体现。作为"三锤三匠"发源地，于都县曾因此获得"民间手艺之乡"的美誉。"三锤三匠"是赣州市和于都县非物质文化遗产项目。然而，随着时代的发展，这一项项传统技艺，正面临着艰难的传承。

于都的"三锤三匠"起于何时何代，现已难以确凿考证。但于都的手艺人以精湛的技艺走南闯北，使于都的"三锤三匠"声名鹊起，留下了许多的故事和传奇。

（一）于都"三锤三匠"的传奇故事

1. 滴水不漏补缸匠

清朝年间，有个补缸匠流落在三南某地，因其技艺精湛，逐渐小有名气，当地地痞不信，特地买了一口大缸砸烂，摆在他面前说："补缸佬，你能将此缸补好，并且不漏水，我就服你，不然的话，就从我地盘上滚出去！"补缸师父二话没说，"叮叮当当"地用铁钉铆，用铁丝穿，不一会儿，陶质的水缸缺片竟被他一一缝好，外看，似乎箍腰绑带，浑身补痕，放进水去，竟然滴水不漏。从此，声名大振。据传，当地一位貌若天仙的女子，执意要嫁给他，他从此娶妻生子，一时传为佳话。

2. 国际金奖锉刀王

岭背乡东南坑村有个叫张爱明的铁匠，以制作锉刀、禾镰、铁锁等著称，其产品远销湘、闽、粤、桂等地，其子孙数十代都会打铁。1959 年，他制作的"东坑锉刀"在北京国际博览会上获金奖，得到周恩来总理授予的奖旗。当时的捷克斯洛伐克还在画报中专门撰文介绍。其后裔张桂标创办的"东坑铁器社"是于都第一所国营铁器社，为于都铁器事业的发展做出了贡献。于都铁器社承担了当时赣南地区百分之六十左右的大小土钉的制作和销售。

3. 声名显赫弹棉槌

于都的"弹棉匠"也颇负盛名。你听过 1.5 公斤棉花弹一床被子么？那么薄，又要能保暖，又要耐用，简直使人无法相信。然而，这是事实。1972 年，邓小平到于都考察时说："于都的弹棉师父很有名，长征前夕，我在于都买了一床棉被 1.5 公斤重，现在还在用呢！"考察结束后，他又订购了两床棉被，每床重 1.5 公斤，高兴地带回了北京。

4. 闻名遐迩好木匠

于都步蟾坊位于于都县岭背镇谢屋村，明正统六年（1441）为纪念谢宁考中举人而建。该坊为歇山顶，四柱三间四楼重檐式木牌坊，面阔 11.2 米，进深 3.55 米，高 10.38 米。整个牌坊分顶楼、明楼、次楼，坊楼檐下均以四层三朵斗拱出檐，檐角起翘。由四根立柱、八根戗柱支撑。明间顶楼正脊中饰"一瓶插三戟"，寓意"平安"和连升三级。整个牌坊高大挺拔，经受五百余年的风雨洗礼至今不倒，结构造型古朴、工艺精巧，堪称宋代向明代过渡时期的重要实例，是研究我国古代南方木构件极为珍贵的实物资料，为省级文物保护单位，目前正待批为国家级文物保护单位。

5. 篾匠美名传四方

于都县的篾匠在赣南也是美名远扬，如新陂丁永盛制作的龙骨水车和丁破女祖传十几代精制的风车，既轻便省力，又经久耐用，备受人们喜爱；禾丰地区生产的细火笼，玲珑别致，美观耐用，畅销赣南各地；县城西郊新居前，胡金寿特制的米筛，精密细致，轻便管用，更是闻名遐迩。

（二）传统手工艺逐渐衰落

在20世纪80年代以前，于都县每个村都有铁匠、木匠、泥匠、篾匠等手艺人。这些手艺人农忙时在家务农，农闲时挑副担子出门，走村串户，沿途吆喝揽活，以图糊口。也有专门干这行的，他们以精湛的技艺而备受人们的青睐，有的手艺人甚至挂起招牌，办起了工厂。

但是最近一二十年，传统手工艺由于制作过程复杂而烦琐，学习起来也需要花大量的精力和时间。许多年轻人认为传统手工艺跟不上时代的发展，而且，现在从事这个行业既脏又累，赚钱又少，他们都不愿从事这个行业，宁愿到其他城市打工。同时，随着家庭消费观念的转变，生活节奏的加快，人们都不愿花费大量的金钱和时间请手艺人打制家具、制造锄头等，而是直接去商场或家具城购买时尚的成品家具、农具，这使得传统手工技艺日渐衰落。

于都县银坑镇银坑圩老街63岁的老铁匠刘水东对传统手工业的衰落有自己的看法："由于农业现代化的加快，再加上铁制农具用效长，更新换代慢，市场价较低，收益不高，导致打铁的人越来越少，现在整个银坑老街只剩下我一家铁匠铺了。"刘水东放下手中的活，望着门外拥挤的人流，眼神显得格外落寞。据他介绍，这条老街10年前至少有7家铁匠铺，那时此起彼伏的"叮咚"声成为闹市一道别样的风景，而今这一切已消失殆尽。

于都县岭背镇弹棉的胡师父年轻的时候就开始学习弹棉被的手艺，跟着师父学了几年后去湖南打工若干年，后为照顾老母亲回老家圩上开了一家手工棉被加工店。谈到传统弹棉行业的处境，他说："现在，手工弹棉花逐渐被机动棉花机所替代，手工棉被走入了'有产品、无市场'的困境，很多人改了行，不再弹棉被了，现代社会，棉衣棉裤基本都已在城市绝迹了，剩下的大概也只有被子还用点棉花了。现在被子种类也很多，什么鸭绒被、鹅绒被、蚕丝被、羊毛被、空调被、多孔棉等，花样很多，棉花被渐渐都成非主流了"。

（三）传统手工艺如何复兴

面对传统手工艺制品慢慢淡出社会舞台的尴尬局面，于都县在保护和传承文化遗产的同时，积极创新发扬，为这些"身怀一技"的手工艺者觅寻出路。

1. 打造品牌劳务

于都县从提高传统手工艺人素质入手，依托"三锤三匠"打造响亮的劳务品牌，鼓励社会力量创办了电脑、模具、服装裁剪等10余个职业培训技校，每年培训青年农民上万人，打造了"利村布艺""梓山钢模""岭背缝纫""车溪家装""罗坳针织"等一系列品牌。如今，这些"身怀一技"的于都手工艺者常年活跃在全国针织、制衣、建筑、家装、机电设备安装等行业。

2. 村民劳务互助

邱观福是于都县岭背镇太阴山村的一名泥匠。去年年初，他与村里另外几名泥匠一起成立了互助施工队。"不比在广东的工资低，还能方便照顾家里。"邱观福介绍说，太阴山村有泥匠60余人，原先大多在外地务工，全市开展农村危旧土坯房改造，让这些泥匠们有了用武之地。

3. 电商助力营销

2012年，初中毕业后在外打工的岭背人谢普兴感受到"网购潮"的兴起，抱着试一试的心态回家开了一家网店，帮父母在网上销售棉被。令他惊喜的是，睡惯了羽绒被、蚕丝被的都市人并没有忘记棉被的柔软和温暖，传统的手工棉一"触网"就赢得了市场的青睐，产品供不应求。

从过去的"有产品无市场"到现在的"有市场缺产品"，谢普兴面临着新的烦恼。而此时，恰逢我国将电商扶贫作为精准扶贫十大工程之一在全国推开，谢普兴的思路一下子打开了，为什么不能带着乡亲们一起在网上卖棉被脱贫致富呢？有了想法就要行动。2015年，谢普兴着手成立了手工棉被行业协会，吸引了108名会员参与，其中90%以上是贫困户，协会对产品实行统一标准、统一品牌、统一包装、统一销售。

谢普兴告诉记者，协会成立至今不到1年时间，已经销售手工棉被1万多床，是上年全镇手工棉被销售总量的3倍以上。"如今，互联网＋手工棉被，已经成为我们这里脱贫致富的重要手段，很多人又重拾老手艺，忙得不亦乐乎！"他高兴地说道。

（四）新时代传承工匠精神

工匠精神是一种职业精神，它是职业道德、职业能力、职业品质的体现，是从业者的职业价值取向和行为表现。工匠精神的基本内涵包括敬业、精益、专注、创新等。

于都以"三锤三匠"为代表的手艺人，统称"匠人""手工业者"。这些手艺人大多来自农村，农忙时在家务农，农闲时挑副担子出门，走村串户，沿途吆喝揽活；也有专门干这行的，他们走南闯北，漂洋过海，以精湛的技艺而备受人们的青睐；有的手艺人甚至到台湾、香港、澳门等地，挂起了大商号招牌，办起了大工厂。他们发扬客家人吃苦耐劳、勇于拼搏的精神，使于都的"三锤三匠"声名鹊起，广为传播。曾经，他们是工匠精神的代表。在当前时代条件下，以"三锤三匠"为代表的于都手工业应该如何传承？依笔者所见，于都的手工业要想在新时代找到立足之地，闯出一片天下，也应该传承敬业、精益、专注、创新的工匠精神。

1. 敬业。敬业是从业者基于对职业的敬畏和热爱而产生的一种全身心投入的认认真真、尽职尽责的职业精神状态。中华民族历来有"敬业乐群""忠于职守"的传统，敬业是中国人的传统美德，也是当今社会主义核心价值观的基本要求之一。

2. 精益。精益就是精益求精，是从业者对每件产品、每道工序都凝神聚力、精益求精、追求极致的职业品质。所谓精益求精，是指已经做得很好了，还要求做得更好，"即使做一颗螺丝钉也要做到最好"。正如老子所说，"天下大事，必作于细"。能基业长青的企业，无不是精益求精才获得成功的。

3. 专注。专注就是内心笃定而着眼于细节的耐心、执着、坚持的精神，这是一切大国工匠所必须具备的精神特质。从中外实践经验来看，工匠精神都意味着一种执着，即一种几十年如一日的坚持与韧性。术业有专攻，一旦选定行业，就一门心思扎根下去，心无旁骛，在一个细分产品上不断积累优势，在各自领域成为领头羊。

4. 创新。工匠精神还包含追求突破、追求革新的创新内蕴。古往今来，热衷于创新和发明的工匠们一直是世界科技进步的重要推动力量。新中国成立初期，我国涌现出一大批优秀的工匠，如倪志福、郝建秀等，他们为社会主义建设事业做出了突出贡献。改革开放以来，"汉字激光照排系统之父"王选，"中国第一、全球第二的充电电池制造商"王传福，从事高铁研制生产的铁路工人和从事特高压、智能电网研究运行的电力工人等都是工匠精神的优秀传承者，他们让中国创新重新影响了世界。

于都的"三锤三匠"是于都工匠精神的代表，经历了繁盛、衰落、复兴等发展历程。在新的时期，只有传承工匠精神，寻求文化内涵，才能在新一轮竞争中做大做强，立于不败之地。

二、于都草鞋

于都草鞋制作技艺于 2015 年被列入赣州市第四批非物质文化遗产代表性项目。

（一）起源及分布

草鞋在中国起源很早，历史久远，它最早的名字叫"屝"，相传为黄帝的臣子不则所创造。据先秦文献记载及考古发掘资料可以确定，我国至迟在3000 多年前的商周时代就已出现了草鞋。草鞋的编织材料有稻草、麦秸、玉米秸、乌拉草等。自古以来草鞋是中国山区居民的传统劳动用鞋，无论是下地干活，还是上山砍柴、伐木、采药、狩猎等都可穿草鞋。草鞋轻便、透气、柔软、防滑，而且取材方便，价格低廉，因而在中国历史上深受民众的喜爱。

（二）工具与制作技艺及过程

于都草鞋的制作工具和材料有木槌、腰带、弧形的腰杆、撬耙、撬棍、码子、草鞋耙、木凳、稻草、黄麻等。

草鞋的制作过程并不十分复杂，首先要先准备好工具和材料，先用黄麻揉成粗绳、细绳，再选择长而坚韧的稻草洗净、晾晒并用锤子捶松软，用草鞋耙勾住木凳前端；制鞋人跨坐在木凳中间，用腰带从腰后往前套住腰杆，再用腰杆中间的铁丝钩钩住麻绳，麻绳的另一端套在草鞋耙上，这就可以开始编织草鞋了。

打草鞋时，要先打草鞋鼻，再打草鞋身，最后打草鞋跟。打到适当的位置，还要添上草鞋眼和耳。打时双手将原料搓紧，从左向右、又从右向左，如穿梭一般一股一股地打上去。打上二寸光景，就用撬耙和草鞋耙配合打紧，同时用木槌敲打草鞋边，但不可用力过大，若力气大可能会断裂。打好后取下在石头上锤软，最后用剪刀进行修整，一双新草鞋就问世了。

附：非遗传奇——于都博物馆草鞋的故事 [①]

2019 年 5 月 20 日，潋滟的于都河与一个特殊的宾客同步屏息，凝视一幅由草鞋拼就的中国版图，聆听一双特殊的草鞋的倾诉。

八十多年前的 1934 年 10 月，中央红军在于都县集结 10 天，苏区妇女夜以继日赶制出 20 万双草鞋。夜渡于都河的 8.6 万多名红军战士，每人的行囊里至少有两双草鞋。其中一双随红军铁流万里后又回归起点，如今静静地躺在中央红军长征出发纪念馆的橱窗里。

这是一双与众不同的草鞋：鞋尖上各绑着一颗红心绣球，鞋底、鞋面精编细织，用的是本地最柔韧的黄麻。打草鞋的姑娘叫春秀，绑绣球的红军叫志坚，其中纵横交错的是两人浸渍血泪以命相系的故事。

"同志哥，问你一下，刘亚楼首长来了么？"

初秋的黎明，霞光染红苍莽雩山之巅，一个年轻姑娘亭亭立在山脚，看着过往部队一列列、不断线地向于都河集结，一遍遍打听红一军团二师政委刘亚楼的行踪。

"我就是刘亚楼，你找我有什么事？" 24 岁的刘亚楼十分奇怪，他一点也

[①] 来源：于都红色收藏协会。作者葛顺连，江西于都人，2008 年光明日报出版社出版"中学生必读文丛"之《莎士比亚戏剧选赏析》，2015 年光明日报出版社出版长篇报告文学《大地喝彩》，在《中国报告文学》《江西日报》等报刊发表作品数十篇。

不认识这个姑娘。

"我……不是找你，是要找谢志坚。"姑娘面对年轻的首长，脸颊绯红："不，不，我是找你，找到你才可以找到谢志坚。"

谢志坚是刘亚楼的警卫员，于都岭背镇燕溪村人，做过儿童团长，当了侦察兵，刘亚楼瞅他聪明机灵，要来了身边。

"嗯……是要给谢志坚请假……"

刘亚楼明白了，谢志坚这小子跟人家订婚，女方嫁妆都备好了，新郎却找不到。

明天，原本是二人的好日子，如今却是部队战略转移出发的日子。刘亚楼立即派人传唤。

一个浓眉大眼的小伙匆匆跑来，"春秀——"一阵惊喜一阵傻笑，伸出手臂，转眼又怕烫着似的缩回，嘴巴喏喏，却吐不出字，"唉——"一声长叹，脚一跺，转身就跑入队伍，"谢谢政委，我不回！春秀，你回去——"

瘦白的月亮，悄悄挪移，照着床上辗转未眠的春秀……

婚姻珍重，却不能重于事业。自小青梅竹马，知道他的心拴在革命这根绳上。前次回家探亲时，说过暂不结婚了。婚期一推再推，是怕成家后会被拖累，又怕成亲后牺牲连累自己……可是，翌日是九九重阳节，他就要走，这一去天高地远……

鸡啼两遍，春秀摸索着起床。从床底下拽出一钵子平时不舍得吃的鸡蛋，把黄豆倒入木桶浸泡，将一簸箕花生拌沙土炒……午后，苍翠的山路上，一个红点，牵引着一支长长的挑担队在移动。紧赶慢赶十几里路，来到于都河畔。红军战士整装待发，送行的乡亲熙熙攘攘，大家有点惊诧，不约而同地翘望，为那红衫耀眼的姑娘侧身，让出了一条通道。

"春秀——"一声亲切的呼唤。春秀看见憔悴而熟悉的面庞，"志坚哥——"执手相看，未语泪流。"我不会拖你后腿不让你跟部走……""我不要你独守空房，万一我一去不回，牺牲……"春秀伸手，一把堵住未完的话语。

情义满满两箩筐。香喷喷的茶叶蛋、金黄黄的豆包米果，让人直流口水的猪油酸菜，还有炒花生、盐豆子……一样一样往他嘴里送，往他包里塞；掀开另一只箩筐，一双双精致的草鞋，整整齐齐码放着，给他包里塞两双，腰间挂 4 双。

春秀是公认的草鞋能手，搓麻绳、捶稻草、编草鞋，一招一式毫不马虎，打出的鞋又厚又牢样式又好。9 月底就上交完 100 双草鞋，10 月里仍天天打草鞋。她在备嫁妆，嫁个当红军的男人，备最实用、最柔韧的黄麻草鞋。稚嫩的手打出了血痂，打成了草鞋纹般的茧子……

"首长、红军兄弟，今天，是我和谢志坚的好日子……来，拿鞋子，吃果子，吃了穿了打胜仗，不忘回家乡！"春秀笑着，招呼周围的人。

行军路上的"好日子"！

天呀，大家都愣住了，刘亚楼——这位在战场上叱咤风云的汉子，哽咽着。缓缓地抬起右臂，立正——敬礼！全体红军战士齐刷刷，立正——敬礼！一张张流淌着泪水的脸，向春秀、乡亲们致敬！红彤彤的日光，洒在奔流翻滚的河面。于都河，宛如一条飘动的红绸带……

"哎呀嘞——送红军到江边，江上穿呀穿梭忙。千军万马渡江去，十万百姓泪汪汪。恩情似海怎能忘？红军啊，红军，革命成功早回乡。"

朱唇轻启，春秀清亮的嗓音牵引出一片吟唱。歌声飞扬中，红军战士捧着美味的果食、精致的草鞋，捧着姑娘的一份深情厚谊，踏上柔韧的浮桥——

"春秀，打完仗我一定会回来！"谢志坚执拗的军礼，久久倒映在水面上。

山盟海誓随那几双草鞋一路征战。血战湘江、激战娄山关、四渡赤水……一个接一个恶仗，一双双鞋陪伴谢志坚一次次闯了过来。最后仅剩两只，谢志坚不穿了，把它们捆在包裹里，宿营时，拿出来看看，摸摸，嗅嗅。

时光流转，1935 年 5 月，谢志坚随大部队巧渡金沙江时，夕阳暖照，岸边山花烂漫，当地的乡亲们依依不舍挥手告别。半年前的于都河畔情景重现，故乡啊故人……谢志坚心底暖融融地穿上珍藏的黄麻草鞋。过完河，脱下放回包裹，一路继续北上。

天险大渡河横亘眼前，"十七人飞十七桨，一船烽火浪滔滔。输他大渡称天堑，又见红军过铁桥"，战斗非常激烈，随时可能牺牲，来不及想什么，谢志坚第二次穿上这最后一双黄麻草鞋，冲向连天炮火——即使死，也不与春秀分开！

爱是最好的护身符，抹去草鞋上的斑斑血迹，九死一生的谢志坚，把洗净的草鞋再次珍藏起来。

世事却无法预料，部队进入甘肃省通渭县、静宁县交界处，健壮的谢志坚突发疟疾，虚弱之极，无法行走。刘亚楼无奈地望着跟随自己出生入死的部下，把他隐藏到当地一个姓苟的族长家养病。这一留，曾经的山盟海誓便停滞了。

族长的女儿叫苟新堂，是个性格爽朗黝黑朴实的山里姑娘，她精心地护理这个英俊的小伙子。一个多月后，谢志坚的身体越来越好，心病却越来越重。每天天没亮，他就跑到后山纵身舞刀。等大家起床后，他又默默地不停歇地劈柴、下地。细心的苟新堂看在眼里，疼在心里：这个牛犊样的男人想找部队。

他终是不管不顾地走了，留下仅有的两块银圆，欠着救命之情。

人留不住人，山留得住人。茫茫大山，他莽莽撞撞没能走多远，语言不通，很快被人盯上了。保长怀疑他是红军，连夜把他抓起来审问，被吊在树上毒打。闻讯而来的苟新堂抚摸着一道道血痕，用钱把人赎了回来。再一次卧病在床，谢志坚听进了苟族长的话：追部队或者回老家，一个外地人是走不通的。他也明白地告诉苟族长：我不能留在这个家中，我有未婚妻叫春秀，她会在家里等我。说着，掏出了珍藏的黄麻草鞋。

谢志坚的老实本分，反而更坚定了苟族长保护他的决心。伤好后，苟族长介绍他到煤矿做工。他是个闲不住的人，一边挖煤一边跟工友们讲红军故事，宣传共产党的政策。当越来越多的人围着他转时，保长气急败坏，又把谢志坚抓了起来，严刑拷打，要把他杀了。

"他是我男人，谁敢动他——"苟新堂举着一把柴刀奔来，一声尖叫镇住了所有人。这个有情有义的男人、这个带给大家新思想的红军，不能就这样白白死了！碍于族长的威严，加上保释金的诱惑，保长再次将大事化小，小事化了。

爱情崇高，却不能高于生命加革命的使命。谢志坚与苟新堂结婚了，洞房花烛夜，他把最后一双黄麻草鞋藏进衣橱，藏进心房……他以合理合法的女婿身份，成了当地一名挑担货郎，一面经营生计，一面悄悄传播革命。接下来又成了孩子他爹，和苟新堂慢慢地把陌生大山经营成温暖的家。

认了他乡不忘故乡——多少次梦回于都河……每到九九重阳那一天，他便比任何时候都起得早，取出衣橱里仅穿过两回的草鞋，面朝南方，庄重地点燃三炷香。

"打完仗我一定会回来！"1951年秋，谢志坚真的回来了。携妻带子的他给家乡带来了惊喜：大家都以为他早牺牲在长征路上了。家乡却给他一个噩耗：那个说过"我会等"的春秀，一直独身痴心等待，等到新中国成立前夕，因参加革命活动被靖卫团杀害！

他一路踉跄奔到墓前，掏出那双珍藏的草鞋，双泪纵横，久久伏地。十几年了，草鞋如故，故人却阴阳两隔。一旁的苟新堂将他扶起，为从未谋面的姑娘默默点香焚纸……1954年，谢志坚辞去甘肃省静宁县十一区岷峡乡乡长职务，带着一家人回到家乡于都定居，在县副食品公司工作。20世纪80年代初，中央红军长征出发纪念馆馆长张德美得知有一双如此不平凡的草鞋，三番五次恳求他捐献。他绑上一对红心绣球，恋恋不舍地交给了纪念馆。此后，纪念馆就成为谢志坚的念想，经常独自前往拜谒。即便在1992年病入膏肓的日子，他还由儿孙搀扶着到纪念馆三次。

第二节　大盒柿果品与黄元米果制作技艺

一、大盒柿果品的制作工艺

大盒柿，主产地在于都县岭背镇等地，有500年左右的栽培历史。于都地处江西南部、赣南中部，雨量和光照均十分充足，一般年平均气温为

19.7℃，昼夜温差大，境内河流纵横，土壤肥沃，为于都盒柿的生长提供了优越的条件。

于都大盒柿果大形美，色泽橙红艳丽，无核多汁，肉质甜脆，清香爽口，清代被列为皇室贡品。它含有 15 种氨基酸，尤其含有人体不能合成且必需的 6 种氨基酸。此外，还含有维生素 C、维生素 E、维生素 B1、维生素 B2 及维生素 A。其中维生素 C 的含量高于苹果和梨，仅次于猕猴桃和柑橘。其品种有 10 多个，以平面盒柿、磨盘盒柿为最佳，皮薄肉厚、汁多味甜（含糖量 20% 以上）、容易脱涩，顶平扁圆，有四条纵沟，果面光滑，皮橘黄色，肉金黄色，无核或少核。鲜果及制成的柿饼，畅销省内外，远销港澳台。

大盒柿果品即柿饼的制作工艺：第一步，将柿果除去翘起的萼片，然后削皮，使其平整、美观；第二步，用 0.5% 的亚硫酸钠或苯甲酸消毒液浸半小时；第三步，捞出沥干，然后烘烤或晒干至表面干缩，用手或器材控压成饼后堆积 1—2 天，连晒 2 天后，再间晒 1 天；第四步，放置入缸生霜，在缸内放几天，至表面呈现白霜后即为成品。如果，晒饼时遇到阴雨天，就改为用火烘烤。

可见，大盒柿果品的制作工艺并不复杂，但每一步都很重要，环环相扣，缺一不可，需要细心和耐心。只有每一步都做好了（果品本身质量好是前提），才能制作出昔时的皇室贡品、今日的美味佳果。

制作柿脯，简便的方法是将柿果去皮去核，然后横切成 8 等份，晒干即成。

2017 年，"于都盒柿"国家地理标志证明商标正式通过注册，该商标的申请者为于都县岭背镇大合柿协会。

二、于都黄元米果制作技艺

黄元米果是客家人世代相传的传统名点，其色泽金黄，清香扑鼻，美味可口，吃起来滑而不腻，咬下去弹口而不粘牙，米香、肉香与碱水香融合在一起使人回味无穷。黄元米果是赣南客家人特有的小吃，是客家人年味的重要组成部分。因为它不仅好吃，而且其黄金般的色泽寓意吉祥如意。制作黄元米果，食材很特殊，全取自天然，是客家人亲近自然、天人合一观念的真实体现，也符合当今社会健康、绿色、环保的理念。

在赣州于都，黄元米果深受人们喜爱，家家户户每到腊月便开始制作黄元米果。手工制作米果工序复杂，这些力气活，往往都是由客家男人完成。但最后的工艺大多出自纯朴的客家妇人之手。经多番工艺修炼，带着浓浓的米香，蕴含着客家人暖暖的心意的客家美食黄元米果出炉了。刚做好的黄元米果色黄味鲜，通常用灰水浸没，藏于缸中，可留至第二年夏天。金黄的米果切成薄厚相间的条儿，加上刚摘下的新鲜蒜苗、辣椒，再把陈年里柴火灶前悬挂的腊肉割几片下来，灶头猛火快炒，调上辣酱，三两分钟就可以出锅。红黄相间的米果还冒着腾腾热气，清香四溢，带着腊肉的烟火气息，透着特殊的碱水味道，柔韧而又劲道。赣南、粤东、闽西、台湾及零散分布的客家地区都有制作食用黄元米果的传统。黄元米果和北方的年糕有点相似，但从外观色泽上看，前者如其名色泽金黄，后者多白色；在味道上，前者味道浓郁，后者则清淡。"果"这一词多指植物的果实。而在赣南，"果"却常出现于各种客家美食的名字当中。尽管它们使用的材质不同，形状各异，制作方法也千差万别，但它们却都以"果"来命名。

（一）于都黄元米果的制作技艺

黄元米果传说起源于南北朝时期，兴盛于明代，清代作为贡品供奉皇家。古代人把它称作"黄粄"。于都人在生产生活中对其不断进行新的尝试与改进，从选料到加工，最后形成独特的黄元米果的制作技艺。

1. 主要制作原料

大禾米：于都人在制作黄元米果时，尤其注重对主要原料大禾米的选择。他们往往会选用当地农民延续千年耕作的大禾谷。这种米和现今市场售卖的普通大米不同，混含了粳米和糯米的特点，吃起来软糯而有嚼劲。

黄元柴：于都的山间、河流、湖塘边等随处可拾。它是一种特殊的灌木——溪黄，烧成灰烬就得到了黄元柴灰，这也是制作黄元米果必不可少的材料，我们称之为制作黄元米果的"秘密武器"。

槐花粉：槐花在于都特别常见。它相当于一种天然的植物染料，理所当然被勤劳聪慧的于都人用在制作黄元米果当中，使黄元米果呈现出金黄色。正因如此，槐花粉和黄元柴也是一对"好搭档"。于都人将两者混合，制成一种食物添加剂，将其称为黄碱。

2. 制作工序

黄元米果的制作工艺复杂，于都人更重视主料大禾米的处理。在制作过程中，他们灵活多变，能根据家中现有的工具决定黄元米果的具体制作方法。于都人大多采取传统的手工制作方法，包括以下几道工序：

（1）制作黄碱。把摘来的槐花碾成粉末，同时，取来黄元柴并烧制成灰。然后取出未掺入任何杂质的柴灰。接下来，制作好的黄碱，一部分用来浸泡大禾米，剩余的部分再按照一定的比例，用蒸笼布将其与槐花粉一起搅拌后包裹起来，用热水浇淋以滤取黄碱水。

（2）浸泡大禾米。于都人会选择糯性强的大禾米，将其浸泡在灰碱水中大概八小时，使灰碱水渗透浸泡大禾米。这样，大禾米就能变得又软又糯。

（3）蒸米上色。将浸泡好的米用清水滤洗一遍，放到饭甑中蒸熟，随即将饭盛出，再将黄碱水倒入饭中，用木杵将黄碱水与米饭搅拌均匀上色，然后将金黄色的米饭再次入甑蒸。

（4）捶打米果。将蒸熟的黄元米饭趁热倒入石臼中，反复均匀用力捶打，使其形成糊状或坨状，以避免米饭冷却影响口感。捶打的过程非常讲究力度和速度，这当然不是纤巧的于都妇人能做的，一般要几个壮汉轮流发力。力道足，打出来的黄元米果才更有嚼劲。

（5）米果成型。捶打好的黄米糊，由心灵手巧的于都妇人捏成各种板样。最常见的是圆形、长条形，有些人也会把它捏成扁平形。为了追求美观，妇人们会在上面刻上印花。有些于都人还会将黄米糊擀成面皮，放入酸菜馅、肉馅等馅料制成包子状，放到竹筛里，待全部米糊成型后，放入锅中蒸熟，又是一道美味佳肴。

于都人通过纯手工的制作方式，使得黄元米果色香味俱全。制作黄元米果的每一道工序，每一个环节都会影响它的口感。这种恰到好处的制作方法，合理的配料比例，是形成于都黄元米果的宝典。现代化的生活方式改变了人们的一些饮食习惯，而于都黄元米果在制作方面也出现了相应的变化。人们选择将一定比例的大米和糯米混合，代替大禾米，用食用碱代替黄元柴、槐花制成的碱水。这样做，一是因为现在的厨房条件不适合烧制柴灰，二是出于食品安全和制作方便的考虑。最后，在黄元米果的成型工艺上，由机器取代人工，这样能够节省人力和手工成本。不过口味挑剔的于都人，一下就能吃出机器制成的黄元米果缺乏口感和弹性，难以唤起他们幼时的味觉记忆。从某种程度上看，用机器代替人工来制作美食是客家独特饮食记忆的一种缺失。

（二）于都黄元米果食俗传统生成的文化因素

文化的符码有时可通过一些食物来传达。于都人则通过黄元米果等食物来传达一些特殊情感，以达到沟通亲友、增进人与自然关系的目的。在这种文化因素的影响下，主客不管是在品味还是解读饮食文化的过程中，都能增进情谊，使食物发挥重要的交际功能。总之，黄元米果既是于都人的传统美食，也是客家文化的重要物质载体。

1. 于都黄元米果制作的时空条件

黄元米果制作工序较复杂，费时费力，在时空的选择上有很大局限性。通过和传承人交谈了解到，于都人制作黄元米果一般在春节之前，主要在立春前制作，以年后接待客人或赠送亲友。因为当地人认为立春之前水质最佳，而立春后制作的黄元米果则口感欠佳。且立春后季节变化，遇到南风天气，食物容易腐烂变质，不易于保存。热情好客的于都人，家有喜事之时，也会制作黄元米果给亲客享用。通过食俗活动，营造热闹喜庆的氛围，便于亲朋好友联络感情，增强宗族之间的凝聚力。而现在，多数人会前往小吃店或餐馆享用黄元米果，这也是很少有人在家制作黄元米果的缘故。由于不同餐馆的做法不一，人们也会根据自己的口味去不同门店，这就多了一些新鲜的吃法。在制作时间上，现在也不再选择节庆日或特殊日子。而在吃的时间点上，不管是过去还是现在，黄元米果都属于副食、茶点，没有食用的时间限制，体现出小吃类饮食的随意性。

2. 于都黄元米果产生的地域文化条件

于都的地形是典型的丘陵山地，黄元米果的产生也深受当地生活环境的影响。早期，于都人居住地可以说是山高水冷，生产条件十分艰苦，人员居住分散，经济发展滞后。但于都人艰苦朴素，就地取材，制作黄元米果、霉豆腐、索粉等耐吃耐放的食物。山地又可以种茶，所以于都人出门耕作配以茶水充饥。这种人文环境所创造的黄元米果的食俗传统，对当地食材有很大的依附性。例如本地的气候，一定是适合种植大禾米，且满足槐花等植物的生长条件。而黄元米果的制作方法，在客家地区大同小异，这也体现了客家人在不断迁居的过程中，很好地促进了不同文化之间的碰撞、交流与融合，从而减少了由于地形和交通状况不佳对文化互动、传播的影响。由于生活方式的改变，人们对黄元米果口味的需求也在不断更新，这也反映出人们对不同文化的调适性。于都人有自成的方言体系，但是却没有形成书面文字系统，因此黄元米果的制作技艺全凭人们口耳相传，这为赣南客家文化生态增添了宝贵的文化因子。

（三）于都黄元米果的地方性

所谓地方性，一般是指地方具有的特殊性。在不同地域的文化中，饮食文化生产凸显了地方性。饮食的地方性是地方身份的表征。于都黄元米果的地方性体现在食材选择、制作技艺、名称隐含的文化内涵，以及进食黄元米果所附带的象征意义及其在当地社会关系中所具备的社交功能。作为一种食物，其本身在物质、技术、精神层面具有地方性意义、功能和价值。[①]

---

① 李玲、程小敏：《赣州黄元米果食俗文化的地方性与传承路径》，《厦门理工学院学报》2018年第4期。

1. 物质层面

第一，制作黄元米果的物质成分包括当地延续千年耕作的大禾米，黄元柴烧制而成的灰碱水及槐花粉制成的植物染料等，不同的食物原料相互配合形成不同的口感，进而形成人们对食材内在关系原理的认知。第二，黄元米果在节日或喜庆之日被于都人用来待客送礼，这就使得黄元米果具备一定的社会交际功能，使食物不仅是"食物"，而是成为于都食俗传统不断社会化的载体。第三，现代生产生活方式的变迁，对地方性饮食产生了很大的影响。黄元米果的生产逐渐走向工业化，并且以商品的形式流通于客家人口聚居的城市，使地方美食进入市场化，并且随之走向全球化的可能性大大提升。

2. 技术层面

地方性饮食之所以能够成为"遗产"保留下来，不仅是因为食物原料本身的地方性，更主要的是制作美食的过程与技艺的地方性。黄元米果是于都人根据自己的外部生存环境创造出来的，因地制宜并结合自身具有的简易工具制作而成，足见于都人的创造精神和探索精神。

黄元米果制作技艺主要包括黄碱的制作工艺，敲打黄元米饭时力度的把握，以及将黄元米果揉捏成型的手法与技巧等。首先，黄元米果的制作技艺是客家人集体智慧的结晶，是客家人的共同精神财富。于都人把黄元米果的制作技艺以约定俗成、口传心授的方式代代传承。其次，制作黄元米果的话语权和解释权均属于于都人。黄元米果的制作技艺，不属于某个人的技艺，也不是其他群体的技艺，只有拥有这一技艺的于都人的群体，才拥有话语权。最后，黄元米果的地方性还表现为经营黄元米果所获取的经济收益方面。在于都，大部分的超市、集市，以及一些小吃摊等售出的黄元米果，基本是拥有黄元米果制作技艺的个人生产出来的。于都人喜欢走进用传统技艺生产黄元米果的家庭厨房中，追寻一种特殊的客家味道，以此追念对祖先的感怀之情。

3. 精神层面

在赣南、粤东、闽西、台湾等客家地区，经过不断的发展演变，形成了各具特色的饮食文化传统，不同的饮食文化传统形成了丰富多彩的客家文化。以黄元米果为载体的独特的客家记忆，成为赣南客家地区识别族群的重要方式。在古代，金色象征权力和财富，对饮食禁忌一向讲究的客家人，认为黄色象征着富贵和权威，黄元米果中的"黄"又与客家方言中的"旺"和"王"同音，因此，在喜庆之日制作黄元米果，有祈求财源滚滚、家族兴旺的寓意。对黄元米果的主要制作材料大禾米进行加工、制作和品尝，往往寄寓着企盼庄稼丰收之意。把黄元米果当礼品送客传达的是主人对宾客的祝福。总之，在于都人的饮食习俗中，吃黄元米果是吉利的象征。

据于都人解释，黄元米果中的"果"字，是对当地副食的一种称谓。于都人习惯将正餐以外的零食或茶点统称为"果子"。黄元米果被视为零食、果子，行使其食用功能和交际功能。

（四）于都黄元米果的存续情况

黄元米果作为一种食物，与当地人的思想观念、传承意识等都具有紧密的联系。黄元米果的制作技艺正是于都人朴实、坚韧等性格的反映。传统手工制作的黄元米果，虽然口感和味道更佳，但是，现在传统手工方式生产的黄元米果也面临着重大挑战。首先，生产工序复杂，费时费力，食品安全性也存在隐患。为了降低生产成本，提高食品安全性，生产黄元米果的一些企业或小作坊开始寻找新的产品原料满足生产需求。其次，年轻一代对于都黄元米果的传承意识也逐渐淡薄，认为制作黄元米果所产生的经济效益不大。好在当地及时采取了必要的宣传手段，唤起现代年轻人对传统饮食文化遗产的认知。如举办美食节、民俗旅游节等，都引起了当地人对传统饮食文化的共鸣，使得传统技艺的传承又焕发了新的生机。

黄元米果作为传统食品，有着上百年的历史。近年来，于都政府将黄元米果作为地方特色食品纳入了扶贫工程，成为拓宽群众致富的一条新路。中央电视台、江西电视台等媒体纷纷对其进行报道，极大地增强了黄元米果推广活动的影响力和传播力。据黄元米果的传承人透露："目前，黄元米果的制作大部分仍停留在小作坊式阶段，达不到工业化生产要求，产品质量难以保证。他希望既能通过现代化手段提高黄元米果的质量，又能保证其口感、味道与传统手工制作出来的相差不大，让黄元米果走向全国，甚至走向世界。"因此，专家建议："企业要加强传统食品生产关键技术的研究和开发，提高产品质量，满足消费者需求。随着市场竞争日益激烈，消费者对产品的需求也多样化。要使传统的黄元米果在市场上有一定的竞争力和影响力，就要重视产品自身的品牌建设。充分利用节庆举办活动、借助电商平台等方式，加强对于都黄元米果的品牌宣传，提高产品的知名度。这样不仅能增加经济收益，还能促进客家文化的传播和发扬。"

由此可见，更加标准化的生产，可有效保护于都黄元米果的传统工艺的延续。黄元米果作为赣南地区的客家传统美食，深受当地消费者喜爱，具有广阔的市场前景。目前，黄元米果的销量日益增大，但依旧存在滥用食品添加剂、非法添加违禁化学物质、重金属超标等食品安全问题，创新研发、技术落后和食品品质不能得到保障，产品质量仍是制约黄元米果大规模发展的关键因素。提高创新研发水平，推进黄元米果的地方标准的制定工作，才能真正保障和提高黄元米果的产品质量安全，才能在进一步扩大企业生产规模、提高销售量的同时，又能有效保护于都传统工艺的延续，促进黄元米果的特色产业健康规范发展。

第三节　赣南客家擂茶与盘古茶制作技艺

一、赣南客家擂茶

擂茶，就是把茶叶、黄豆、芝麻、花生等食料放进擂钵里，研磨后冲开水喝的茶饮。擂茶起源很早，在民间有诸葛亮进军湘中遭遇瘟疫，一老妪制擂茶祛疾的传说故事。据黄昇《玉林诗话》所载《盱眙旅舍》一诗曰："道旁草屋两三家，见客擂麻旋点茶。渐近中原语音好，不知淮水是天涯。"可见，研麻泡茶款客，是当时江南的一种风俗。此外，又据汪曾祺先生引《都城纪胜·茶坊》之"冬天兼卖擂茶"，说明至迟在南宋时期的南方，擂茶已经较为常见。据调查，赣南客家地区普遍都有制作以及喝擂茶的习俗，其中，于都擂茶尤为著名。

擂茶的主要原料为芝麻，再按一定的比例配上花生、黄豆、茶叶、生姜、茴香、八角、茶油、食盐、薄荷、米及油（以茶油和花生油为宜），有时也加些野菜，如黄鳅菜等。采用的茶叶一般为茶树的老叶，采回来后先用水煮，然后将煮过的茶叶清洗干净，最后晒干，收起备用。在研制擂茶之前，要将花生油炸好、白芝麻炒好备用。

擂茶的材料因各人喜好而异，食用方式也由此有所不同。如果以绿茶、花生、芝麻、谷类、麦类、豆类（绿豆、黑豆、红豆、黄豆等）以及中药材（淮山、莲子、薏芒等）为原料的，大多就是混合研磨后加水，单纯当作饮品用。而如果是用来取代正餐的擂茶，则会加入大量的米籽，并且搭配一些热炒小菜。

擂茶有一套制作工具，被称为"擂茶三宝"。这"三宝"，一是口径50厘米且内壁有粗密沟纹的陶制擂钵；二是约80厘米长的擂棍；三是用竹篾制成的捞滤碎渣的"捞子"。擂茶棍要选择质地坚硬、耐磨的可食杂木，如黄姜树、山姜树、茶树等。这些杂木磨出的粉末具有保健价值和独特的清香，很适合用于擂茶棍的制作。擂茶棍一般是用一根粗的杂木，长短2—4尺不等，上端刻环沟系绳悬挂，下端刨圆便于擂转。擂茶钵是内壁布满辐射状沟纹而形成细牙的特制陶盆，呈倒圆台状。擂茶时大多数人习惯于坐姿操作，左手协助或仅用双腿夹住擂茶钵，右手或双手紧握擂茶棍持，手握擂棍沿钵内壁顺沟纹走向，进行有规律的旋磨。制擂茶者坐好后，首先将茶叶、盐放入钵中进行擂转，茶叶粉碎后将茶叶等研成碎泥，即用捞子滤出渣，钵内留下的糊状食物或叫"茶泥"，或称"擂茶脚子"。然后，再加入芝麻擂转，擂转一会后加入花生，当花生磨碎后放入油，直到所有加入的原料都擂成了酱状茶泥，将茶泥放入茶罐，冲入沸水，适当地进行搅拌，就制成了颇具特色的客家擂茶。如擂茶制作得较多，也可以存放起来供以后食用，制作好的擂茶能够保持2—3个月。

擂茶是一种非常可口，食之难忘的茶饮料，它清香甘甜，不仅有茶叶的清香，还有芝麻、花生、豆子等的混合香味、生姜的辣味以及茴香、八角、薄荷等的特殊香味，可称得上是一种集香、甜、辣于一体的复合型的浓烈多味茶。擂茶的保健功能也是为世人所称道的。据说，擂茶对常年生活在大山幽谷，瘴气较重的客家人有着独特祛邪健身的功效。擂茶加上一些中草药还有其他功能，如加上甘草、夏枯草、茵陈、白芍等有清热之功能；加上藿香、鱼腥草、陈皮等，则有防暑之功能。

在于都，几乎家家户户都有一年四季喝擂茶的习惯。客家人的擂茶，茶味纯，香气浓，不仅能生津止渴，清凉解暑，提神醒脑，而且还有健脾养胃之功能。尤其是哺乳期的妇女更是离不开擂茶，因为常喝擂茶能够保证奶水充足。客家人无论是婚嫁喜庆，还是亲朋好友来访，都要请喝擂茶。客家人热情好客，用擂茶款待远道而来的客人更是隆重的传统礼节。

二、盘古茶制作技艺

盘古茶制作技艺是于都县绿茶加工的一项传统技艺，主要分布在江西省赣州市于都县盘古山镇，尤其是长龙村一带。盘古茶外形细直、圆润光滑，茶叶遍布白毫，其色、香、味、形均有独特个性，颜色鲜润、干净，不含杂质，香气高雅、清新，味道鲜爽、醇香、回味微甘。其制作技艺也很有特色。

（一）历史渊源

据《赣文化通典》记载，江西产茶历史悠久。汉、魏六朝时期，江西茶叶及茶区均有发展，自南至北皆有茶饮。九江、吉安、宜春、赣州、上饶等县市均产茶。

盘古茶古称"盘固茶"，据同治版《赣州府志》记载，"盘固茶"在古代一直到清乾隆年间曾经长期作为贡品。到了清代康熙年间，"盘固茶"便在于都县城贡品三角街（锦绣坊）设店铺销售。此后100多年的时间里，"盘固茶"由御用贡品转变成零星散种，成为茶农谋生的一种手段。至今，山上仍有古茶树存活。

1930年4月，毛泽东、朱德率领中国工农红军进入会昌。1930年6月，毛泽东写下《仁风山及其附近》调查报告。报告里提到，毛泽东品尝过老表从盘古山捎来的茶饼后，说盘古茶长在山里，红军也长在山里，盘古茶就是红军茶。

据传，中央红军离开于都进行长征后，项英、陈毅领导的分局办事处进入茶梓地区（当时长龙村属于茶梓区）。在茶梓补给修整期间，黄启英凭着自己掌握的中草药知识，不仅治好了陈毅的伤，也治好了红军战士的伤病。在那个缺粮少药的年代，黄启英和乡亲们把茶叶做成茶饼，还用茶叶换粮食、油盐和药品，从而缓解了当时被封锁的危机。

新中国成立后，盘古茶迎来了生机盎然的春天。1988年，盘古茶厂建成，黄清波任副厂长，负责茶叶种植与管理，拥有100亩茶园。1993年，茶厂改制为私营企业，更名为"于都县盘古龙珠茶业有限公司"，黄清波任公司负责人，统筹负责公司全部事务。近些年，公司又加大投资力度，打造万亩茶园，精制有机茶，同时在茶山上套种板栗、红心柚、黄金柚、三红柚、杨梅等果树，将盘古龙珠茶场打造成集茶叶种植与加工制作、生态旅游于一体的绿色基地。黄清波还特地划出300多亩茶园由周边村民进行日常管理，茶厂负责收购鲜叶，为村民增加收入，带领村民脱贫致富。

1995年，黄清波与黄正生、李淑美、曾宪东等人合作，成功研制出"盘古龙珠茶"。10月，"盘古龙珠茶"因外形紧细圆整，似一颗绿色珍珠，绿润披毫、香气高纯又富有特色，滋味醇厚尚鲜，颜色嫩绿明亮，获得全国第二届农业博览会金奖。1996年，"盘古龙珠茶"制作工艺在中国青岛首届国际农业博览会上荣获高科技制作奖。1997年"盘古龙珠茶"在中国国际茶会上荣获银奖。2004年8月，"盘古龙珠"系列名茶被首届中国民营经济高峰会在人民大会堂作为指定用茶。2010年10月，"盘古龙珠"系列茶叶在北京人民大会堂召开的"建国先锋——共和国杰出人物国庆座谈会暨国庆庆典"宴会中被指定为宴会专用茶。除此之外，"盘古神茶""盘古银毫""盘古茶""盘古毛尖"等系列绿茶，多年连续获得省、市优质名茶称号。"盘古"牌商标分别于 2010 年 10 月、2013 年 12 月经江西省工商行政管理局、江西省著名商标认定委员会连续认定为"江西省著名商标"。2012 年 12 月、2014 年 8 月"盘古"品牌被中华全国供销合作总社、中国农产品流通经纪人协会连续认定为全国"百佳标准化农产品品牌"、全国"百佳农产品品牌"。

（二）分布环境

于都县盘古龙珠茶业有限公司位于赣州市于都县盘古山镇长龙村，东与会昌县相邻，西南与安远县交界。盘古茶茶山属雷公坑、盘龙、马老塘、马地脑、合江圩、腊坑等 6 个村民小组的山坡，东邻三山背，南靠豪猪坳，西接长坑迳，北依梅子山，海拔高度近千米，森林覆盖率高，相对湿度大，环境优美无污染无公害，是个得天独厚的茶叶产地。

盘古茶产地处中亚季风湿润气候区，具有气候温和、雨量充沛、光照充足、四季分明、无霜期长的特点。作为南岭山系九连山余脉的延伸，受地质构造的影响，此处四面高山峻岭，东有龙王山，西有祁山、禄山、密石顶，北有屏坑山，东南有梅子山，西南有耀子嶂，中间有盘古山盆地（也称"仁风盆地"），地势东西北三面高，东南面低，溪水往东南流，其地势特点符合盘古茶种植要求：光照充足、利于排水，茶树遵循宜山则山、宜坡则坡，选向阳肥沃地块种植。

（三）制作工艺

盘古茶有"盘古龙珠""黄金茶""盘古神茶""盘古银毫""盘古茶""盘古毛尖"等系列绿茶。盘古茶的主要工序有：鲜叶采摘→摊晾→杀青→揉捻→做形（炒胚）→摊晾→烘干。在制作过程中，根据产品系列的不同进行微调，如"盘古龙珠"茶的做形工序就细分为缩包、人工挑选、手工成形。

1. 鲜叶采摘

一般在谷雨前后采摘一芽一叶初展（也可一芽两叶初展），要求鲜叶嫩肥、匀齐、干净，多茸毛。不采雨水叶、对夹叶、鱼叶、紫色叶。做到分批采摘，分级付制。

2. 摊晾

采摘后的鲜叶，在炒制前，要进行适度的摊晾。摊晾选在阴凉清洁、空气流通、有清洁水源的地方。用竹制圆平筛倾斜放置。茶叶不宜过厚，高温叶、雨水叶宜更薄，每 1—2 小时翻动一次，动作要轻，摊叶呈波浪形，以利散温。鲜叶摊晾一般不超过 12 小时。

3. 杀青

杀青时用铸铁锅，锅温控制在 120℃—140℃，投叶量保持 0.5 公斤左右（根据鲜叶老嫩程度酌定）。锅温感观表现为白天锅底泛白，晚间锅底泛红，即合适温度。鲜叶投锅后用双手或单手捞起茶叶，翻转手掌，手心向上，均匀地将鲜叶沿锅壁撒下。要捞得净、撒得匀、杀得透、带得轻、压得适中，做到手不离茶，茶不离锅。待鲜叶在锅内炒至茶叶叶面不再相互黏着（约六成干），即出锅进行下一道工序。杀青适度的鲜叶，颜色由鲜绿变深绿，失去表面光泽，闻无青草气、略带茶香，耳听有爆裂声，两手握叶质变软，略带黏性，梗折不断，紧握成团，放开即散。杀青不足的鲜叶，带有青草气，滋味青涩，抚捻易碎，茶汁易流失，水色变黄，品质较低。杀青过度的鲜叶，叶质脆硬，叶底黄熟，香味平淡，水色混浊，品质差。

4. 揉捻

揉捻要求嫩叶温揉、粗叶热揉，装叶适当、加压适宜，分次揉捻，充分解块。揉捻时，开始宜轻，中间宜重，嫩叶宜轻，以免毫尖损碎。夏秋茶老嫩不匀的鲜叶，应分次揉捻，中途筛分，筛上复揉，充分解块。

揉捻以茶汁揉出、黏附叶面、手感润滑为宜。高中档成条率在 80%—90% 以上，低档在 70% 以上，细胞破坏率掌握在 45%—65% 之间。揉捻结束后茶叶要及时保持干燥，如茶叶量较多，来不及保持干燥时要薄摊，避免厚堆泛黄，影响品质。

5 月下旬后的春尾茶和中低档夏秋茶，炒制工序一样，但揉捻时间稍长，因茶粗老，用手很难做成卷曲条状。因而，传统上采取爬天梯脚蹬法来揉茶做形。其方法是：在长拂子上铺上门板，把炒好的茶胚装进一个白布做的口袋并扎紧，然后爬上梯子（梯子是斜放的）用脚从上往下蹬茶口袋。这样多次进行，茶胚蹬成卷曲状并出现茶汁即可。然后散热解块进行烘干。这就是传统的脚蹬手揉制茶方法。

5. 做形（炒胚）

做形是茶叶进一步蒸发水分，发挥香气，外形达到细、圆、光、直的关键工序。做形过程包括赶条和理条。

赶条：茶叶投入后，开始以裹条为主，要求紧握炒茶把，炒茶把尖稍碰叶条，作上下直线摆动（也有作左右摆动，以上下动作的质量为好），带动叶条作上下转动，赶直茶条，炒至茶叶叶面不再相互粘着时（约七成干）即可进行理条。赶条可与杀青同时进行。

理条：包括搓条、抓条和甩条三种手势。搓条时，将茶合抱手掌内，一手向前、一手向后，朝一个方向搓条，并使叶子不断落入锅内。抓条时，掌心向下、虎口张开、四指并拢伸直，然后拇指和四指同时弯曲，将叶条一部分一部分抓到手心。甩条时，要手腕和手指同时抖动，但不能抓紧。使叶条在手掌内灵活转动，一方面理顺茶叶条成束，另一方面叶条相挤压起紧条作用，然后用腕力将小部分叶条从虎口甩出，离锅心五六寸高处沿锅顺序落下，通过甩条使叶条与锅壁接触受热并散失水分，同时使叶条拉直。

根据不同的系列产品使用不同的理条手势，但都要求抓得松、甩得匀，动作要轻，防止扁条和毫尖断碎。到茶条定型，达九成干，即出锅摊放。

6. 摊晾

做形后的茶胚，均匀地摊放在烘头上（烘头直径85厘米），每烘头摊6锅叶，约1.5千克。摊晾过程中不要乱翻动，免得茶条弯曲。

7. 烘干

烘茶俗称"炕茶"，分初干、足干两个过程（称"拉烘"），主要是蒸发水分至足干，以便贮运。

首先将烘头放在茶烘①上，初干温度 70℃—90℃，翻叶时要将烘头轻轻放在烘茶岸子上（或圆筅子内翻动），再用手拍打烘头，使茶胚叶条顺序滑落到烘边上，以免茶末落入灶炕内产生烟味。烘至九成干下烘，摊放至茶胚内，促使水分均匀分布，再进行复烘，俗称"拉足火"。复烘采用文火烘熔，温度 50℃—60℃，要做到勤翻勤看，烘至足干为止，待冷却后入库存放。足干标准以手捻干茶成粉末状，无小颗粒为准，此时干茶含水量在 6% 以下。

烘干后的盘古茶就可以进入包装、贮运环节了。因盘古茶从茶树种植到茶叶制作全程未添加任何化学成分，常温下即可保存运输，不变质不变味。

（四）盘古茶的历史文化价值及药用价值

于都盘古山本身就拥有非常丰富的历史文化内涵。于都盘古崇拜风俗，把盘古当作是开天地、造人类、产万物的民族始祖而祭祀。于都有著名的"盘古山"——虽然国内称为盘古山的地方有多个，然而于都是我国最早也是极为重要的盘古文化中心。除了盘古山，于都还有一座极为重要的"盘古帝庙"，供奉盘古大帝。在盘古诞辰日，民众会自发地在此举行纪念庙会。庙会期间，气氛热烈，非常热闹。

盘古茶从元代开始就被选为贡品，其制作工艺历史悠久，文化深厚。盘古茶制作技艺完全体现了中华民族在生活、生产、生存的历史演变，是传统观念、习俗、社会与家庭等多元文化孕育而生的中华本土文化，是一部拥有千姿百态、异彩纷呈、文化厚重的史书，是中国古代先民集体劳动和智慧的结晶，也是中华文明发展演变的实物见证。

盘古茶制作技艺是我国茶文化的一部分，是我国绿茶制作工艺中的重要遗产。它的工艺通过世代口授心传，延至今日得到发扬和传承，是盘古茶制作技艺技术的一种革新，非常具有茶文化的研究价值。

盘古茶还在一定程度上具有药用价值及保健作用。盘古茶具有茶多酚、氨基酸含量高的特点，在清头醒目、除烦止渴、润肺化痰、消食解腻、利

---

① 茶烘：竹子做的，中间凸起，外沿高，一圈低，便于盛茶，扩大茶胚接触面积。

尿、抑菌解毒、降血压、降血糖、降血脂、保护牙齿、减肥美容等方面有一定的作用。

（五）传承人及传承困境

盘古茶制作技艺是先辈智慧的结晶，是农工技艺的代表，是具有社会共识价值的原创产品，现多为民间零星生产，唯有于都县盘古龙珠茶业有限公司存续状态最好，品质最纯正，工艺得到传承和保护。而手工制茶效率低，完整掌握盘古茶手工制作技艺的人很少，制茶传承面临着青黄不接的窘境。

据了解，盘古茶的传承人有：

黄贞粹，字乘纯，生于清道光十三年（1833）十月十二日，殁于光绪六年（1880）六月初八。

黄祥桂，贞粹次子，字馥声，生于同治元年（1862）十月初四，殁于民国十五年（1926）三月。

黄啟英，生于宣统元年（1909），2004年4月27日去世。

黄东长，生于1941年10月11日。

黄清波，生于1958年10月18日。

黄华勇，生于1978年7月5日。

第四节　于都土法榨油技艺与小溪酒饼制作技艺

一、于都土法榨油技艺

土法榨油技术是于都县流传悠久的民间传统技艺，现已被评为非物质文化遗产，其主要盛兴于于都县的罗坳乡、罗江乡、宽田乡、新陂乡等地，是一种传统的民间工艺，属于家庭作坊性质。土法榨油技术的发展是传统劳动人民生活的缩影，其运用技术是过去丰富生活智慧的结晶，不但如此，其蕴含的工匠精神和文化内涵也非常的深厚。早先人类为了满足生活需求，发明了榨油技术。在科学技术的迅猛发展的影响下，新型技术对传统技术产生了巨大冲击，土法榨油技术在现代与传统的夹缝中艰难生存。为了维护土法榨油技术这一非遗脆弱的生命力，实现非遗的生产性保护，笔者前往于都县开展田野调查，以于都县土法榨油为主要田野点，深入了解于都土法榨油技术的历史渊源、生产变迁、制作工艺、保护现状等。

（一）历史渊源

古语云："柴米油盐酱醋茶。"农耕时代，人类为了生存所需要的食用油，刚开始是从动物身上摄取油。久而久之，这样的方法不能满足人类的需求。后来，人们开始尝试从植物上获取油，这其中还有一个典故。相传，约公元557—581年，从中原地区搬迁到江西赣南地区的一个木匠，发现在山上生长着许多油茶树，茶树上结满了茶子。这种果子的果仁所含油脂丰富。天资聪颖的木匠便在原有的石槽榨油技术上进行了改进，最终建造了"盘碾锤撞"的新型榨油坊。榨油坊结构简单，主要由水车、碾盘、榨槽木以及撞锤组成。在经历千百年的探索改进之后，形成了一套完整的榨油工艺流程，这就是土法榨油技术。

运用这种土法榨油技术榨出的油醇香四溢，颇受大众喜爱。人们通常都是采自己家附近土生土长的、原生态的木梓仁，木梓仁天然长成，自带淡淡的木梓仁香味。在制作过程中，所有使用的榨油工具，比如釜甑、榨槽、木盆等，都是由当地的树木手工制成，不经过科技加工，依然保留原生态的、天然的香味。木梓仁的香味加之制作工具的香味，让榨出来的油醇香四溢。除此之外，运用土法榨油技术榨出来的油品质较高。在运用土法榨油的过程中，所用原料都是纯天然无污染的绿色原料，经过专业榨油人员的精心碾榨，所出的油品质较高，深受广大劳动民众的喜爱。用传统榨油技术榨出来的油制作的炸、炒之类的食物，口感爽脆，口齿留香。

土法榨油技术是基层劳动人民最依赖的获取食用油的方法，各地呈现出不同的形态。新时代到来，国情不断变化，各个行业欣欣向荣，尤其是实施新农村政策以后，农村的传统生活受到了新型科学技术的冲击，其中土法榨油这种传统技术尤其明显。随着社会的变革和技术的革新，土法榨油技术继繁荣之后面临着淡出历史舞台的危险。

（二）生产变迁

1. 土法榨油技术的变迁

早期人类是生吃食物，后来知道用火烤熟之后再吃，这样不仅可以比较好地消化，而且还减少了肠道疾病的出现。用火将食物加工熟，这只是填饱肚子，维持生命的最低要求。后来，人们开始对饮食有了口味的要求，这就不得不提食用油的重要性了。最开始由于社会生产资料的限制，加之当时的植物种类还没有现在丰富，动物油提取更为方便、快捷，所以当时人们以动物油脂为主要的食用油。后来人们发现有些植物也可以通过挤压溢出黏稠的液体。这些液体经过加热，会产生一种特殊的香味，与食物放在一起烹饪，可以增加食物的口感，挑起人们的食欲，由此，产生了植物食用油。

伴着人类文明不断发展，生产力不断提高，油料作物的种类不断丰富，种植面积不断增加，人们提取加工食用油的技术也越来越成熟。尤其是张骞出使西域之后，带来了很多新的油料作物，比如胡麻、大豆等。为了满足人们的要求，榨油作坊出现了。这些榨油作坊巧妙地利用水车推动油磨转动，利用杠杆原理进行压榨……这些简单的机械工作代替了大量的人工劳动，由此，发明了原始的"榨油机"。

18 世纪工业革命以后，人类进入了工业化时代，随之人类食用油提取技术也不断提高。发展至今，优良的大型螺旋式榨油机已经普遍运用于我们的生产生活。相信无论科技如何发展，我们经过数辈先人实践总结出的榨油的核心技术会代代流传下来。

2. 茶油功能价值的变迁

通过查阅相关资料可知，很早之前人们就发现了通过土法榨油，榨出的茶油具有其他植物油无可比拟的优势。"彭祖茶籽煲汤，巧治尧帝体虚"这一传说，就是茶油发展至今仍然市场需求巨大的渊源。当时作为部落首领的尧帝，每天日理万机，积劳成疾，最后竟卧病在床。彭祖听说后，依据其独特的养生之道，特地为尧帝煮了一碗香气逼人的野鸡汤。尧帝一饮而尽后，次日容光焕发。一碗普普通通的野鸡汤竟然能够具有点水成药的养生功效，其中的奥妙就是在汤里放入了茶籽。茶籽的茶油通过炖煮充分"榨"出来，浸入野鸡汤中，不但增加口感，而且还达到了养生的功效。据此可以看出，很早之前，人们就已经发现了茶油具有养生的功效。随着人类科学技术的不断创新，人们发现茶油中维生素 E、角鲨烯、单不饱和脂肪含量较高，且茶油口感纯正，健康味美，这就使得各大厂商纷纷生产茶油。同时，人们还发现茶油还具有护肤美容、延缓衰老、明目亮发的作用。除此以外，茶油还具有活血化瘀、润肺解毒、消肿止痛的作用。婴幼儿和孕妇都可以使用，每天空腹食用可缓解便秘。

茶油多样化的实用价值，使得茶油产品也愈加丰富，应用领域也愈加广泛。榨油技术的发明、茶油的榨取以及茶油产品的普及，无一不是先辈们创造力的体现。土法榨油技艺作为一种人类生产变迁的见证者，在社会发展历程中，经过不断的发明创造与改进完善，在提高生产效率的同时，也满足了人们的生活需求。

（三）制作工艺

1.原料及工具

于都土法榨油所需要的原料和工具非常简单，其所需工具有碾盘、水车、木甑、灶台、铁箍、木油榨、撞锤、釜、盆子、缸、稻草垫等。其中榨油有四大传统工序：碾木梓仁、釜甑受蒸、踩制油饼、取油。所有工序都是纯手工完成，其中蕴含着超高的技能、技巧以及技艺价值。

木梓仁是最主要的榨油使用原料。木梓树是一种常绿小乔木，种子富含油脂，可用来榨油。由于于都所处地的气候条件、地形条件较符合木梓树的生长，因而，当地村民多以木梓仁为原料进行榨油。木梓油颜色清亮，营养价值高，贮藏难度小，是食用油的不二之选；除此之外，油质不好的油可作为工业用油，如润滑油、防锈油等。木梓枯饼可以作为农药防止虫害，也可以作为提高蓄水能力用物。

榨油最主要的工具就是木油榨。木油榨一般是由一根完整的杉原木经过凿制而成，长 4.3 米，围径 2.55 米，其中矩形口长 1.24 米，宽 0.17 米，进深 0.75 米。

榨槽呈圆形，其直径约 0.3 米。槽底凿有专用于流油的一个小孔。

2. 四大工序

（1）碾木梓仁。每到秋季，油茶籽收获后，村民们便会拿着收获的木梓仁来榨油，热闹似过年一样。为了借用自然力，榨油坊经常会选择水能资源丰富的地方建造。这样利用水的流动产生力以带动碾盘。榨油水车，其原理跟灌田的水车一样，唯一不同的是增加了一条连接杆。这条连接杆又与碾盘连接，从河溪里把水引到圳里，水圳哗哗地流，水冲到水车的兜兜里。水车转，带动碾盘一起转。水量大流速快，碾盘就转得快，反之亦然。操作碾盘的人，需要把握好碾盘转动速度的快慢，然后均匀地往碾槽里加入焙干的木梓仁，碾成细腻的粉末状即可。

（2）釜甑受蒸。这一步骤跟我们平常甑蒸饭大致一致，区别在于不盖盖子，目的是要让木梓仁浸满热气。这一过程，对温度的要求很高。那么应该怎么判断温度呢？一般而言，有经验的人，往往能够通过手的触觉很好地判断出温度。

（3）踩制油饼。这不仅需要掌握木梓油饼的软硬程度，而且还需要一定的体力。首先可把一个圆形铁箍模具放进木盆里，再在铁箍内放一个稻草结。这个稻草结一般是事先制作好的，大致形似笊篱样。然后将稻草结均匀铺开，再把受足了热气的木梓粉末倒进去，用稻草包起来。这样可以有效避免踩踏时木梓粉流失。最后踩踏成木梓油饼即可。关于这一步骤有一句俗语这样说："包枯没得巧，靠得一把草。"足见其重要性。当稻草少时，踩木梓油饼时就会使木梓粉流失；当稻草多时，踩木梓油饼时就会裹油，导致出油率不高。因此，踩制过程也有"只能烫脚，不能凉枯"这一说法。在这一工序中关键是要踩得匀称和及时。

（4）取油。这是榨油的最后一道工序。这一工序最重要的工具就是撞锤。撞锤直径 15 厘米，大约有三四米长，并且由一根木钩从屋梁上牵引。这样既牢固又方便撞击。为了保障撞锤的实用性和发力度，人们往往会在撞锤上包裹铁皮。在其使用过程中要安装好榨油楔子（又称为"行坚"），还要安插一个倒插，主要为了方便装卸。同时，为保护油坯（木梓油饼）不被弄坏，还需要装上一个圆形木板和一个四方形木板（俗称"狗脑"）。需要注意的是撞锤击打楔子时要"打打停停"，不能持续撞击，而且每次撞击都要判断力度，力度使用均匀，出油量就高。当槽底的漏油孔有油漏出来就标志着榨油工序结束。

（四）保护现状

传统的榨油技术向人们展示着过去劳动人民的生活智慧，然而，推陈出新、革故鼎新本就是时代发展的必然。随着科学技术的发展，机械榨油如雨后春笋般出现在农村地区，充分展示了新时代新科技的优越性。传统的榨油技艺由于需要水力来运作，所以对于榨油坊的选址具有严格的限制；传统的榨油出油方法主要是靠人力，劳动力需求大出油率也较低。后来，通过设备革新和技术改进，土法榨油虽然减少了对场地的选址标准，也提高了出油率，但是仍然需要大量的劳动力。其投资量大、价格高、费时费工、技术要求严格等问题仍然限制了其走向更大的市场。老式榨油机，作为一种代表性的民俗物，见证了人类文明历史，承担着客家先民的智慧，其历史的价值不应低估，如果不加以保护，将会销声匿迹。因而，其进一步开掘和打造老式榨油技术，将其纳入非物质文化遗产保护的范畴刻不容缓。

于都土法榨油作为一种传统的、蕴含丰富文化内涵的技术，从技艺角度来看，没有复杂的工具制作程序、繁多的加工制作过程，也没有大量的生产消耗。整个榨油过程中，全部都是就地取材，可以说是全程绿色生产。从文化角度来讲，农村榨油技术深受传统文化的影响，同时又是传统文化的重要载体和具体的表现形式，不仅体现了老百姓勤勤恳恳、不怕困难的劳作精神，而且在制作过程中体现出创造精神和生活智慧。

在农业社会中，传统工艺的发展是人们制造工具和利用工具的体现，同时也是人们物质生产和精神生活的最重要载体。但是进入新时代以来，社会发生了巨大变化，新型技术对人们的生活产生了巨大影响，而这样一种传统的民间工艺也由于新型技术的入侵，在人们的生活中变得越来越稀有，甚至绝迹。现在只有在一些相对落后的小村庄里依稀可以找见当年的榨油坊，但是能够掌握传统榨油技术的人已寥寥无几。面对这样的发展局面，我们作为新一代的年轻人，要保护这种传统的工艺，积极为土法榨油技术的传承出力，保证其不要被社会的发展洪流淹没。

除此之外，对于一项工艺的传承，我们要注意理性传承，也就是说，不要不加评判地盲目传承，而是要有所取舍地传承。时代在发展，技术也需要发展，因此，我们要结合时代的发展要求及科学的发展趋势，以一种全新的方式传承优秀的传统文化和传统工艺，只有这样，我们才能在发展中进步，进而将土法榨油这项技艺一代又一代地发展下去。

于都土法榨油技术从一种边缘技术发展到主流技术，再受到新型技术冲击从主流技术渐渐淡出历史舞台，这是历史发展的必然，也是对传统技术的考验。笔者认为，要想使土法榨油技术复兴，不仅要进行技术革新，还必须要将其产业化、商品化。我们通常提及保护非遗都会想到将其文化、技艺、风俗民情等进行重点保护，尽量地保留其完整性、原生态，但是却忘记了"有信仰的活动才有生命力"的道理。"皮之不存，毛将焉附"，载体不存在了，这些非遗技艺还能传承下去吗？随着历史的进程和时间的推移，非遗的传承不仅要紧紧依附传统这条主线，还要不断地融入现代社会发展元素。传统的土法榨油技术，榨出的茶油营养价值高，但是适用渠道单一，生产过程费时费力，而通过现代技术的改良，生产过程便捷高效，适用渠道也越来越多样，受众范围也越来越广泛。因此，非物质文化遗产的保护，不但要以全新的内容和完善的方式来呈现，还要与时代同步，紧跟时代潮流，这样才能增强其生命力。

二、于都小溪酒饼制作技艺

两百多年来，于都小溪酒饼在当地广受人们的欢迎，销往了周边各地，颇具名气，极大地影响了该地及周边地区的造酒业和酒精行业。时至今日，小溪乡黄泥塘村锣鼓组（现在简化为罗古组）祠堂上头的 50 多户虽然还掌握着小溪酒饼的制作技艺，但仍在制作小溪酒饼的人家仅有 10 户了。小溪酒饼处在十分危险的消亡境地。为了真实地反映当前于都小溪酒饼的制作工序及留存情况，在已有工作的基础上，笔者于 2021 年 5 月赴于都县小溪乡罗古组进行实地考察，在小溪酒饼传承人钟灵辉先生的帮助下，深入调查小溪酒饼的制作技艺，试图以文字的形式对市级非物质文化遗产——小溪酒饼的制作技艺进行保存记录，以期实现其有效抢救和保护。

（一）于都小溪酒饼的历史渊源

于都小溪酒饼又称"小溪酒药""锣鼓酒饼"。其"锣鼓酒饼"的名称由来离不开它的主产地——江西省赣州市于都县小溪乡黄泥塘村锣鼓组的传说。罗古组的生态环境十分优美，地理上依山傍水。相传，锣鼓组内有一座石山，临近河水，水击石山时发出的声音像是在敲击锣鼓一般，"锣鼓组"便由此得名。其中，小溪酒饼名称中的"小溪"也与地名相关，因为锣鼓组所属于小溪乡。笔者在以下论述中，将以小溪酒饼作统称。

有关小溪酒饼的传说，当地人有不同的说法。笔者此次主要搜集到了两种说法，其中，这两类说法既有相同之处又有不同之处。当地人一致认为，小溪酒饼最早在清乾隆年间便已开始出售了。相传在那时，有位名叫肖荣声的外地人同妻子逃难到了罗古组，并留在此地做长工。发生分歧的地方在于热心招待肖氏夫妇的人物及最先制作售卖小溪酒饼的人物上。小溪酒饼传承人钟灵辉先生讲道："那时候，在农闲时，我们罗古组祠堂的上头农户却待他们很好，给他们饭吃，在肖荣声生病时也喊他去看病，待他们和自家人一样。他们很感激，于是肖荣声在自己将死之时将制作'酒饼'的秘方告诉了罗古组祠堂上头的农户。"[①] 小溪酒饼传承人钟灵辉先生在讲述这一传说时，

---

① 访谈人：笔者。受访人：小溪酒饼传承人钟灵辉（男，53 岁）。访谈时间：2021 年 5 月 29 日。访谈地点：江西省赣州市于都县小溪乡黄泥塘村锣鼓组。

从家中书柜里拿出了自己手抄的钟氏族谱，向我们讲述族谱上记载的钟氏先人钟学烈与小溪酒饼之间的渊源关系。他指出，钟学烈，字承谟，生于康熙三十二年（1693），殁于乾隆三十三年（1768），是钟氏制作出售小溪酒饼的第一人。而当地另一种说法是肖氏夫妇落难到罗古组，在当地钟姓十五世祖钟德容（原名达容，字玉和）家中做长工，钟德容待他们如家人一般。最后肖荣声在死前将制酒秘方告诉了他。且据《颍川堂钟氏族谱》记载，钟氏先人钟德容是经营小溪酒饼的第一人。通过调查我们了解到，当地人对于招待肖氏夫妇的人物和首先制作售卖小溪酒饼的钟氏先人的说法虽然有所分歧，但均认同现今仍存的钟氏祖坟中还藏有当初肖荣声夫妇赠予的小溪酒饼的秘方文本记载。且随着这类传说一代代流传至后辈，制作小溪酒饼的技术秘方也一代代地流传下来。至今，其后辈钟子庆已将该秘方传给儿子钟灵辉。目前，"酒药"的秘方已经传至 10 余代了。

（二）小溪酒饼的原料与工具

制作小溪酒饼的具体流程：采割、粉碎、浸泡酒饼草和桃叶→早稻谷碓粉→和浆拌匀→碾饼切块→筛制酒饼→撒酒饼粉末→一次发酵→二次发酵→晾晒→贮存。在制作小溪酒饼时，最为关键的步骤是发酵过程中对于发酵温度的把握，这种"度"的把握需要制作者有丰富的实践经验的积累。

1. 小溪酒饼的原料准备

制作小溪酒饼所需原料有早稻谷、酒饼草、桃叶、清水及上一年制作且保存完好的小溪酒饼。

早稻谷：早稻谷是当年种植且收获的第一季稻谷，生产周期比较短。与晚稻谷相比，早稻谷的米质比较疏松，黏性比较弱，透明度、光泽度、耐压性均较差，糊化后的体积较大，更适合制作小溪酒饼。

酒饼草：当地十分常见的一种植物。制作小溪酒饼的农户们会在家中随意种上几棵，他们的门前或院中更是随处可见，但并不需要大规模种植，在端午节过后开始采摘。

桃叶：取自桃树，可入药，味辛、苦，具有清热解毒、祛湿和杀虫之功效。

2. 小溪酒饼制作工具

于都小溪酒饼制作所需要用到的工具主要有石碓或碾米机、水桶、大木盆、矩形框架、刀具、竹筛。发酵房内设有保温床、大圆簸箕、麻片、稻草席、棉被等。

其中，石碓或者碾米机用来将早稻谷、酒饼草及桃叶打碎成粉；水桶用来浸泡酒饼草和桃叶；大木盆则用来做搅拌的容器；矩形框架用来给酒饼初次定型；刀具用来将酒饼切成小块；竹筛用来筛选酒饼的大小，保证其大小更好分类和更为均匀；保温房、麻片及稻草席或棉被等为酒饼发酵提供温度条件；此外，稻草席也在晾晒酒饼时发挥作用；大圆簸箕在酒饼二次发酵时用来盛放酒饼。

（三）小溪酒饼制作技艺

于都小溪酒饼的制作时间，一般集中在每年七月至九月。这段时间气候比较干燥，温度较高，湿度适宜，适合小溪酒饼的发酵工作。这期间制作出来的小溪酒饼质量高，是其他季节所不能比拟的，也因此，他们基本不在其他季节制作小溪酒饼。在原料选择上，小溪酒饼必须选用早稻谷，因为其硬度和质地最为适宜制作酒饼，而晚谷和糯谷因为更具韧性均不能作为制作酒饼的原料。此外，虽经过200多年的发展，小溪酒饼制作的技艺仍基本保持不变，仅从用石碓捣碎稻谷发展到现在用碾米机打碎稻谷，从之前用手一个个搓成小团发展到现在使用刀具将酒饼切割成小块。

1. 备料阶段

（1）采割酒饼草和桃叶

采割酒饼草和桃叶的时间一般在端午节后，采摘地点通常是在小溪乡村民房前院内或屋后，取材十分方便。

（2）晒干粉碎

将采割好的酒饼草和桃叶晾晒至干燥，分开打成粉末状，并分开存放备用。

（3）浸泡粉末取汁

制作小溪酒饼之前，先将已经打成粉末状的酒饼草和桃叶按照每100斤稻谷放酒饼草粉末1斤2两、桃叶粉末1两的比例，将酒饼草粉末和桃叶粉末混在一起，放到70斤左右的冷水水桶中进行浸泡，浸泡时间为2个小时左右，之后进行过滤，最后去粉末，留浸泡后的汁水备用。

2. 制作阶段

（1）早稻谷碓粉

选用的原料必须是优质的早稻谷，不需要脱皮，直接将这类早稻谷放在石碓中碓成粉或者用碾米机碾压成粉。之所以稻谷不脱皮，是为了使最终制成的小溪酒饼质地更为疏松，易揉碎使用，不至于太过坚硬。

（2）和浆拌匀

将提前浸泡好备用的酒饼草和桃叶粉末浸泡水，按照每100斤早稻谷配70斤左右浸泡汁水的比例加入其中，搅拌均匀。应拌匀至手感接触不干不湿，手握可以成形时，即可揉成团，放进矩形框架内碾制平整。

（3）碾饼切块

将已经拌匀且揉成团的原料放在矩形框架内碾成平整的饼状，之后就可以用刀将其切成小条，再切成大小相似的小块。

（4）筛制酒饼

将切成的小块酒饼放到竹制筛网中进行筛制，筛制的过程中，酒饼的大小被分类，总体也更加均匀，筛制出来较大的酒饼与较小的酒饼分开放置。其中，较大的酒饼是用来做烧酒的，而较小的酒饼是用来做米酒的。

（5）撒旧酒饼粉

取来部分上一年制成且存放完好的小溪酒饼并将其碾成粉末状，撒在框架内碾切好的酒饼上，撒拌至均匀，使得处在这一过程中的酒饼表层粘上些许酒饼粉末，目的是促进酒饼更好地发酵。此时便可以将酒饼送进发酵房了。

（6）发酵

发酵是制作小溪酒饼过程中最为关键的步骤，制作者通常凭借双手去感知发酵的温度条件及确定发酵是否完成，这需要较多经验的积累才能很好地把握这一步骤。小溪酒饼的制作需要进行两次发酵，其中，第一次发酵是在下层架子上进行，第二次发酵是在上层架子上进行。具体过程如下：

①一次发酵

发酵房需要保温，一般搭有上下两层的架子，并在上下两层的架子上铺设稻草席，然后将酒饼放在下层铺设稻草席的架子上，再用麻片、稻草席或者棉被盖上。最多需要两天时间，待酒饼表面长出细小的白色绒毛且温度较高时，便可将覆盖物掀开撤下，之后将酒饼捡起，装入大圆簸箕，再移至上层架子上。如果此时酒饼表层出现了黑色绒毛，则代表发酵失败，即坏掉了。

②二次发酵

在上层架子上，盛有酒饼的大圆簸箕不需要再次盖上东西保温。这使得二次发酵时酒饼的温度可以人为地加以控制。此时酒饼位于上层架子上，通风透气效果更好。通常情况下，依据天气条件，酒饼一般放置十个小时或者一天，待到酒饼表层细小白色绒毛全都消退且不再发热时，就可移至室外晾晒了。

（7）晾晒

晾晒工作一般都会在室外较大的稻草席上进行，在天气较好的情况下，通常需要晾晒三天。当晾晒的酒饼可以很容易被搓散开时，酒饼的制作和晾晒工作便完成了。

（8）贮存

晾晒完成后，将酒饼装在防潮袋中常温封口保存，保质期通常为一年半。因是稻谷类制品，易生虫，应特别注意封口。

3. 使用酿酒阶段

晾晒完成的小溪酒饼，1斤约有400粒酒饼。其中，1粒小溪酒饼便可以做1.5斤米的酒。酒饼量的多少决定了米酒酒精度数的高低，当酒饼放的量越多时，酒精度数也就越高。通常情况下，用小溪酒饼酿成的米酒呈淡淡的黄绿色，酒香扑鼻，口味甜醇，回味无穷。一般来讲，小溪酒饼可以酿制出米酒或者烧酒，少数情况下甚至可以酿制出"红酒"。当地广泛流传着"谁家用'小溪酒饼'酿制出了'红酒'，谁家就会有好的福运，一家人都将健康长寿"的说法。

（四）小溪酒饼的主要特征和重要价值

小溪酒饼，虽名为"酒饼"但实际并非呈饼状。笔者猜想，或许是制作者后来出于方便发酵、酿酒、携带等原因而将其从最初的饼状改进为了小颗粒状。现在我们所看到的小溪酒饼为米黄色小方块颗粒。由于小溪酒饼是以早稻谷为原料，所以酿造烧酒时，稻谷经过发酵的过程后，醇厚的酒香味会散发出来，口感上也极佳。购买小溪酒饼时，只有当酒饼出现黑色绒毛时才可以认定是坏了的酒饼，其他正常的酒饼并没有办法以肉眼或是手感鉴别其品质高低，只有在酿酒完成后才可以判定出来。例如，品质高的小溪酒饼酿造出来的酒不会酸，或者甜绵，或者酣烈，而品质低的小溪酒饼则会酿出酸涩的酒来。

小溪酒饼的制作原料主要是当地广泛种植的早稻谷，通过酒饼的制作，无疑提升了早稻谷的经济附加值。对于制作小溪酒饼所需的酒饼草和桃叶，在当地也是十分常见，并不需要进行购买或大规模种植，是对当地的资源就地取材，并成功将其转化为经济价值。对于当地制作小溪酒饼的农户来说，它是一种贴补家用的副业，在一定程度上提升了他们的生活水平，是一笔可观的经济收入。另外，小溪酒饼有促进消化的功能，能够刺激消化腺的分泌，增进食欲。所以无论是人或是家畜，当消化不好时，都可以食用一粒酒饼，效果也十分明显。而且，据说小溪酒饼还有治疗风寒的效果。在当地及附近地区，小溪酒饼作为客家人制作米酒和烧酒的重要添加物，平日里家家户户都会进行酿制米酒或烧酒的工作，以供日常节日及红白喜事待人接客之用，显示出客家独特的民俗文化。对于掌握小溪酒饼制作技艺的人来说，手工技艺的传承也承载着情感的传承。小溪酒饼的传承模式主要是父传子和夫传妻，这无疑使得手工技艺传承者们的宗族凝聚意识得到提升，情感认同也得到加强。

（五）小溪酒饼的传承保护

1. 传承谱系

小溪酒饼的始授人为肖荣声。一种说法是肖荣声在自己将死之时将制作小溪酒饼的秘方告诉了罗古组祠堂上头的农户，钟学烈是钟氏制作售卖小溪酒饼的第一代。另一种说法是，肖秀荣在临死前将小溪酒饼秘方告诉了钟姓十五世祖——钟德容，且钟氏先人钟德容是经营小溪酒饼的第一人。无论当时的传承究竟如何，时至今日，经过10余代的传承，小溪酒饼的秘方仍得到很好的保存，如今，钟氏后辈钟子庆（1943年生）已将小溪酒饼的制作技艺传给了儿子钟灵辉（1968年生），钟灵辉成为小溪酒饼代表性非遗传承人[①]。

2. 传承保护现状

对于目前小溪酒饼的现状，传承人钟灵辉先生说："近些年来，生活条件改善了，我们当地人更倾向过年过节时自己酿制米酒或者烧酒，喜事丧事都可以用，买'小溪酒饼'的人也增多了。"因此，制作小溪酒饼的农户并不需要为销路发愁，一般是购买者打来电话订购或者带到集市上出售。

虽然如此，目前小溪乡黄泥塘村罗古组的90余户人家中，掌握小溪酒饼制作技艺的只有50余户，且仅有10户仍在制作小溪酒饼。时至今日，小溪酒饼的制作依旧停留在手工作坊阶段，每年每户大概卖出小溪酒饼3000斤左右，10户之间也都是各自经营，并未形成产业规模。

据传承人钟灵辉先生介绍，小溪酒饼的市场零售价为每斤30元，批发价为每斤20元。其中，制作小溪酒饼时每百斤早稻谷能做60多斤酒饼，加上人工成本按每人7元，最后总成本占总收益的三分之二。显然，对于当地年轻人来说，制作销售小溪酒饼产生的收益并不高。因而，年轻人常常选择外出打拼或从事其他职业来谋生，制作小溪酒饼的手艺人则多为在家务农的

---

① 在于都县小溪乡黄泥塘村锣鼓组采访小溪酒饼传承人钟灵辉时，他给我们提供了许多关于小溪酒饼方面的有价值的口碑资料。

中老年人，他们通常会在每年农历的七到九月份制作酒饼以贴补家用，算作他们的生计副业。在这种情况下，小溪酒饼的保护和传承需要我们持续加以关注。

第六章　传统制作技艺（二）

第一节　于都寒信峡索粉与焙豆腐制作技艺

一、于都寒信峡索粉制作技艺

索粉是寒信峡一带极具地方特色的佳肴，与大米等细粮做出的粉类不同的是，它是以红薯为原料制成的。配上本地的辣子和时令蔬菜，当地人称赞它只要嗦上一口，其鲜滑爽辣的口感便会俘获挑剔的唇舌，沉醉于寒信人在这码头行船间创造出的奇妙滋味里。作为民间饮食文化中的瑰宝之一，寒信峡索粉存在时间与寒信村的历史近乎等长，不仅内里蕴含着寒信人贴近自然、质朴无华的生产生活态度，就连名字也颇有深意。索粉的"索"一来是同"嗦"谐音，二来便是制作过程中粉浆要从漏瓢中落到滚水里，呈条带状下落的粉浆看起来像是根根绳索，于是这道饮食便由形命名，称为索粉。寒信峡索粉历经时光传承到如今，已成为寒信人甚至不少外地人心中不可涤除的记忆，但由于制作技艺中经验的不可复制性，索粉的制作暂且无法突破个体手工而达到机械化批量生产，加上越来越多年轻人外出务工的情况以及对家乡手艺传承的忽视，寒信峡索粉制作技艺迫切需要寻找到一条道路，以期让技艺及饮食本身的内涵同时得到保存和发展。

（一）寒信峡索粉的历史渊源

寒信峡位于江西省于都县东北部30千米处，全长大约5千米，远看山岭呈南北走向，东临庵背山，西及车头嶂，梅水自宁都发源，从瑞金过境而来，由北向南穿流于此，因"每至岁暮，峡中先寒"而得名。如今的"索粉

187

大户"寒信古村便是依托寒信峡而建立的村落。寒信村人口以肖姓居多，先祖萧寿六公于明洪武七年（1374）从赣县信江营出发，顺贡水而上，最终定居寒信峡，传承已六百余载。寒信村全村耕地面积大约有2500多亩，放眼望去，水稻、番薯、豆子成片成岭，因此寒信村耕地面积的广阔也为种植业提供了土地条件。但在明朝时期，寒信峡一带食物种类其实并不丰裕，产量也经常受多变的天气的影响，因此空有土地没有合适的作物，时有民不果腹的情况发生，直到红薯等作物从国外引进才得到缓解。红薯作为一种粮食作物，其本身在生长过程中适应力强，即使土壤贫瘠、恰逢旱年也能拥有不错的产量。且寒信村属于丘陵低山地形，群山环抱，呈亚热带季风性气候，全年气候湿润，降雨量、日照等都正好是红薯的理想生存环境，因此当地的红薯果实膨大饱满，甘味十足，选择红薯做索粉的原材料也是考虑到这一点。

上好的原料有了，紧接着便差一个从原料变作民间美味的机遇，这就要说到寒信村的码头了。梅江在古时作为黄金水道，连接宁都、石城等地，寒信村因地处梅江寒信峡口，依山傍水，成了梅水航道的重要码头之一。作为一处占据地理优势的水上要道，寒信村在江边设有十几处码头供来往船只停靠交接，至20世纪50年代，仍保存完好且投入使用的有十三座，分别是上街五座，上坑两座，寒信圩上圩门和下圩门各一座，育英小学门口上方及下方各一座，以及寒信村渡口两岸各一座，这就是现今所说的寒信十三码头。这些码头全部就地取材，用石块砌好台阶，简洁坚固不受水流侵蚀，而水府庙前的码头则被称为十三级半古码头。接受采访的该非遗项目传承人之一肖东洋先生介绍说："这是为了让在外的寒信游子记住自己的家乡，提及故土能够讲清楚家乡的标志，而且还能用来分辨你是真寒信人还是假寒信人，在建造码头时，用红麻条石建造，特意将最后的台阶只建了半级，这就成了十三个半台阶。且因水位不涨不退时，江水会浸没底下的七个半台阶，因此平日还看不出其中玄机。"

过去，寒信村就是从这些零散在村落周围的码头上得到了商机与财富。往来的船只一经停靠，便多半要到岸上采购粮食、补给生活用品。很多从事捕捞业的人往往因为鱼汛、天气变化等原因休息时间紧迫，且冬季的寒信峡潮湿阴冷，经常与毛毛细雨相伴，故而喜好热而辣爽的方便饮食。寒信峡索粉的出现能满足码头来往匆忙人士之需，再加上索粉确实顺滑爽口，因此便在人群中逐渐传开，传承至今，肖东洋先生如此解释索粉的来历。

（二）寒信峡索粉的制作原料与工具

1. 主要制作原料

红薯：在红薯的选择上，制作人会经过一定的筛选，剔除带有黑斑、划伤、虫眼等不合格的红薯，留下大小均匀，不僵心的红薯。谈到选材这方面，传承人一再叮嘱最好是红皮白心，这种红薯出粉率更高，口感也好，不像黄心的，瓤水分多，淀粉含量低。并且在贮藏时要选取温暖、通风良好的地方，湿度控制在80%—95%，还要避免与土豆、苹果等在熟成过程中会释放乙醇气体的蔬果放在一起，以防红薯被催熟腐烂变质，继而造成损失。

2. 制作工具

（1）石磨：石磨是用来对筛选好的红薯进行磨浆的工具。一般制作索粉的石磨由两块形状尺寸大致相同的扁柱形石块及磨盘底座组成，放置于木墩、土砌或是石质的台子上，下面的盘在使用时不动，仅由上面的石盘进行转动。石磨的两扇都有分布整齐的小齿，以此保证红薯得到充分细致的磨制，这是索粉细滑口感的保障。石磨上扇的位置留有一到两个磨眼，作用是放粮食进去以便漏下，红薯一般会切成小块或是用刀切碎，方便从磨眼漏到下面的两扇之间。石磨的两扇之间有轴，作用是对整体尤其是石磨两扇进行固定，防止石磨在转动时不慎掉落。为保证光滑，不会对磨制转动造成阻碍，所以转轴一般采用铁等金属制作。寒信峡索粉使用的石磨大多为小磨，直径40厘米左右，适合个体制作人使用，通常用手便可摇动。现在也有用磨豆机来代替石磨的，效率比石磨要高。

（2）滤布：滤布是将红薯粉浆反复压洗并分开粉渣的工具。大多由各种天然纤维材料织成，也有部分使用合成纤维的，常见的材料有动物毛、棉、麻、涤纶、锦纶等。滤布的作用在于将粗制红薯粉浆中的渣滓去除掉，过滤次数取决于粉浆的粗细程度，因此在材质的选择上通常没有固定的细密度。且滤布作为可重复使用的工具，经过洗涤晾晒能够循环利用，对环境有一定的保护作用。

（3）漏瓢：漏瓢是将红薯糊过筛定型成索粉的最后一道关卡，亦是制作寒信峡索粉的重要工具之一。漏瓢最初是粉面作坊中的专用工具，多由葫芦对半刨开，其上挖孔制作而成，红薯糊会从漏瓢的孔中下落到滚沸的锅中。虽说如今因为有了塑料和金属制品例如不锈钢等材质的漏瓢，葫芦漏瓢在很多地方都已经消失，但寒信峡索粉的制作过程中仍然会沿用葫芦漏瓢。这不仅是怀旧的情节，更是因为寒信村人朴素的生活态度，以及取自自然的生产工具所能给予食物的清香滋味。

（三）寒信峡索粉的制作技艺

寒信峡索粉的主要原材料就是红薯粉，配料多由制作人挑选，或是交由食客选择，常见的有辣子、香菜、香菇等。制作过程大致可分为"幕后"制红薯粉及"台前"煮薯粉两阶段。

1.制薯粉的"幕后"阶段

（1）挑选材料

新鲜红薯从地里挖出来之后，或是贮藏的红薯被移出藏处，都需要进行彻底的清洗，以保证食品的口感及卫生，并在清洗的过程中剔除变质腐烂的红薯。在材料的选择上倾向于个头大而外形均匀的红薯，红皮白心也可保证薯粉的产量。

（2）打碎处理

传承人肖紫雷先生介绍了两种处理方法。一是将清洗干净的红薯依次倒入木制器皿中，用刀将红薯切碎，并利用粗网筛对过大的碎块进行分离，重复之前的步骤使红薯碎块符合放入石磨中的标准；二是将挑好的红薯放入粉碎机中粉碎，这种现代才开始使用的方法比第一种所制出的红薯碎块更加细腻，根据粉碎机的型号甚至可酌情省略石磨磨浆的步骤。

（3）磨红薯

将剁好的红薯碎块从石磨眼放入，或直接投入石磨，转动上扇磨盘，并在转动过程中用拨刀将红薯碎块拨弄均匀。或是二到三人推大磨，用水淋石磨，又可称为推水磨，将红薯进一步磨制成红薯粉浆。如果第二步使用的是粉碎机，也要在粉碎后收集红薯的碎末，并在其中加入清水，使其成为粉浆。

（4）过滤粉浆

由于粗制的粉浆中杂质多，因此随后要将红薯粉浆倒入滤布或箩中进行过滤，次数一般在两到三次，分批次倒入，切勿一次过滤太多，导致滤布孔眼堵塞等情况的发生。如果一次性需求的薯粉量大，便需要几个人配合，留一人摇动滤布支架过滤，余下的人将过滤物即红薯渣收集起来，加入清水开始二次过滤，目的是为减少浪费，提高产量。粉浆过滤后，剩下的残渣可用于家畜喂养，滤布或箩下要事先准备承接的干净容器，容纳过滤后的滤液。

（5）沉淀及清洗

过滤后的红薯粉浆需静置沉淀半天甚至一天，随后可将盛放粉浆的容器中的水抽干，从容器中取出湿润的薯粉沉淀。在拿取之前一般会看到沉淀表面浮出一层颜色较深的黄色油层，成为二层浆，属于正常情况，为确保薯粉的净度，用清水小心冲洗掉即可。

（6）晾晒

潮湿的薯粉无法制成索粉，也没办法长时间保存，因此需要对其进行晾晒，保证干燥度。将表面油层清洗干净的薯粉沉淀切成小块，放在布单子或簸盖子上进行晾晒，在晾晒过程中需要对红薯粉块进行翻动，使其充分接触到阳光和风，如此干得更快。在大风天或冷雨天进行回收保护，以免冻粉或受潮结块。

晾晒到后期，红薯粉块会愈来愈小，最后呈现出细颗粒状，这时用筷子戳戳会发出拨动沙土的声音，粉块松散干燥，轻微按压即可化成粉末，到达如此状态就表明红薯粉晾晒到了时候。

（7）储存

晾晒成功的红薯粉要进行妥善保存。通常会放入桶中，盖上盖子做好密封就可以贮存很长时间。也有用现代抽真空技术进行分袋密封的，如此保存的红薯粉携带方便，也能保存更长的时间，且不会掺入杂质，食用放心。保存的红薯粉可随时拿取，用来制作寒信峡索粉。

2.煮薯粉的"台前"阶段

（1）制糊揉粉

选取干净的红薯粉倒入盆或瓦缸内，添入适当的水，放入适量明矾加热，制成熟芡。再取薯粉放在一盆中，与熬好的熟芡经温水调和，制成粉糊。水和薯粉的配比完全靠索粉制作人的经验决定。肖东洋先生讲："做糊时要通过观察糊的状态、感受揉糊时的手感，以判断薯粉糊是否达到期望的（温）度。而且过程中切忌一次性放入太多的水，不然糊就会黏稠发软；水太少也不成，这样一来红薯糊过硬，无法从漏瓢中流下去。"他总结道："最好是比胶水浓，但又有一定的流动性。"因此制糊揉粉是制作寒信峡索粉的一大关键。且薯粉遇水后黏性极强，人工制糊耗时耗力，因而需要多人协同配合。

（2）热锅煮水

寒信峡索粉的制作如今大多依旧采用较为原始的干柴烧火，煮沸水时要控制火候，这同样需要手与心的配合。烧火时火力不能过猛，不然薯粉漏下的速度赶不上煮熟的速度，且来不及搅拌，容易造成粘锅；同时火力也不能太弱，这样薯粉在水中时间过长会"和泥"。

（3）漏粉

水烧好后便可将粉下锅。这时会使用葫芦做的漏瓢，将揉好的粉糊放入其中，一手端着漏瓢，一手持力捶打粉糊。漏粉时发力要均匀，漏瓢高度也要根据需要调节，这样出粉速度差不离，索粉的粗细便可维持在大致相同的程度。这一步骤对于腕力和眼力的需求也很高。并且在漏粉时，还要保证盆中剩余待用的粉糊不会变硬，因此时不时要对其进行推动。

（4）捞粉

薯粉入锅后，煮熟浮起便可用长筷捞出，放入事先盛有冷水的盆中浸泡片刻，再捞出即可滑入老汤。肖东洋会长还特别强调寒信峡索粉的"灵魂"之一便是这鲜美的老汤。老汤要用连着肉的骨头来熬，熬制的时间越久越能透出骨汤炼乳般丝滑细腻的口感。相传寒信圩有那么一家索粉店，索粉现点现捞，以索粉韧道、汤料鲜辣出名。每逢圩日，无论家远家近，好这一口的都要来这小店点上一碗索粉，足可见得店内生意十分红火。一日，一位外地走商的人路过寒信圩的这家索粉小店，点上一碗索粉，嗅着香味不禁让他胃口大开，边吃边说："早就听说寒信峡的索粉好吃，真是韧得好，滚的好！"话音未落，却被旁边的人接了话茬，那人附和道："滚的好，滚的好！赖（烫）死人都行介的！"原是那人也想来店里点一碗索粉，但无奈口袋空空，又听到商人说这么一句，才有如此感慨。再后来，寒信峡的人遇到想要的东西，但又恰逢囊中羞涩之时，便会说出这么一句无奈的话来。如此典故足可见得这寒信峡的索粉是何等美味，汤料是何等鲜咸适口。

（四）寒信峡索粉的主要特征

地方饮食中往往都蕴含着当地人的价值观念以及生活态度，寒信峡索粉也不例外。

十三码头为寒信峡带来了商机，寒信峡索粉则随着码头来往的商旅而诞生，见证了寒信峡历史成为抓住这份商机并越身成为地方特色的成功者。码头商贸的发展加速了寒信峡及周边经济的发展，靠着水运发家致富的人们在原有的饮食上愈发追求精致，而作为当时来往商旅和当地人民常吃的食物，索粉的配料自然不可谓不丰盛。煮好捞出的索粉除了搭配老汤，还能根据食客的需求放入各种丰富的配料，例如葱花、姜末、辣子、香菇、瘦肉等。再加上碧绿的时令蔬菜，只观其色便让人垂涎欲滴，这都是为了满足不同食客的需要而做出的改变。

此外，一碗配料丰富、令人食欲大开的索粉既可从中窥到食材最初的美，同时也能感受到制作人的匠心。寒信峡的索粉，使用的是当地土生土长的红薯，粉质滑嫩，入口清香。"辨别好坏那可讲究了。"传承人讲道，"我们这里的索粉，颜色是偏灰的，晶莹剔透，细长，而且要有一定的韧劲。嚼着不能有硬心，熟了也不能太黏腻了。"索粉制作人精准把控索粉的软硬粗细，且在原料挑选上严格控制，真正做到匠心独具。

寒信峡索粉在如今已经成了一种当地的文化象征。每次坐在桌前吃上一碗热气腾腾的索粉时，其中的故事与传说便会使食客在说笑饮食间了解寒信峡，了解寒信村这一南方古村的历史与文化，并将这些当地口口相传的故事带回家乡再次传扬开来，为寒信峡带来更多的慕名而来者，吸引着人们为这一口美味回到寒信峡，回到这山清水秀的舌尖温柔乡之中。无论是寒信峡索粉那老汤蒸腾里留下的余香，还是为满足食客而花样百出的配菜，抑或是飘散在菜馆码头间的小故事，都饱含寒信人贴近自然、质朴无华的生产生活态度，以及随着历史脉络和经济发展不断变化的，寒信人对于饮食及人生的积极追求。

（五）寒信峡索粉的存续情况

寒信峡索粉以于都寒信峡为名，诞生于寒信峡并主要在当地的寒信古村进行传承。但随着生产方式的变化和生产工具的更新迭代，食物种类丰富度的提高，以及外出务工人员数量的增加，年轻一代对寒信峡索粉的传承意识大多逐渐淡薄，传统工艺的生存空间大大缩小，制作技艺后继少人。幸而近些年来"非遗保护"开始受到各界的注意，民众对非物质文化遗产的重视程度也开始提高，因此传统技艺便得到了振兴机遇。

在谈到索粉的发展时，肖东洋先生不禁感叹："说实话，索粉家家户户的配方都不一样，它制作的口感也不一样，达不到统一的程度，很难（做到量产）。索粉的传承方式在当地多为家庭内部传承，或是师父领进门亲自教导徒弟手艺。但由于索粉制作过程讲究经验和原料配比，所以会做索粉的人心里都有自己的一杆秤，也就是说，与实现量产让索粉遍布大江南北还有一定距离。"

但对于索粉的传承，传承人肖东洋先生还是抱以积极的态度："我们迟早是要把这个东西做出来的，要做好，不能砸招牌，等两三年再来，索粉遍地都能尝！"寒信峡索粉之所以能够传延几百年依旧没有中断，靠的正是这种存于心中的工匠精神与美好期盼。它的兴盛与否不在于规模的大小，而是要看其内里所包含的精神内涵，在尝到索粉时被唤醒的独属于寒信峡的记忆与情感，那些随着历史长河源源不断传承下来的经验与灵感，才是传统技艺经久不衰的秘方。

二、寒信峡焙豆腐制作工艺

焙豆腐是一道具有寒信峡特色的美食，将豆腐焙烤成两面焦黄，配上事先调制好的蘸料，再添一杯酒，便是寒信人闲暇时光里顶好的消遣。寒信峡焙豆腐产生的时间与寒信村的历史差不离，由于当时的人们没有现在这样种类丰富的食物可进行选择，因此会变着花样将手头的食材做出不同的口味和菜式来。就比如焙豆腐的基本素材——豆腐，赣南地区的豆腐制作可谓花样百出，像是传统的霉豆腐、客家的酿豆腐、盐蛋豆腐等，种类繁多，吃法不同，寒信峡焙豆腐也是"豆腐家族"的成员之一。而由于寒信人对于传承的重视及对先祖的敬仰怀念，很多先训和前代技艺都顺利延续至今，焙豆腐的手艺也是如此。现如今，寒信峡焙豆腐依旧在寒信峡及周边地区传承着，虽然在之前一段时间里作为产量少的手工食品，被流水线产品占领了生存空间，但近些年保护手工匠人的号召被民众所重视，焙豆腐技艺自然也被纳入了保护范围，因此，寒信峡焙豆腐的制作技艺也拥有了继续传延的可能。

（一）寒信峡焙豆腐的历史渊源

寒信峡明清时期为于都黄金乡崇贤里，新中国成立后废除民国时期设下的保甲制度，以区乡制代替，寒信峡因此归为宽田区，后经公社制度，最终在 1984 年归属于段屋乡。寒信峡东朝庵背山，向西则与车头嶂相望，宁都的梅水从瑞金过境而来，由北向南穿流于此，因此寒信峡依山傍水，以"每至岁暮，峡中先寒"而得名。而如今焙豆腐的主要传承地寒信古村便是依托寒信峡而建立的村落。

寒信村现有耕地 2549 亩，山地 4845 亩，寒信村耕地面积的广阔为种植业积蓄土地条件，且寒信村的地形属于丘陵低山地形，群山环抱，整体呈亚热带季风性气候，全年四季分明，气候湿润，年均降雨量充沛丰裕，年均气温大致在 19℃—20℃，其日照能量足以满足多种植物生长。[①]而这种种条件便为寒信峡焙豆腐的原材料——大豆的质量及供应提供了保障。

一个地区人民的饮食历史通常与其定居史等长，饮食习惯中往往体现着中华民族"民以食为天"的饮食理念，同时也含有当地人调节自身使其适应自然的过程，寒信峡焙豆腐的历史亦是如此。现任寒信峡水府庙理事会理事长肖东洋先生回忆说，焙豆腐在寒信村及周边人的记忆中已有几百年的传承历史："名字没什么典故，就是放在竹搭子上焙烤的豆腐，就叫焙豆腐了。"而谈到焙豆腐的来历，肖会长笑道："就是从前吃食太少啊！后来好吃的多了，但也会记着这个味道。不过焙豆腐确实是冬天吃得比较多，我们这里冬天湿冷嘛，雨水也很多，所以吃的东西都喜欢比较辣的、热的，这样可以取暖还能祛湿。"因为当地的气候环境，寒信人喜爱热辣驱寒的食物，是以，香味浓郁、鲜美热辣的焙豆腐才能从一众美味里脱颖而出，成为寒信人冬日佐酒闲谈的佳品。

（二）寒信峡焙豆腐的制作原料与工具

1. 主要制作原料

大豆。原材料的质量高低直接决定了食物的口感，因此在挑选焙豆腐的原料大豆时，寒信人就已开始进行严格把关了。大豆起源于中国本土，汉时《史记》中便已经有了记载，而《孟子·滕文公》中称五谷为"稻、黍、稷、麦、菽"，郑玄有注："五种，黍稷菽麦稻也。"[②]而菽就是大豆的意思。由此可见，早在轩辕黄帝时期，我国就已经开始有了大豆。而作为一年生的豆科粮食作物，大豆的株高一般在 30 厘米至 90 厘米，花呈紫色或淡紫色、白色。寒信焙豆腐选用的大豆则多是于都传统的农家优良品种，耐热喜潮湿，对当地气候和土壤适应力强。其株高一般在 50 厘米左右，长势喜人，全株紧凑，叶色柔绿，花朵呈紫红色，果实饱满且果荚集中，产量大。且在挑选豆子时，制作人也会优中择优，剔除较为干瘪的豆子，留下种皮光滑、富有

---

① 海滨：《于都：中央红军从这里出发》，《新青年（珍情）》2019 年第 10 期。
② 曹银娣：《"五谷"营养及其在中国的历史演变》，《粮油加工（电子版）》2015 年第 4 期。

清新香气的大豆，因此，寒信峡焙豆腐也因原材料的高品质而得到了质量的保证。

2. 制作工具

（1）石磨：石磨是用来对筛选好的大豆进行磨浆的工具。磨豆子使用的石磨大多为小磨，直径 40 厘米左右，适合个体制作人使用，一般用手便可摇动。通常这种磨制豆浆的石磨由两块形状尺寸大致相同的扁圆石块及磨盘底座组成，或是一整块扁圆石块直接与磨盘相接，磨盘有凹槽呈环形，侧边有小口，以便豆浆磨出后流出到承装容器中。两种石磨都是放置于木墩、土砌或是石质的台子上，下面的石盘和磨盘底座在使用时不动，仅由上面的石盘进行转动。石磨的两扇都有分布整齐的小齿，以此保证豆子得到充分细致的磨制，这也是成品豆腐嫩滑口感的保障。石磨上扇的位置留有一个孔，方便向里添加大豆。石磨的两扇之间会有轴，作用是对整体尤其是石磨两扇进行固定，防止石磨在转动时不慎掉落。为保证光滑，不会对磨制转动造成阻碍，所以转轴一般采用铁等金属制作。

（2）棉网：用来对粗豆浆进行过滤。通常使用的是棉布等布料，在网眼大小的选择上倾向于细密的材质，但又不能过于精细不透气，导致水分流出受到严重阻碍。

（3）灶锅：一般是当地人使用的土灶大锅，也有人选用现在的不锈钢煮锅等，但通常还是选择沿袭传统。

（4）凝固剂：是用来将豆浆点成豆腐的必备品。如果使用石膏做凝固剂则配比为 12 克可食用石膏加上 0.5 升温开水，使用卤水则是将盐卤用水稀释为 30% 左右。其原理是利用凝固剂中和胶体微粒表面的电荷，使得离散在水中的大豆蛋白质分子重新聚合，与水分离，达到点豆腐的目的。[①]

（5）压制容器：是将点好的豆腐脑压制脱水成为豆腐块的工具。压制容

---

① 陈伟、余彦雄：《广东客家酿豆腐传统加工制作工艺流程研究》，《现代食品》2020 年第 10 期。

器选材多为木制，里面还要再放一层滤布以过滤水分，并保证豆腐的卫生，防止蝇虫。压制容器的侧边开小孔，保证空气的流通，且出模时容易脱出。

（6）竹搭子：是烤焙豆腐的工具，也是寒信峡焙豆腐的特点之一。传承人肖东洋先生介绍说，赣州是南方毛竹的主要产地之一，而毛竹在赣州人的话里又叫猫竹。乍一听会觉着这种竹子像猫一样精巧可爱，但亲眼见识后发现猫竹其实很高，个别的甚至可达二十多米，叶片薄而窄小，四季常绿，身姿秀挺。用猫竹编成的竹搭子，每根竹条都有一寸宽的间隙，使下面的炭火能够均匀焙烤豆腐，竹子本身也让寒信峡焙豆腐充满了清新淡雅的自然竹香。

（7）木炭：用来焙制豆腐。木炭是木料在不完全燃烧或是隔绝空气的条件下形成的一种燃料，多呈深褐色或黑色，多孔眼，最晚从我国商代就有使用。寒信峡焙豆腐选择的木炭都是当地的木炭，就地取材，易于燃烧，吸附性好，有独特木制炭烤的炭香。

（三）寒信峡焙豆腐的制作技艺

寒信峡焙豆腐的主要原材料是大豆制成的豆腐，配料多由食客自由选择或是制作人挑选，焙豆腐制作工艺极为讲究，从选材到烹饪严格把关，凝聚着寒信人的智慧，以及对当地自然环境的适应和合理利用。

寒信峡焙豆腐的制作通常分为两个阶段，其一是从选豆磨到豆腐成型的幕后阶段，其二是焙制豆腐、制作蘸料的台前阶段。

1. 幕后阶段

（1）选豆

挑选品质好、豆粒饱满的大豆，是制作焙豆腐的关键第一步。这一步骤还要用水淘洗大豆，撇去杂质，得到纯净的豆子。

（2）泡豆

只有经过水泡的豆子才能膨胀，易于粉碎。所以通常大豆需要用清水浸泡几小时，直到表面光滑，没有褶皱，轻捏有回弹感为佳。经过这一步骤的大豆方便粉碎，能够提取更多蛋白质。

（3）磨浆

将浸泡好的豆子分批次放入石磨中进行研磨，研磨的细腻程度要控制在大豆纤维素不会大量混入豆浆中，这就要依靠制作人的研磨经验。如此磨好的豆浆既不会因磨得太细使得纤维与豆浆混合，致使豆渣难以分离，豆浆产率降低，也不会因过于粗糙导致蛋白质溶出过少。制作人丰富的经验让豆浆的营养和产率得到平衡。

（4）稀释

将磨好的豆浆加入开水进行稀释，搅拌均匀，豆浆与水的比例一般在1：2左右，需要根据磨制情况进行调整，之后将其倒入滤布中。

（5）滤渣

这一步是保证焙豆腐细腻口感的关键。倒入滤布中的豆浆和豆渣要放在灶锅上面，滤布扎紧，经过反复挤压分离，可以用双手，也可以使用压豆腐的工具。压制好的豆浆流进灶锅中，滤布中的豆渣也可另作他用。

（6）煮浆

点火对锅中的豆浆进行加热，沸腾后会产生泡沫。制作人可根据泡沫的多少拿捏火候，观察豆浆怎样算作熬到了时候。传承人肖紫雷先生回忆："一般是第一次沸不熟，二遍熟；第一次泡沫上来之后要揭盖子，等第二遍才算好了。"

（7）点豆腐

熬好的豆浆按比例加入凝固剂，在高温熬煮和凝固剂的双重作用下，大豆蛋白质会变性并形成凝固胶体，即豆腐脑。豆腐脑形成后还要静置一段时间，使得网状蛋白质能够变得牢固，时间通常控制在10—30分钟。

（8）成型

等到温度降至室温后，将凝固态的豆腐脑放入滤布中，晃出多余的水分，放进事先准备好的压制容器中，将滤布包好压上重物，进行最后的脱水及定型。肖紫雷先生叮嘱，由于焙烤豆腐要考虑到入味的问题，所以最终成型的豆腐不可过厚。

寒信峡焙豆腐要求豆腐的含水量要少，如此才能在进行焙烤的时候不会散掉，因此最后的成型压制很关键。

2. 台前阶段

（1）制作蘸料

寒信峡焙豆腐的蘸料取决于食客的口味。一般会佐以酱油、葱花、香菜、辣子、麻油、蒜末等，事先调制好放在一边。蘸料的味道会让焙豆腐在原有的自然清香味之上更添一层复杂的口感，酱油让豆腐鲜美适口，香葱和辣椒抚平豆制品回味中的微酸，配料的丰富层次感使得焙豆腐的美味尽显。

（2）架竹烧炭

调制好需要的蘸料后，接下来就是摆上竹搭子，底下扔一把木炭。肖东洋先生补充："到时候还要在旁边放几壶小酒，因为焙豆腐就是用来下酒的。"竹搭子本身的竹香气会在焙烤时充分被豆腐吸收，而木炭独特的炭烧味道会浸透整块豆腐，让豆香中填充进人间烟火的气息。

（3）烹制

做好所有的准备工作后就开始了最关键的烹制环节——焙烤豆腐，这是寒信峡焙豆腐制作工艺的重要流程。在竹搭子的表面刷一层薄薄的木梓油，将事先做好的豆腐取出，整块放在竹搭子上，而后等待片刻，将豆腐翻面继续焙烤。过程中要注意炭火不要距离竹搭子过近，以免火焰烤焦豆腐，使其掺杂焦苦味，外形也不美观。如此反复过后，豆腐的两面被烤成蜡黄色，这时便可从竹搭子上取下，吃的时候切成小块，蘸上酱料，搭配酒水便是一道可口小菜。

（四）寒信峡焙豆腐的主要特征

说起寒信峡焙豆腐的特点，第一便是那特有的竹香和木炭香味。寒信峡焙豆腐烤制时选用的竹搭子是当地产的毛竹，而非金属制的烧烤架或是竹签子，金属烧烤架没有自然草木的味道，而换成普通的竹签子来烤则容易把握不好火候。毛竹做的竹搭子竹条之间间隔均匀，质地紧密，不会出现烤不匀的现象。并且寒信峡焙豆腐用的木炭也是本地木头制成，取材的自然使得人们能够品尝到与现代快餐食品完全不一样的自然滋味，在食品安全这一问题上也没有添加剂，这也是寒信峡焙豆腐流传至今的原因之一。无论是焙烤时豆腐身下静淌的清冽竹香，还是焙豆腐取下时荡过鼻息间的木炭味道，都是寒信峡焙豆腐的自然特色。

此外，焙豆腐不仅是寒信村美食中的一员，还是寒信村饮食史与经济发展史的见证者之一。传承人肖东洋先生也说过，寒信峡焙豆腐是从前聪明的寒信人由于食品种类少而发明出来的一种豆腐做法，一般在冬天吃的比较多，而在寒信村一带建起码头后，水上贸易经济的发展为当地及周边居民带来了收入，也将外面的一些食材引入寒信，食物种类自然也变得丰富起来。生活的富足和人口的增长带来的便是口味上的众口难调，以及对精致饮食的期盼，因此焙豆腐等当地食物也与时俱进，蘸料和配菜也为了满足不同的人而开始丰富起来，豆腐本身的滋味与各种香料碰撞在一起，形成了舌尖上的盛宴，口感层次更上一层楼，让人禁不住拿起筷子等待下一块豆腐的焙熟。

选料的用心、火候的把握是一道美食的基础，当地的木炭和毛竹为寒信峡焙豆腐带来了美食的特色。而寒信峡关于焙豆腐的小故事，那些植根在过去冬日细雨中的鲜嫩清辣，则将寒信人适应自然、张弛有度的生活态度连同饮食文化一同囊括，在来往食客旅者品尝焙豆腐的同时，将当地的风土人情和历史发展连同这焙豆腐的滋味一同留在人们的记忆里，因此寒信峡焙豆腐如今已经成为寒信峡的代言之一，是寒信的象征，其价值具有不可替代性。

（五）寒信峡焙豆腐的存续情况

寒信峡焙豆腐最早产生于于都县寒信圩。随着人们对于食物的需求量不断提高。传统的寒信峡焙豆腐制作工艺耗时长，成品保存困难，不利于运输。并且寒信峡焙豆腐的制作过程需要依靠经验适度调整，无法实现批量生产，因此它如今仍旧只存在于寒信峡及周边地区。且近些年来外出务工人员的增加，以及年轻一代外出求学、生活等一系列原因，也使得焙豆腐手艺开始出现后继无人的情况。传承人肖紫雷先生认为："这手艺其实只要做好了豆腐，剩下的就是看个人（饮食喜好）了。虽然很难做到量产，但这也是保存了我们的传统嘛，很多东西搬到工厂去大批大批做，就会失去原本的味道了。"

肖东洋会长说："焙豆腐主要就是竹、炭，还有一身手艺。"如果说作品是非物质文化遗产的载体，那么技艺便是让精神脱离载体、跨越历史的奇迹，正是为了守护和传承这份豆香、竹香背后的奇迹，以及奇迹内蕴含的精神，传承人们才会有组织地去对其制作工艺进行保护。豆腐在我国一直是餐桌主角的一员，其烹制方法多样，有炸、煎、烤、焙、炖等做法，口感鲜嫩，搭配佐料堪称人间最质朴的美味之一。国内以豆腐作为主材的菜肴特别多，近些年来，由于社会发展带来的文化全球化，在西方文化进入中国的同时，中国的文化也在对外界进行输出，尤其是饮食文化方面增益颇多。很多外国友人在接触中国菜后喜爱上了中国的菜肴，例如备受好评的川菜"麻婆豆腐""砂锅豆腐"等，美国的《经济展望》杂志也认为："未来10年，最成功、最有市场潜力的并非汽车、电视机或电子产品，而是中国的豆腐。"[①]从中可见中国的饮食文化对世界影响之大，而豆腐作为首先走向世界的中国美食之一，拥有着迷倒味蕾的魅力。因此，从长远的发展来看，寒信峡焙豆腐其独有的自然鲜香足以在各式豆腐中站稳脚跟，加上政策导向和民众保护民族文化精神的觉醒，相信未来将会有愈来愈多的人加入传统技艺的传承中。

第二节　于都梓山麻饼与珍珠粉制作技艺

一、梓山麻饼制作技艺

于都梓山麻饼又称"喜饼"，是于都地区中秋月饼的一种。时至今日，

---

① 徐美兰：《豆腐巧搭配　营养增一倍》，《华人时刊》2012年第5期。

于都梓山麻饼作为梓山地区的一张名片为人们所熟知，在于都人的心目中占据极为重要的位置。梓山麻饼作为于都地区极具客家特色的传统手工制作糕点，已成为当地民众中秋佳节走亲访友必不可少的礼品。在了解梓山麻饼手工制作技艺方面，笔者通过实地考察和电话访谈方式，在梓山麻饼传承人杨金洋先生的帮助下，对于都梓山麻饼的制作工艺进行了记录。

（一）于都梓山麻饼的历史渊源

于都梓山麻饼，是于都地区广受欢迎的茶点之一，是中秋佳节不可或缺的糕点，而"梓山杨麻饼"是梓山麻饼中最受欢迎的品牌。"梓山杨麻饼"的创始人为梓山一位名叫杨金洋的当地人。杨师父出身于制饼世家，他的外祖父家一直从事制饼行业。制饼的家庭氛围无疑提起了杨师父的制饼兴趣，也为其日后从事制饼行业提供了宝贵的支持。杨师父在很小的时候就表现出对制饼的浓厚兴趣和天赋，后来也曾多次就麻饼的升级改良工作进行思考，并最终付出行动，取得了成功。据杨师父说，他从 1992 年开始跟着舅舅学习制饼的手艺。1998 年他开始独立制作麻饼，自此开始对梓山麻饼口感和馅料进行改进升级工作。麻饼的改良升级工作其实并不顺利，因为口感达不到食客的要求，销量一直无法得到提高。杨师父也曾想过放弃，但在其家人的鼓励和亲朋好友的支持和建议下，杨师父坚持了下来，重拾了制作麻饼的信心。一直以来，杨师父与客户积极沟通并听取食客的反馈意见，终于在进行多次反复试验后，结合历代制作麻饼人的心血和智慧，制作出了现在的麻饼。在 20 余年的反复实验中，杨师父创立的麻饼品牌也发生了几次改变。变化历程为：金洋麻饼→梓山香芝缘麻饼→梓山麻饼。这期间麻饼的口感和馅料也经过了多次改良升级，逐步得到食客们的好评和青睐。杨师父改良升级麻饼的过程，虽然十分艰辛，但所幸难关已过，目前的"梓山杨麻饼"作为当地最为正宗的茶点之一，深受当地和周边地区食客的喜爱。

（二）梓山麻饼的基本内容和主要特征

梓山麻饼作为于都县县级非物质文化遗产，其生产制作主要集中在江西省赣州市于都县梓山镇地区。梓山麻饼不仅传承了传统手工制作麻饼的技艺，也进行了后期的改良升级工作，在传承的基础上不断创新发展，受到当地及周边地区人们的欢迎和喜爱。梓山麻饼形似满月，皮薄不裂，内馅饱满不溢，表层包裹上一层厚厚的优质芝麻，烘烤至金黄，鲜香浓郁，酥脆可口，香甜化渣。内馅用料丰富，甜度适中，甜而不腻，馨香馥郁；外皮黄而不焦，香味扑鼻。若将一块梓山麻饼放入嘴中轻咬一口，即可感受到入口时的酥脆和内馅的丰富浓郁，为老少咸宜之佳品。梓山麻饼精选优质花生、优质芝麻、香葱、冬瓜条、橘皮等原料进行纯手工工艺制作，这也很好地保证了麻饼的质量。梓山麻饼是纯绿色健康食品，低糖分且营养丰富，没有任何食物化学添加剂，保质期为60天，尤其注重食用的新鲜性。而且基于食品安全的角度出发，梓山麻饼目前多为独立包装，更好地保证了梓山麻饼的储存卫生条件。

制作梓山麻饼的具体流程：准备配料阶段（馅料、皮料）→制作馅料阶段→分皮分馅→包馅揉团→上芝麻→压模成型→放烤箱→通风晾凉→保存→包装出售。

（三）梓山麻饼制作原料的选取

梓山麻饼的制作原料主要有优质小麦面粉、白砂糖、麦芽糖、食用油（自榨花生油）、优质花生米、优质芝麻、葵仁、冬瓜条、橘饼、香葱等。

1. 优质小麦面粉：是用小麦加工而成的，通常是经过专业机器——打面机的处理，将小麦中的胚乳分离出来，将其细磨制成面粉。通常情况下，分离出来的麦麸可以用来制作杂粮饼干或者作为饲养家禽的饲料。与其他谷物相比，小麦面粉中的蛋白质含量较高，通常在11%以上，碳水化合物含量在70%以上。小麦面粉在加水揉制后可以做成面筋，也可制成馒头、饼或面条等多种食物，是我国北方大多数地区的主要食物。另外，小麦粉中含有的淀粉、纤维素和其他糖类可以为人体提供能量来源。

2. 优质花生：是一种可直接食用或加工后再食用的坚果，江西地区也有种植。花生中有着丰富的营养物质。另外，它的药用及食疗价值均相当高。在选用花生时，一定要选用优质花生，这样制作出来的馅料口感才会更为酥脆。

3. 花生油：呈淡黄色透明状，色泽清亮，有花生的香味，芳香四溢，容易被人体吸收和消化，其含有的营养物质对人体也十分有益。一般来说，制作梓山麻饼所用的花生油也都是梓山地区人民自家种的花生所榨成的。

4. 白砂糖：呈白色透明状，比红糖的甜度偏低，烹调时经常取用少量进行调味。在制作梓山麻饼时也是将其放在馅料中以增加麻饼的甜度。

5. 麦芽糖：为透明状晶体，在水中易溶解，可制作成麦芽糖浆。这里的麦芽糖与白砂糖作用相似，主要是用来熬制糖浆，为和制梓山麻饼的馅料做准备。

6. 优质芝麻：芝麻，它被人们称为八谷之冠，又名脂麻、胡麻。在我国，它是主要的油料作物之一，应用价值极高。最常见的芝麻品种有白芝麻和黑芝麻。一般来讲，制作梓山麻饼时选用的芝麻为白芝麻。

7. 葵仁：即我们通常所说的"瓜子仁""葵花子"，其含油量极高。在制作梓山麻饼时充当馅料的一部分，在经烤箱的烤制后，变得更加味香可口。

（四）梓山麻饼的生产工具

制作梓山麻饼的生产工具有：案板、擀面杖、烤箱、锅具、刀具、盆（桶）、麻饼模具。

1. 案板：一种炊事用的台板，通常为木制品，用来提供宽阔的制作麻饼的空间。在制作梓山麻饼时，案板主要为揉切面团和将馅料切丝或切碎提供空间。

2. 擀面杖：一种在中国拥有着悠久历史的烹饪工具，形状为圆柱形，长度规格不等。制作麻饼时一般选用长约20厘米的擀面杖即可，起到压制麻饼面皮的作用。

3. 锅：其形状为圆形中间凹陷，多为铁制，是一种炊事用具，可对食物进行炒、煎、炸等工作。制作梓山麻饼时锅的作用主要是用于熬制糖稀和调制馅料。

4. 盆或桶：一种盛放东西的工具，中间凹陷，这里的盆或桶主要用于麻饼馅料的调制、揉制及醒面工作。

5. 麻饼模具：梓山麻饼的麻饼模具有多种，有木制的模具、塑料制的模具等，将还是麻饼前身的圆团放进麻饼的模具，通过手的压力使其形状发生改变，初步形成一个个形状大小相似的梓山麻饼。

6. 烤箱：一种电器，主要用来烤制糕点和肉制品等。根据所放食物种类的不同，烤制的温度也有差异。制作麻饼时，放到烤箱烤制是一项重要的步骤，温度和时间需要很好地把握。

（五）梓山麻饼的制作技艺

由于梓山麻饼的制作过程具有相对柔性的特点，使得我们对于它的原料配比难以精确量化。实际上，当地手工制饼人为了保证梓山麻饼的口感和质量，对于其调配馅料、揉制面团等工序都需要手艺人进行手工的"度"的把握，仅靠机器难以准确把握，这也是为何目前制作梓山麻饼仍是保持手工制作的最重要原因。

1. 准备配料阶段

（1）初步准备馅料

将花生米、葵仁等坚果类切碎或者捣碎成小颗粒状，不可捣碎成粉末，这样会极大地影响梓山麻饼的口感；另外，需要将冬瓜条、橘饼、香葱切成细小条状，加上芝麻，一同放在一个容器内备用。馅料的选用及配比也可依据个人口味而定，并没有严格的规定。

（2）初步准备皮料

将小麦面粉与花生油按照一定的比例进行调配，然后用手揉制均匀，反复多次将面团进行折叠揉制，使面团更为劲道从而形成酥层。再将面团放置一会儿，即醒面片刻后，就可拿来去制作梓山麻饼的外皮了。需要注意的是，醒面的过程中需要将揉好的面团静置一会儿，时间上大概需要20分钟，面团上需要盖上一块干净的湿布，防止在醒面的过程中面团表面出现干裂或者其他东西弄脏面团，这个过程会使得面团的韧性和延伸性增强，避免在之后揉制面团时出现绽裂情况。

2. 制作馅料阶段

首先是熬制白砂糖稀，将白砂糖和麦芽糖放入烧热的锅中熬制，待固体的白砂糖和麦芽糖全部融化为液体的糖浆且呈焦糖色时，便将前面已经初步备好的馅料倒入糖浆中进行搅拌，然后将搅拌均匀的馅料装进盆或桶中备用。

3. 分皮分馅

（1）分皮

将揉制搓匀且醒好的面团切成一个个分量相当的小型面团，把小面团用手揉压成一个小圆饼，然后擀皮备用，擀成的面皮呈圆形，面皮厚度也需适中。

（2）分馅

可以将刚才已经制作好的馅料切成一个个大小相等的内馅，然后将馅料揉成圆形小团馅料备用。

4. 包馅揉团

把面皮平摊到手面上，五指微弯，呈拱形，然后将揉好的小团馅料裹进擀好的圆皮之中，让香甜可口的馅料牢牢裹进饼皮之中，使饼皮均匀松软，再用手捏面皮边进行封口，再次滚成圆团状，注意不要使馅料漏在饼皮外面。

5. 上芝麻

将裹好的圆团在尽是芝麻的世界里随意翻滚，尽可能使圆团表面沾满一层厚厚的芝麻。

6. 压模成型

将表层裹好芝麻的圆团放进麻饼模具之中进行压模，压模后成饼胚，然后将饼胚从模具中轻轻取出。此时，取出的饼胚已经呈现出麻饼的雏形了。等到一个个饼胚制作完成后，就可以准备分批放进烤箱进行烤制了。这一步骤需要注意的是，压模和取出饼胚的动作要轻，以免将馅料挤出。

7. 放烤箱

烤箱的温度需要设置在250℃—300℃之间，在烤箱内放置10分钟至15分钟，然后取出麻饼进行翻面，再进行10分钟至15分钟的烤制，之后便可取出烤箱进行晾晒了。此时的麻饼已被烤制得两面金黄，经过这一系列步骤，酥香浓郁的麻饼便制作完成了。

8. 通风晾凉

新烤制完成的梓山麻饼需要通风晾凉，这一步骤可以使得麻饼更好地降温，彻底放凉后的麻饼方便储存。新制成的梓山麻饼十分酥香，如果在麻饼温度较高时便将其放在一起储存，麻饼很容易失去酥脆的口感，且容易较快发生变质。

9. 保存

梓山麻饼经过手工制作再加烤制完成，由于其是纯天然绿色生产，没有食品添加剂和防腐剂，存放时间通常为 60 天。于都地区农户自己制作自家享用时通常为了方便，会放置在硬纸盒中进行保存，存放地点多选在干燥阴凉处。而用来出售的梓山麻饼则会在晾凉完成后，装袋、装箱进行保存。

10. 包装出售

为了方便食客的食用和储存的方便卫生，梓山麻饼通常是单个麻饼独立进行包装，然后放在统一定制的图案精美喜庆的礼盒中进行出售。

（六）梓山麻饼的重要价值和发展现状

在制作选材和手法上，梓山麻饼在秉承手工制作的基础上，选用多种优质原材料，富含多种营养物质，营养价值极高；制作过程经拌、揉、搓、烤等多道工序。梓山麻饼一年四季均有出售，特别是每逢中秋佳节到来之时，当地及周边地区的人们都会购买梓山麻饼，或者是与自家人一同享用，或者是当作礼品赠予亲朋好友品尝。特别是新鲜出炉的梓山麻饼，人们更是排起长队争相抢购。梓山麻饼作为当地人在中秋节日必吃的美味食物，深深影响着他们的节日民俗。对于当地人来说，他们哪怕在外求学或者工作，都会在中秋节日或日常生活中将自己的浓浓乡愁寄托在这一块块梓山麻饼中。这份乡愁是难以割舍的。

梓山麻饼作为梓山的特产之一，占据于都人中秋节文化的中心位置，现已成为梓山地区一种独特的文化符号，承载了于都人民的片片乡愁。杨师父一直致力于打造"梓山杨麻饼"品牌，希望通过麻饼的输出将梓山故事传播出去，使梓山文化得到更好的发展。

目前，于都县梓山镇已有多家制作梓山麻饼的企业，带动了梓山地区的经济和旅游业发展。众多游客慕名而来，为当地经济发展注入了新的活力。但由于梓山麻饼要求以严谨的手工技艺进行制作，因而机器生产难以对其进行替代，难以将梓山麻饼纳入大规模产业化生产之中，供不应求的场面常常出现。总体而言，手工制作的梓山麻饼产量较少，很难打开销路的大门。

（七）梓山麻饼的存续情况

随着经济的快速发展，传统手工制作梓山麻饼的老手艺人相继老去，且随着就业渠道的不断扩宽，年轻人越来越多将自己的发展出路投向大城市，不愿意继承老一辈的手艺和职业。年轻人或许是出于收益的考量，或许是不愿忍受手工艺人的艰辛，多选择远离乡村在外打拼，使得目前能够制作梓山麻饼的年轻人越来越少。所幸仍有一些年轻人愿意待在乡村，传承这一传统手工制作麻饼的技艺，"梓山杨麻饼"创始人杨金洋便是代表。

杨师傅从小便受到其外祖父一家制饼氛围的熏陶，后从师其舅舅进行手工制饼技艺的学习，经过二十余年对梓山麻饼制作的改良升级后，杨师傅的梓山麻饼，在于都地区乃至江西省都颇具名气。总之，梓山麻饼作为于都县重要的非物质文化遗产，需要国家和社会的保护，我们应尽可能挖掘其商业价值，通过多种方式对传统手工制作梓山麻饼的技艺进行保护、传承和发展。

二、于都珍珠粉制作技艺

于都珍珠粉俗称"珠粉""筛珠粉"，呈乳白色，是将优质早米经过磨浆、过滤、晾晒及搓筛等工序后制成珍珠状，放在鸡鸭鱼肉类荤汤或素菜汤中食用的一种独特的客家美食。相传，其制作工艺可以追溯到西晋的移民迁徙运动时。直到现在，珍珠粉在于都人的心目中仍占据极为重要的位置。于都客家人也一直流传着制作、食用珍珠粉的饮食习俗。不过，随着经济的快速发展，近年来机器生产陆续出现，这种传统手工制作珍珠粉技艺的保存和延续面临挑战。为了真实地反映当前于都珍珠粉的制作工序及留存情况，在已有工作的基础上，笔者于2021年5月赴于都县禾丰镇园岭村，在于都珍珠粉传承人之一李小琼女士的帮助下，对珍珠粉的制作技艺进行实地考察。笔者希望通过文字的形式对传统手工制作珍珠粉的技艺进行纪实性描述，记录其细致烦琐的制作工艺，并指出其生存状态及目前所面临的问题。

（一）于都珍珠粉历史渊源

于都珍珠粉是于都地区极具特色的客家美食，其制作工艺可以追溯到西晋时期。相传，珍珠粉的发明与当时大批汉人南迁至赣南地区有很大关系。于都当地广泛流传着一个珍珠粉的传说，在西晋时期，有一位非常勤劳、智慧的妇人也在南迁移民之列，经过长途跋涉，走到了现在于都县禾丰镇（当时的禾丰还名为"木丰"）。历经了路途的辛苦，她决定落脚在这个地方。相传，也正是这位巧妇在木丰地区发明了这种传统特色美食——珍珠粉。这位巧妇将常见的大米通过浸泡、磨浆等一系列复杂工序后，做成一颗颗小小的形似珍珠的圆形颗粒，并为其取名为珍珠粉。之后，这位巧妇又发明了珍珠粉的美味吃法，即捕来木丰"狗牯塘"的鲜鱼炖成鱼汤兑在珍珠粉上，使得其味道非常的鲜美可口。于是，巧妇将自己制作好的珍珠粉拿到墟上出售，因其味道鲜美、香飘四溢，吸引了许多过往行人前来购买品尝。人们在品尝过后，回味无穷。后来发展到人们都争相前去购买。无论是富贵人家还是贫穷人家都对这种好吃的珍珠粉好评不断，喜爱不已。因手工制作供给有限，加之人们对其喜爱无穷，常常出现珍珠粉供不应求的场面。

至今在于都县禾丰地区，仍广泛流传着"有钱好，没钱乖，有钱难买狗牯鱼，没钱难买'珍珠粉'"的民间歌谣。时至今日，珍珠粉仍然作为于都县传统而又美味的客家特色美食受到人们的广泛欢迎。

珍珠粉在于都地区能够广泛流行，一方面得益于原材料的获取十分方便。珍珠粉的制作原料必须选用优质早米，虽然优质早米通常在卖相上不如市场上用来煮食的大米好看，但在价钱上却高出市场上大米价一元。如今，这种早米在当地仍有不少农户在种植。选用优质早米作为原料是制作珍珠粉的最佳选择，这样制作出来的珍珠粉口感上会更加富有弹性，且不易在煮时散开。如果选用市场上普通的大米进行制作，做成的珍珠粉在煮时会易烂散开，口感较差。另一方面，珍珠粉在于都地区得以广受欢迎，也离不开于都客家人特有的饮食民俗。逢年过节时，于都客家人都会将一碗碗珍珠粉端上餐桌，一家人共同享用，久已成习。当问及珍珠粉传承人之一李小琼女士，"每逢节日食用珍珠粉是否有什么说法"时，她讲道："我们农村好像家家户户也是一样，过节一定会煮的，过年杀了鸭子的汤一定是用来煮珠粉（珍珠粉），没有什么特别的说法，大家也喜欢吃，也成为一种习惯了。"[1]当问及"如果有人家在节日时没有煮食'珍珠粉'会怎样"时，传承人李小琼女士回答道："我们邻里之间，知道谁家过节没有做到珍珠粉吃，就会喊她过来一起吃。"[2]言语之中我们便可感知珍珠粉在她们日常生活中的重要位置，以及客家人待人接物上的热情善良。

（二）于都珍珠粉的基本内容和主要特征

珍珠粉为大米制品，没有其他添加物，是纯天然绿色手工制作食品。呈乳白色固体珍珠状，大小与绿豆相似，有谷香味，煮食味道鲜美，入口溜滑，咀嚼筋道。不仅如此，珍珠粉也具有丰富的营养，易于为人体消化吸收。一直以来，于都珍珠粉讲究无荤不吃，或与营养菜汤类进行搭配，不做甜汤类搭配，具有极高的营养价值及很好的养生效果，且可作为一日三餐的主食佳肴，反映出客家独特的饮食民俗。目前，于都珍珠粉的制作技艺主要集中在于都县禾丰镇、利村乡、小溪乡、铁山垅等地区，均是客家人所在地。于都珍珠粉作为市级非物质文化遗产，时至今日其表现形式仍未脱离于都人民的日常生活空间，与当地人们的生活密切相关，是逢年过节、拜亲访

---

[1] 访谈人：笔者。受访人：珍珠粉传承人李小琼（女，53 岁）。访谈时间：2021 年 5 月 29 日。访谈地点：于都县禾丰镇园岭村。

[2] 同上。

友不可或缺的餐桌美食，其制作技艺在女性群体中世代传承，沿袭至今。其制作流程：选取优质原料→浸米→磨浆→滤浆→粉块晾晒→搓制→筛制→颗粒晾晒。

（三）珍珠粉的制作原料的选取

珍珠粉为米类加工制品，是纯天然绿色食品，其制作原材料选用优质早米。

优质早米：早米是当年种植且收获的第一季稻谷去皮制成，生产周期比较短，通常是 80 至 120 天。与晚米相比，早米的米质较疏松，黏性较小，透明度、光泽度和耐压性较差，糊化后的体积也较大。另外，因为早米中含有较多的稗粒和小碎米，所以用早米煮成的米饭，食用口感也比晚米差。一直以来，很多产稻地区的农户，常常将收获的早米用作家庭饲养家禽的饲料，早米也被作为工业粮或者储备粮出售。总之，正是早米的种种特性，使得它成为制作珍珠粉的最佳原料。

（四）制作工具

于都珍珠粉制作所需要用到的工具大多见于于都农户的日常生活之中，其制作工具主要有水桶或盆、碾米机、红砖、白布、草木灰、大圆簸箕、大孔米筛、小孔糠筛、鸭毛或鹅毛等。

其中，桶或盆是用来浸米的工具；碾米机是用来将原料优质早米碾制成米浆的工具；红砖和草木灰是用来吸浆滤浆的工具；白布是为了使米浆易渗透尽快成粉块且保证卫生性的工具；大圆簸箕是珍珠粉制作过程中用来搓粉的工具；大孔米筛是用来筛制珍珠粉和筛选成型的珍珠粉大小是否符合标准的工具；小孔糠筛是用来将珍珠粉筛制成型的工具；鸭毛或鹅毛是在珍珠粉晾晒时为了更好拂开且不破坏珍珠粉形状的工具。特别是就地取材式的鸭毛、鹅毛的使用，体现出于都人制作珍珠粉时的勤劳智慧和创新实用精神。

（五）珍珠粉制作技艺

于都珍珠粉选用的原材料为优质早米，通常 100 斤早米可以制成 80 斤珍珠粉。于都地区很多居民都掌握着制作珍珠粉的手工技艺，但制作出的珍珠粉却有口感上的差异，究其原因，当地人对此有不同的看法。珍珠粉传承人之一李小琼女士认为选用的米的质量优劣决定了制作出来的珍珠粉好不好吃，她提出无论采用手工筛制还是机器筛制，最后做出来的珍珠粉差异并不很大；但附近罗坳镇一位村民却认为，机器筛制出来的珍珠粉价格上更为便宜，但口感上并不如手工筛制的有弹性，煮时也容易煮化。

笔者作为外来调查者，并没有制作珍珠粉的实践经验，无法就手工与机器制成的珍珠粉口感差异做出正确判断，但可以了解到当地人对于珍珠粉都非常地熟悉，几乎人人都可以就其发表些自己的见解。

就珍珠粉的制作时间而言，一般选在每年农历的六月至九月，这一时期优质早米已经收割完成，当地妇人也处在农闲时期，于是亲朋好友，互相邀约，开始制作起珍珠粉。珍珠粉传承人李小琼女士在讲述珍珠粉制作工艺时，多次强调用手感把握制作过程中的"度"，而手感的准确把握离不开多年来制作者所积累的制作经验。通过了解珍珠粉的制作过程，我们可以得知，珍珠粉的手工制作是一种需要经验与智慧相结合的技艺。另外，珍珠粉不仅在手工制作上有细致的要求，在其煮食上也有独特的讲究。

1. 珍珠粉前期制作阶段

（1）浸米

当地人制作珍珠粉，第一步是将米浸泡。浸米选取的是当地人自己种植的优质早米，即选用优质的早米放在桶或盆中进行浸泡。浸泡的时间需要依据天气而定，最少约十二个小时，但一般情况下是浸泡一天一夜，甚至也有人将米浸泡了七天七夜。

（2）磨浆

将浸泡好的早米碾磨成米浆，这一过程需要将米浆磨制的越细越好。

（3）滤浆

过滤米浆时需要提前在地上铺制一层红砖，接着将白布铺在这层红砖之上，之后将磨制好的米浆倒在这层白布之上，然后再在米浆上盖上一层白布，紧接着在这层白布上铺上一层草木灰。红砖和草木灰起到的都是吸浆滤浆的作用。这一过程通常持续一个多小时，待其吸干凝固成粉块状时便可进行晾晒工作了。

（4）粉块晾晒

人们通常在早上七八点钟开始晾晒，通常晒到中午的十二点一点左右，晾晒的时长与天气密切相关。晾晒是否完成需要依靠手感去试，既不能太干，也不能太湿。根据珍珠粉传承人之一李小琼女士的说法，把晒制的米粉块拿在手上，感觉其有点轻飘时便可以进行下一步的搓制步骤了。

（5）搓制

将刚晾晒完成的大块米粉块放在大圆簸箕中用手搓成小块，这一搓粉的步骤使得米粉块的大小更为匀称，方便后面将其筛制成小型的珍珠粉。

（6）筛制

筛制是珍珠粉成型的重要一步，需要两个人的密切配合，其中一人持大孔米筛，另一人持小孔糠筛。筛制时需要将已经搓好的小米粉块放在上层的大孔米筛上，由此筛入下层小孔糠筛之中。相对来说，下层持糠筛者更为辛苦，其转动糠筛的频率也要更快，需要不停地旋转糠筛。此时在下层糠筛中的小米粉块借助转动的力量逐渐发生粘裹从而变大、变圆，等到小米粉块变得圆润且有绿豆大小时便将其倒入上层的大孔米筛中过筛。这时，留在上层米筛中的大小相似的珠状颗粒就可以拿去晾晒了，而掉入下层糠筛的珍珠粉颗粒则需要继续滚雪球的增大过程，最终成为留在上层米筛中的大小相似的珠状颗粒，然后进行晾晒。筛制这一过程使得制成的珍珠粉大小更为均匀，也是制作珍珠粉的关键步骤之一。

（7）颗粒晾晒

珍珠粉的晾晒工作需要在天气较好的情况下进行。晾晒时需要倒在白布上，用一片鸭毛或鹅毛轻轻将"珍珠颗粒"拂开。晾晒的时间依据天气情况而定，待其晒干后，珍珠粉的前期制作就完成了，人们便可储存食用了。通常来说，手工制作的珍珠粉是放在防潮袋中进行封口保存，一般保质期为两年。

2.珍珠粉后期煮食阶段

（1）一次煮制

将清水烧至沸腾，然后慢慢撒入珍珠粉，撒的过程中需要用筷子不停地搅动，以免珍珠颗粒成糊状或结团，煮制两三分钟左右，待"珍珠粒"沉入锅底即可捞出。

（2）冷水浸泡

将捞出的珍珠粉放入冷水盘中浸泡，浸泡时间至少需要两三个小时，待到"珍珠颗粒"泡至内无硬心即可用来煮制了。

（3）二次煮制

将浸泡好的珍珠粉捞出滤水，然后放入正在煮开的汤中。选用的汤既可以是鸡鸭鱼肉汤，也可以是萝卜、鸡蛋等汤。此时不需要再次搅动，煮制两三分钟后，即可关火食用。也可将浸泡好的珍珠粉放入正在沸腾的清水中煮制两三分钟，再将其捞出并兑入提前准备好的汤中，即可食用，可以根据个人口味喜好加入相应的配料。于都珍珠粉主要搭配在鸡鸭鱼类肉汤或者素菜汤中，不做甜汤类搭配。

（六）珍珠粉的重要价值和面临的问题

珍珠粉选用当地优质早米作为原料进行制作，取材方便，操作过程简单易学，一般农家妇女皆可掌握。其制作过程以女性群体为主，经过客家女性的一双巧手，一粒粒大米摇身一变，就成了颗颗"珍珠"，大米本身的附加值得到提高。制作期间，女性结伴互助，互相交流制作及生活经验，形成自己的交往群体，展现出客家女性热情智慧的生活状态。同时，也展现出女性在非物质文化遗产传承与保护中扮演的重要角色。因其口感好，营养高，易消化且具有健脾养胃、疏通血脉等功效，受到当地百姓的喜爱和欢迎。手工制成的珍珠粉每斤零售价约为12至15元之间，虽然多以零售为主，但仍拥有很好的销售市场，常常供不应求。珍珠粉作为客家饮食文化中的一朵奇葩，在每家每户逢年过节、亲戚往来时，都是餐桌上不可或缺的美食，也是赠送亲朋的上好选择，渐渐形成于都地区独具特色的客家饮食文化。时至今日，该地区有关珍珠粉的传说、民谣仍广为流传。一颗颗小小的珍珠粉，凝聚着一个家庭制作珍珠粉时的欢乐记忆，也使得珍珠粉在实际价值中注入了珍贵的情感。于都珍珠粉作为当地人在各种节日中必吃的美味食物，深深影响着这里的人民。于都人哪怕在外求学或者工作，也会随身携带一些珍珠粉，即便远在异地，也会在特殊节日或日常饮食中将对自家家乡的浓浓乡愁寄托在一碗碗的珍珠粉中。

近年来，由于机器生产愈发普及，当地已陆续出现机器制作珍珠粉的商户，其出售的价格低于手工制作的珍珠粉，通常为每斤 6 元。而手工制成的珍珠粉每斤零售价约为 12 至 15 元之间，于是一些食客慢慢转向购买价格较低的由机器筛制的珍珠粉。加之手工制作珍珠粉需要复杂的程序，要耗费相当的人力、物力和时间，机器的出现使得当地妇女较少再去手工制作珍珠粉。目前，传统手工制作珍珠粉的技艺受到严重冲击。

（七）珍珠粉传承方式及主要传承人

1. 传承方式

于都珍珠粉的制作工艺主要保持了母女传、婆媳传、姐妹传、亲友传的传承模式，使得这一传统的手工制作技艺得以传承和发展。

2. 主要传承人

目前，于都珍珠粉代表性传承人有三位，均为女性传承人。她们分别是禾丰镇园岭村的李小琼女士，1968 年生；利村乡狮石下村的陈春兰女士，1965 年生；禾丰镇冬光村的刘冬凤女士，1943 年生。

就于都珍珠粉而言，作为当地特色食品，已成为当地饮食中不可缺少的重要一环。在于都地区，几乎每家每户的妇女都掌握着这一制作珍珠粉的技艺，她们从孩童时代便开始从自己的长辈那里学习手工制作珍珠粉的技艺。在每年农历的六月到九月，于都地区的妇女们便开始忙于制作其家庭一年中大概食用的珍珠粉。每逢节日或亲戚来访，她们都热情地拿出珍珠粉招待客人。在她们看来，制作和食用珍珠粉已成她们生活中习以为常和不可缺少的饮食习惯，而于都妇女也在她们自身的日常生活实践中传承和保护着制作珍珠粉这一传统手工技艺。在珍珠粉制作中，检验晾晒米粉块是否完成的重要步骤需要依靠手感进行把握，制作者称其手感为"飘"（轻）的度，使得对珍珠粉制作不熟悉的人很难对此有较好的把握，因此制作过程中的经验积累显得尤为重要。总体而言，于都客家妇女们对早已熟知的珍珠粉制作技艺可以很大程度地起到保护和传承的作用。

第三节　峡山道菜、于都霉豆腐制作技艺

一、峡山道菜制作技艺

（一）峡山道菜的历史渊源与由来

1. 峡山道菜简述

峡山道菜，为于都县罗坳镇峡山村的一道传统特色食品，其原料为大蔸菜。大蔸菜，形似萝卜，下有圆锥形块茎，叶子青且细长。据峡山道菜非遗传承人杜树平介绍，大蔸菜原为峡山村的一种野菜，后被广泛人工种植。峡山道菜一直采用传统的工艺制作，经晒干、腌制、炒制等诸个工序后制成。其制成后，色泽黄褐，味甘甜清香，余味悠长，且富含氨基酸和其他微量元素。采访时，当地人都表示，峡山道菜有开胃健脾、增强免疫力的功效。民间认为，峡山道菜有延年益寿之功效，所以又被人们称为"长命菜"。

峡山道菜，由于味道鲜美、口感独特且绿色健康，深受峡山村及附近村镇群众的喜爱，一直以来都是当地居民生活中的一道必备美食，同时也是当地居民招待客人的菜品以及走亲送礼的礼品。如今峡山道菜正寻求走出乡村，通过规模化制作，走上城里人的餐桌。如今，峡山道菜已有两家小规模生产的食品厂。近年来，峡山道菜大有走出峡山、走向更广阔的市场的势头。现在峡山道菜在于都已有一定的名气，在赣南地区的市场上也有一定的席位，甚至是远销到了北京、广州、上海等城市。

目前，峡山道菜被评为江西省乡镇企业名优特产品博览会金奖，峡山道

菜制作技艺也已被列为于都县非物质文化遗产名录行列。据于都阿杜食品厂老板说，峡山道菜每年可以为峡山村村民至少带来总计20万元的收入。这些村民主要是为食品公司提供原料和半成品，如果利用得当，可以助力峡山村居民收入提高，且符合乡村产业振兴的发展需要。

2. 峡山道菜的传说

在于都县罗坳镇峡山村境内有一座皇木山，海拔约600米，山上树木众多且品质好，有许多适合做房梁和制造家具的木材。据当地民间流传的说法称，皇木山之名为皇帝所赐。据说，在元朝建大都皇宫的时候，朝廷曾派人到峡山征木材，最终在此山伐得数根合适的原始树木，从贡水入赣江，最终北上运往大都。因此山木材质量很高，故而被赐名为"皇木山"。

因此山的树木奇特且品质好，一直名声在外，清朝乾隆期间，皇帝为制作宫廷家具，亲派大臣来此地采办木材，在峡山村请了当地村民伐木。而伐木是力气活，伐木工人容易饿，就把当地的一种腌菜（即峡山道菜）带到山上充饥。后来这种不起眼的食物被采办的官员发现，官员品尝后大呼味道独特，且甜中带有特殊的清香，就把这种菜带到了皇宫。乾隆皇帝品尝后大为赞赏，峡山道菜也因此成为当地的一道经典美食。

3. 峡山道菜名称由来

峡山道菜中的"道菜"究竟为何意？其名因何而来？对此，经过调查，笔者发现，关于峡山道菜的得名有以下两种说法。

其一是与制作技艺有关。制作峡山道菜时，最关键的腌制环节，需要把坛子倒过来，将坛口扣在盛有水的碗上，以此作为密封措施，防止口气进入坛中。因为有这样一道流程，且"倒"与"道"同音，故而被称为"道菜"。

其二是说峡山道菜与当地的道家信仰有关系。因为道家喜食素，故而道士们自己种大蔸菜，且将其晒干后制作成腌菜，而后这种食物在普通百姓中得以普及，人们便将其称为"道菜"。

（二）制作过程及技艺

1. 原料及选材

为保证味道，峡山道菜在选材上要求很高。制作峡山道菜的材料必须要打过霜的大菟菜，大菟菜的块茎和叶子全株皆可一起入菜。大菟菜生长在寒冷的冬季，害虫不易生长，所以当地种植大菟菜的农民在种植时一般不用施农药。在肥料的选用上，当地农民都施用农家肥，这也保证了取材的绿色健康。

峡山道菜的材料精选自打过霜的大菟菜，是有科学依据的，也是当地民众经过长时间积累下来的经验。大菟菜一般在农历十月左右播种，冬春为其生长期，而冬春季节多霜，打过霜的大菟菜里的淀粉在植株内淀粉酶的作用下，由于水解作用，变成麦芽糖酶；又经过麦芽糖的作用，变成葡萄糖，使得大菟菜内的糖分更为充分。而葡萄糖极易溶解于水，这样腌出来的峡山道菜，更加清甜。

2. 清洗与晾晒

夏天，是大菟菜收获的季节。这个时候，种植大菟菜的农民会把收割的大菟菜洗净，去除菜上的泥沙，再将其在太阳下晒干。为保证口感，必须是晒干，而不能是阴干。把大菟菜的水分基本晒干后，再将其按适当的大小一匝一匝捆起来。为了方便装坛，每匝大小约比腌制的坛口稍微小一点。捆好的菜干可以直接用于腌制，也可以保存一段时间再腌制。

3. 腌制与封坛

把捆好的干大菟菜装进坛中，加入少许细盐，再倒入酿制客家黄酒时的酒糟。据传承人杜树平介绍，加入酒糟有两个作用，一是可以起到防腐的作用，二是可以使得腌制出来的"道菜"与酒糟的味道进行融合，使其更加香甜。这种甜味与大菟菜经霜后本身的甜味结合在一起，形成其独特的风味。通过这种独特的腌制方法而形成的独特味道，是峡山道菜的一大特色。

为了保证美味口感，腌制时间一般要求为两年，最少不能低于一年。腌制过程中，储存室的室温要保持在22℃左右。传承人杜树平说："以前对于温度是以经验来感知的，现在科技发达了，可以对室温进行精确化测量了，这样就把最适宜的温度固定下来。这个温度是反复验证过的。在腌制过程中，保持22℃的室温，这样腌制的道菜在腌制过程中不容易坏，而且口感也更好。"

封坛这道工序也尤为重要。在绑住坛口后，还需要将坛子倒放在装有水的碗中，以达到隔绝空气的效果。为了防止碗里的水在蒸发后减少以影响密封的效果，同时也是为保持碗里的水的新鲜，每个星期应该酌量加或换一次水。勤换水可以保证峡山道菜在腌制过程中的质量。因为峡山道菜腌制时间较长，如果中途进"风"（"风"：在当地方言中，"风"指的是在腌制过程中所进的空气），那么之前长时间的腌制时间将功亏一篑。

4.炒制

峡山道菜的制作技艺还包括炒制的环节。在腌制好后，要想品尝峡山道菜的美味，炒制也是非常重要的。炒制的工序很简单，但是非常考验经验。首先，将腌制好的道菜从坛中取出，将其再次洗净，且将外表的水分沥干；然后，切成适当大小，用温火将锅烧热，锅内不加油，适当煸去部分内部水分，火候必须要把握好；再而，在热锅中加入凉油，油热后倒入道菜，调料一般是盐、辣椒即可，不需要过多的调料。峡山村村民认为，只加需要的调料，其他一律不加，这样峡山道菜的香味才不会被其他调料喧宾夺主，才能保持峡山道菜这道菜本身的清香。如今，峡山道菜的炒制与传统的方法相比在口感上进行了一定的改进。以前的峡山道菜是比较干的，如今为了适应现代人的口味，在炒制过程中，多加了一些食用油，使得峡山道菜更加丝滑可口。

5.品质的评判

峡山村村民对腌制的峡山道菜的质量要求很高。因为是入口之物，无论是在口感上还是安全上，峡山村村民都非常讲究，且有一套评价标准。腌制出来的品质如何，主要有两个评判方法。第一的方法是"看"：一看颜色，如果菜体呈黄褐色，没有发黑发紫的，便是品质好的；二看叶子，看菜叶有没有烂的，因为菜叶是最容易烂的地方。如果菜叶是好的，其他地方基本也就没有问题；如果有烂叶，便是品质差的，是不能用的。第二个方法是"闻"：通过闻气味，如果有自然的清香味便是好的，不好的道菜，其散发出或轻微或浓厚的异味，对于这些异味，当地人统称之为"臭风"（"臭风"：当地方言，即在腌制过程中因进入空气导致变质而产生的酸臭、腐臭等味道）。

（三）峡山道菜制作技艺可传承与发展的价值

1. 工艺和产品价值

峡山道菜在制作上工艺独特，精益求精。在峡山村，几乎家家户户都会做"道菜"。其实"道菜"的分布不仅限于峡山村，在峡山的周边村落与乡镇均有制作和食用"道菜"的习惯。但是峡山道菜的工艺是与其他地方有区别的，这也造成了口感上的区别。峡山道菜的主要特点体现在其制作工艺上：精选打过霜的大菀菜，并在腌制的时候加入酒糟，而且腌制时间要足够长才行。在峡山道菜的腌制过程中，每道工序都极其讲究、精益求精，以此保证峡山道菜的品质。此外，因为人们注意腌制过程中的室温控制和密封性，使得峡山道菜在坛子里可以保存两年。在过去物资匮乏的时代，需要一种通过特殊的储存方式制作的不易坏且能长期食用的食物，这使得峡山道菜成为一道非常重要的菜。到如今，人们不再以追求保存时间为目的，而更加追求口感。经过长时间腌制的峡山道菜，清甜味更加突出，味道更佳，且亚硝酸盐含量更低。另外，峡山道菜绿色健康，这其中一个原因是工艺上的精细严格且无添加剂；另一个原因是选材上取自绿色天然的大菀菜，因为大菀菜几乎无须农药和无机肥料就能生长，可以说是有机蔬菜。

峡山道菜具有清甜、清香的独特风味，能够搭配多种食材。峡山道菜作为一道风味开胃菜，清甜可口、解腻而开胃，可以与多种食材进行搭配并相互融合而不会影响味道。其中最经典的搭配是"道菜扣肉"，即用峡山道菜来替代霉干菜与扣肉一同烧制。因霉干菜是酸的，而道菜是甜的，因而，这种搭配将扣肉的肉香与道菜的清甜结合，集甜、咸、香于一体，味道具有层次感，厚重中带有清香。又如"盐菜酥"（又叫"咸菜酥"），其以峡山道菜为馅，外层裹着面粉，炸制而成，其味道外酥脆而内香甜。另有"炸丸子""烧卷子"等菜品的制作中也会加入峡山道菜来作为辅料。此外，峡山道菜还可以配其他风味小吃，配瘦肉、青椒等进行小炒，配汤食等。如今峡山道菜已经成为当地餐桌上不可缺少的一道特色主菜和佐餐菜品。

2. 文化价值

峡山道菜及其技艺，是有源远流长的历史和丰富的文化内涵的。峡山道菜作为世代相传的传统食物，一直延续至今，长期为当地人所食用，衍生出了有趣的故事和传说。峡山道菜就地取材，且在发展过程中具有了人文色彩，其受到自然环境和人文社会给予的双重影响，使其成为峡山村的饮食文化的载体，透过这道食物，可以感受到当地的一些相应的自然风光和人文风俗，这些给传统食品以除实物本身以外的无形价值。

峡山道菜及其技艺展现了当地人的长期经验的积累和智慧。峡山道菜，在千百年来的饮食制作实践中，在制作技艺长期的发展历程中，积累了宝贵的经验。而且，峡山道菜的制作是以经验为主，虽然大体味道一致，但是不同的人制作的峡山道菜的味道却有些许不同。当然，这种经验并非一成不变的，在工业化、规模化不断发展的今天，峡山村有部分乡镇企业的企业家一直在寻求规范和创新。峡山道菜的制作技艺是民间智慧的结晶，代代相传下来，经过不断传承和发展，服务于当地的人民。

峡山道菜丰富了峡山村的饮食文化。峡山道菜不仅仅是一道食品，更是人情社会的展现，因为人在饮食文化中扮演着选择、创造、使用和传承的角色。关于峡山道菜的故事传说，为峡山道菜增添了神秘和古老的气息。峡山道菜的工艺是峡山村饮食文化不可或缺的一部分，峡山道菜制作过程中的精益求精，也是一种"工匠精神"的体现，且制作技艺是一种非物质文化遗产，峡山道菜中还蕴含着人们的生活态度，以及其中所展现的生活世界和精神世界，这些都是饮食文化中的一部分。作为一道非遗美食，峡山道菜展现了峡山村的人间烟火气，在当地百姓的饮食习俗之中，讲究对色、味、质等方面的完美结合，以及"原汁原味"之法和"配菜之道"等。

3. 实用价值

助力乡村旅游。峡山道菜作为峡山村的一道传统美食，如今已经给当地人民带来了一定的经济价值，但是还是仅限于包装的峡山道菜的销售。在乡村旅游正在如火如荼地进行的情况下，峡山道菜这道地方特色美食是可以与乡村旅游结合起来的，成为峡山村甚至于都县的一张美食名片。充分保持峡山道菜的区域性的地方特色，可以增强游客对峡山村地方特色美食文化的了解，进而可以增加人们对峡山村的文化的理解。

开发乡愁消费。目前，峡山道菜有一部分是销售给远在他乡的峡山籍或其他村镇的于都籍游子。他们身处异乡，便会怀念家乡的味道，而峡山道菜便是家乡味道之一。当他乡的于都游子发现可以有渠道购买到家乡的美食，而且是家乡的非遗美食，很容易形成乡愁消费。这时，商家和买家是互相满足的。这样将物质与精神结合起来，是峡山道菜销售的一条路径。如今，制作峡山道菜的食品厂通过使用真空包装、微波杀菌、巴斯杀菌等方法提高产成品的保质期，有能力使家乡美食销往外地。外地游子将峡山道菜宣传出去，能使峡山道菜突破空间界限得以传播出去。

推动乡村就业创业，助力乡村振兴。如今，一些峡山籍的创业者发现了峡山道菜这道传统美食中所蕴含的商机，于是在此投资建厂。据调查，峡山村目前有两家工厂生产峡山道菜，通过这些工厂的努力，基于峡山道菜的采购、制作和销售，其产业链已经基本形成起来了，目前从原料的种植、半成品的收购、加工厂生产及网上销售物流等都解决了一部分农村劳动力问题。但是，峡山道菜还没有形成规模化的产业，峡山道菜的创业工厂还在不断深入挖掘各且扩大市场和产能。通过挖掘产业资源和壮大乡村产业，可以实现"一门手艺带活一门产业，一个能人带活一片乡村"的目标，这样能吸纳更多的农村劳动力实现就业甚至创业，有效助力乡村振兴。

（四）峡山道菜制作技艺的传承与发展现状

1. 优势：现代化生产与营销

笔者所调查的峡山道菜制作技艺的传承人杜树平表示："我这两年跑过九江，到过湖南，千里迢迢就是为了去学包装食品的杀菌和保质技术，为了打开更广阔的市场。"如今，于都阿杜食品厂生产的峡山道菜，在传统制作技艺的基础上，把传统工艺与现代科技相结合，主要是采用无菌真空包装、微波杀菌、巴氏灭菌等方式提高保质期。此外，峡山道菜在实行现代化生产的同时，坚持不添加任何防腐剂，这些措施都有利于峡山道菜的运输和销售。

在销售上，采用线上、线下相结合的模式。杜树平敏锐地发现了互联网对营销的重要性，现在已经借力互联网的春风，对峡山道菜的销售进行大力推广。杜树平主要通过在抖音和快手上开设传统食品专卖店，并且开启直播卖货，这样充分利用互联网流量资源，使峡山道菜的品牌得到更好的宣传，同时也大大增加了峡山道菜在网上的销售量。除了网上卖货，杜树平也积极扩展线下销售渠道，目前线下销售主要是与酒店、餐馆合作，为其长期供货，并且积极参加非遗食品展。

2. 困境：传承困境与规模化困境

如今，峡山道菜制作技艺已经列入于都县的非物质文化遗产名录之中，从官方层面强化了对峡山道菜制作技艺的认可度和重视程度。这项峡山村代代传承的制作技艺被认定为非遗，使峡山道菜成为"非遗食品"。入选非遗，赋予了峡山道菜制作技艺更深刻的文化传承价值，同时也更加明确了传承义务。但是，通过调查发现，其传承仍面临着困境。在传承方面，传承人之间并无明显的师承关系，一般是家庭内部代际流传。虽各家制作技艺大抵相同，但是各家在传承时缺乏交流，技艺封闭且难以规范，目前能够完整熟悉峡山道菜制作技艺的人多为老人。年轻人认为制作流程太多且耗时较久，不如直接购买现成品，因而基本都不愿意学习峡山道菜的制作技艺了。

峡山道菜如今仍多为民间自发制作，不管是大蔸菜的种植还是腌制，主要还是村里的老人来做。这样，除了存在着断代的风险，还存在缺乏技艺规范和标准等问题。虽然村里有制作峡山道菜的食品工厂尝试进行现代化生产，但是其主要还是在村里收购了半成品进行加工和包装，再进行销售。长此以往，预计在十年之后，食品作坊的原料来源可能面临危机。再而，目前食品厂厂房机器较少，并没有实现标准化的规模生产，没有标准化的生产厂房，也没有核心技术。因为没有标准化生产，成本与同类厂家相比相对较高，市场竞争力有限。传统技艺的特点体现于其产品之中，特别是传统食品的制作技艺更是如此，而食品厂主要的努力放在后期营销方面，对产品的技术规范和品牌建设的关注明显不足。对于这个问题，传承人杜树平也注意到了，其说道："目前我也在寻求更多的支持，目前最急切的是要建立起标准化的生产厂房，扩大生产规模，然后打出自己的品牌。"这是个很好的想法，但是，其忽略了两个问题：其一，峡山道菜的品牌价值很大部分在于这道传统美食的文化价值，因为打出品牌必须讲好品牌故事；其二，峡山道菜制作技艺这项非遗的传承是与品牌发展是相辅相成的。这些问题都是亟待解决的。

二、于都霉豆腐制作技艺

在于都县马安乡贡布村的北面，有两脉呈"八"字形的山峦，蜿蜒延绵，竹木苍翠。中间那条通幽的曲径，酷似游蛇，故名"蛇迳"。柔顺的溪流在山涧一路欢歌，在小溪的旁边有一处坝子，地势平坦，空气清新。因为它的幽僻，不失为读书养心的好地方。据说"宝溪八景"（指于都县马安乡上宝）中的"筠阁书声"，就曾经响彻在这里的空谷。就在这个名不见经传的小地方，留给乡人一个久传不衰、津津乐道的故事。

很久以前，蛇迳有一位后生，天性好客，但家境贫寒，食无隔夜粮，身没御寒衣。为了争得面子，他常常在他人面前吹嘘他家如何如何富裕。熟悉他的，都知道他是"没米都要踏三下空碓"的"牛皮客"，不了解他的，常常被他糊弄得信以为真。

农历三月，对农人来说，正是三荒五月（阳历）、青黄不接的困难时期。一天，这位后生去马安乡里赶圩，遇上了大罗那边的一位王姓陌路人，吹嘘他家有一竹篙的腊猪肉吃不完，并邀请他适时到家做客。说者无心，听者有意。过了几天，那位王姓随几个猎人到雪竹崇狩猎，一无所获，路过蛇迳时已经饥肠辘辘。于是，找到那位钟姓后生，不言而喻，自是要吃顿饭。双方寒暄几句后，后生才真正体会到牛皮吹破的窘迫，一时不知所措。不过，喜欢吹牛的人，头脑是灵活的，他急中生智，计上心来，说是开门的钥匙被自己老婆（实际尚未娶）带走，她去外氏家（指女方娘家）了，拿不到腊肉。又说自己如何会享清福，没有学会捞饭，只会煮稀饭。于是，后生用家里仅有的半斤米煮了一擂茶钵的稀饭。拿不出菜来怎么办呢？后生又心生一计，以防人家看到，只在厨房灶面上放置八只泥碗，端出一缸霉豆腐，分别在每只碗里放上几块。饭熟菜就，来客欣然上桌了。后生为表现出一副土豪的派头，又开始海阔天空吹起牛来："这是一年的霉豆腐，这是八年的霉豆腐。""哇！还有八年的霉豆腐？"来客唏嘘不已。

霉豆腐，在于都可以称得上是最为家常的桌上小菜。它美味可口，绵柔细腻，深受于都人民的喜爱。它在菜肴中扮演着丰富的角色，可以配米饭，将霉豆腐浇上麻油，放上一些葱花，放到箅子上蒸，盛至小碗，配上米饭，美味十足；还可以作为调味品，白灼莙荙（类似莙荙的多肉蔬菜也可）之后，用霉豆腐羹的鲜辣提味，莙荙菜的清甜和霉豆腐羹融合在一起，带给味蕾以盛宴。

（一）于都霉豆腐的历史来源

顾名思义，豆腐是霉豆腐的主要原料，李时珍在《本草纲目·谷部·豆腐》中提及："豆腐之法，始于汉淮南王刘安。"西汉淮南王刘安热衷于长生不老之术，曾在八公山上谈仙论道，著书炼丹，以求长生不老之神药。他们用山间泉水在石板上磨制豆浆，本打算用豆浆培养丹苗，却不曾想到石膏与豆浆发生化学反应，生成了一种滑嫩但不成形状的白色物质，其中有人大胆尝试了一番，发现口感十分不错。他们决定改进方法，利用工具把散状固体凝结成整块，豆腐就这样产生了。其制作工艺在民间得到广泛普及并流传至今。

于都霉豆腐的来历，跟中原汉人南迁密切相关。于都县，素有"六县之母"和"闽、粤、湘三省往来冲"之称，自古便是四方往来的重要枢纽地之一。根据现存的族谱记载和于都县地名普查资料显示，于都县境内各姓的祖先，大多是自唐代以来北方南迁的客家人。南迁的先民当中，只有少数人直接迁居于都，大多数是几经周折后定居于都。来自四面八方的于都先民背后站着不同的文化，文化的碰撞和融合为霉豆腐提供了一个富有创造力的"出生背景"。另外，于都境内地貌类型丰富，有低洼的小盆地、凸起的丘陵和绵延的山地，也有宽广的山间河谷和肥沃的堆积平原。复杂的地貌为农产品的丰富性提供了土地条件，黄豆这一农作物很快地在这片辽阔的红土地上生长，于都的豆制品也因此丰富了起来。这为霉豆腐的原料——豆腐的生产创造了条件。

上好的原料有了，紧接着便差一个从原料变作民间美味的机遇。这就要说到于都的农耕文化了。由于于都人民大多都是从外地迁移过来的，所以尤其热衷于开荒拓土。不管是山间还是田垄，只要有泥土，有水源，有阳光的地方，都被吃苦耐劳的于都人利用了起来。这就出现了一种现象，往往一户人家的庄稼地，有可能离他的家很远，早上很早就要出发，日落才回来。长时间艰辛的劳作，需要一种便于携带的开胃食物搭配米饭来补给体力，霉豆腐就成了不二之选。据当地老人说，这大概就是霉豆腐大受欢迎的主要原因。因此，于都霉豆腐很有可能是外来美食文化和本地文化融合下的产物。

（二）于都霉豆腐的原料

于都霉豆腐大多是吸收老法工艺流程的精髓，利用木板、稻草上的毛霉菌，使之在 15 天左右生长和繁殖。当豆腐胚上长满菌丝体，形成了细腻而有韧性的皮膜时，豆腐胚就会分泌大量的酶，这样霉豆腐就生产了出来。产品质地软糯，色泽光亮，香气浓郁，这是它的独到之处。虽然分离出了适宜豆腐乳生产的优良菌种（有腐乳毛霉和总状毛霉等），但由于其生长温度比较低，不利于常年生产，这也是老法工艺的缺点。于都豆腐乳，虽然多采用老法工艺流程，但是许多制作细节与之不同，体现了于都霉豆腐的地域特色。

1. 蛋白质原料：豆腐乳的蛋白质原料最好选用黄豆。黄豆富含丰富的蛋白质。有些地区用黄豆榨油后的豆饼酿制豆腐乳，以此来增加黄豆的利用率。但豆饼与黄豆有所不同，蛋白质由于受外界物理和化学因素的影响，容易产生变性蛋白质，水溶性蛋白质占蛋白质总量较大，制造豆腐乳出率低，质量差。如果条件有限，一定要采用豆饼，就只能采用冷榨豆饼，不能用热榨豆饼。

2. 水：制造腐乳的水，原则上只要是能饮用的水都可以。但据于都当地人说，立冬之后的水（冬水）特别洁净，不生虫。

3. 凝固剂：使不成形状的固体凝固成豆腐块。

4. 盐卤：点浆大多数都用盐卤，一般认为，用盐卤做的豆腐香气浓、口味佳。

5. 石膏：石膏是一种矿物质，对豆浆起凝固作用。生石膏较快，熟石膏较慢，过熟石膏几乎不起作用。石膏粉越细腻，凝固速度越快。由于石膏很容易溶解，使用时需先把石膏搅拌均匀。

6. 葡萄糖酸内脂：它是一种新的凝固剂，容易和豆浆混合。它溶在豆浆中会慢慢转变为葡萄糖酸，使蛋白质遇酸凝固，可以改进豆腐的风味，但因为凝固反应快，所以操作也一定要迅速。

7. 食盐：豆腐乳腌制胚子要用食盐，并且要热炒。它可使产品有咸味，并与氨基酸结合出鲜味。生产豆腐乳使用食盐要适量，这是酿制过程中产品不变质的必要措施。

（三）于都霉豆腐的辅料

豆腐乳花色品种较多，这主要是因所用辅料产生的独特色、香、味，除用酒类之外，还有着色剂和各种香辛调味料。

1. 糯米酒：糯米酒以谷物为原料，用多种微生物共同作用酿制而成的，颜色清亮，故称"水酒"。它具有酒精度低、性醇及香味浓等特点，制出的霉豆腐香甜可口。

2. 白酒：白酒品种很多，但制作豆腐乳一般用普通50°白酒。制出的霉豆腐偏辛辣。

3. 干辣椒：一般用辣椒干或辣椒面作为豆腐乳调味料。

4. 花椒：花椒具有强烈的芳香和麻辣味，也可作为豆腐乳的调味料。

5. 姜：将生姜切成薄片，增加豆腐的辛辣味道。

（四）豆腐胚的制作

酿制豆腐乳首先要制作豆腐胚，豆腐胚质量的好坏，直接关系到豆腐乳质量的好坏。豆腐乳的品种很多，但制豆腐胚的方法基本相同，只是豆腐胚的规格及含水量稍有差别而已。豆腐胚只要达到厚薄均匀、水分适宜、较有弹性、色泽正常、无气泡及无松皮就可以。

1. 浸泡：首先用清水洗干净大豆，再用洁净的水浸泡。一般每 100 克大豆加水 400 克，浸泡至豆粒刚好不露出水面为止。浸泡时间为 20 小时左右。如果用冷榨豆饼做豆腐胚，就要用碱水浸泡。每 100 克冷榨豆饼加碱水量 400克，并要边加边搅拌，加完后每隔半小时再搅拌 1 次。浸泡时间与大豆相同。

2. 磨浆：黄豆或冷榨豆饼浸泡好后，加入 3 倍水磨成豆浆，让蛋白质随着水溶解。磨浆越细腻口感则越佳。

3. 滤浆：滤浆是利用摇浆机或者离心机将豆浆与豆渣分开。豆浆由头浆与二浆合并成，有时候也有滤三道浆的，可在磨浆中使用。滤浆水多少视情况而定，滤浆中泡沫较多会影响操作，可加入少量的油脚消除泡沫。

4. 煮浆：把过滤出来的豆浆，直接加热煮沸。加热时间不宜过长，并且尽可能缩短，最好把烧热的豆浆添加少量冷浆或冷水，以降低豆浆温度，达到点浆温度。也可以将豆浆煮好后，立即过筛放流到点浆缸内。

5. 点浆：点浆也有"点花"之称。点浆要慢慢地加凝固剂，也可用石膏和盐卤混合点浆，豆腐质量也比较高。每 100 克黄豆或冷榨豆饼，制成豆浆1200 克左右，点浆要使豆浆上下翻动旋转，并注意观察豆浆凝固状态，即将成豆花时，点浆翻动适当减慢，至全部形成凝胶即可。从点浆到全部凝固成豆花后，再适当氧化 10 分钟左右就凝固完成了。

6. 压胚：豆浆凝固后，豆腐花则出现下沉现象，待黄浆水澄清，就可以压榨制胚。将豆花舀上箱压榨，按豆腐乳品种规格和水分含量要求成型。上榨时舀花要均匀适量，按豆花老嫩程度，适当掌握。至于压榨去水的程度，一般豆腐胚的水分约为 70%。由于豆腐胚具有微生物生长所需的丰富营养物质，杂菌会很快地大量繁殖，致使豆腐胚变质，因此，要及时降低品温到30℃以下，散发表面水分，及时划块。

7. 划胚：划胚是将豆腐块按规格分成均匀的小方块。于都多采用小方胚约2厘米的规格，划胚有热划和冷划两种。热划的豆腐胚温度在70℃左右。考虑到热划之后，胚块冷却后会缩小一些，达不到规格要求，需要适当放大。如豆腐胚冷后划块，水分已有部分散发，体积已缩小，划块后就可以保持规格要求。

（五）豆腐制霉

1. 将豆腐胚切成长、宽、厚度均为2厘米的方块。

2. 制霉胚：将切好的豆腐胚放入锅内蒸熟，或者放入沸水白灼，这样更容易发热，但是会更硬，最好是用刚出来的豆腐放入容器内发酵7天，放置时，准备一些去掉外层表皮的干稻草，用剪刀去除毛糙枝节，使之整齐并平铺在簸箕或者纸箱底部。将滤干的豆腐块均匀散放在稻草上，一层稻草一层豆腐，重叠交错安置，盖好簸箕或纸箱盖，并在上面铺一层衣服或棉被，放在阴凉处。温度控制在15℃左右，制成霉豆腐胚，一周之内不要打开查看，一来以免散去里面的热气，二来以免被空气中其他细菌干扰发酵。可以取其中一块作为样品，放置锅中热蒸，取出观察，若蒸后豆腐松散，则制霉成功。

3. 白酒浸制：将发酵好的豆腐块撒上盐（热炒过的食盐）、辣椒面和花椒面混合制成的调料，放一层豆腐块，而后放置一层姜片，依次叠放。白酒（或水酒）浸制。

（六）包裹装坛

将每块霉豆腐都均匀地蘸上调料，放入洁净、干燥的土陶或陶瓷坛子。为了消除一些有害细菌，于都当地人会将霉豆腐浸泡到高度白酒中。整个环节都不能沾生水，以免霉豆腐变质。装好封盖，并沿着坛盖和坛沿倒一圈水密封。半个月后，一坛具有特色风味的于都霉豆腐就会映入食客眼帘。

三、于都霉豆腐制作工艺的主要特征

于都霉豆腐宛如岩石堆积而成的小山包，怪石嶙峋，满丛红木，错落有致。在阳光的强烈照射下，红林间隙中散落的零星白点显得格外耀眼，给红

艳艳的山坡倒增添了几分新意。于都霉豆腐一般会选择在立冬之后制作，据于都当地人说，立冬之后的水（冬水）特别洁净，不生虫。与此同时，南方丘陵地带立冬之后的气候环境（干燥少雨），可谓是给豆腐提供了"天时地利"的条件，让豆腐胚产生大量的菌丝。

美味的霉豆腐对豆腐选择也特别有讲究。据有经验的老人说，决定豆腐老嫩程度的关键在于石膏量的多少，老嫩适中的泉水豆腐是上乘之选。发酵过程中，温度的差异会直接影响豆腐菌丝的颜色，口感也因此悄然发生变化。于都有经验的本地居民表示，温度太高会使菌丝发白或发黑，制出来的霉豆腐味道不醇厚，而温度维持在15℃左右的豆腐在一周左右就会呈现泛红的菌丝，它预示着清香可口的霉豆腐即将成为饭桌上一道独特的美味佳肴。

在于都，到处都有霉豆腐的"舞台"。于都人民喜欢把霉豆腐放在早餐吃，配以清粥，当作下粥小菜。这样，即使霉豆腐含盐量高，经过粥的稀释，钠在人体内的积淀也会随之减弱；于都人民还喜欢把霉豆腐放在农忙期间吃，当作农忙时期的"主菜"，在田间劳作归来，大汗淋漓，身体乏累，霉豆腐配上米饭，简单易食，疲惫的身体不再被烦琐的烹饪所累，得以暂时的休息，霉豆腐中的盐也恰好可以补充汗液中带走的盐分；最为绝妙的是霉豆腐作为调味品和莙荙（类似莙荙的多肉蔬菜也可）的完美"合作"，用霉豆腐羹的鲜辣提味，使莙荙菜的清甜和霉豆腐羹融合在一起，带给味蕾以盛宴。

霉豆腐不仅味道鲜美，而且营养价值高。它富含蛋白质、碳水化合物、钙、磷、铁，以及人体所需的八种氨基酸和B族维生素，具有开胃和去火的作用。霉豆腐发酵过程中产生的红色菌皮，具有降血脂的功效。此外，霉豆腐中富含苷元型异黄酮和高活性的降血压肽，二者分别能降低血液中的胆固醇浓度和血压。

所以，于都人民会放心地让小孩带去学校当下饭菜。在那个缺衣少食的年代里，拥有霉豆腐的学生就是学校的"小土豪"。据上一辈说，在20世纪60年代，如果有人带了霉豆腐，这个消息立马就会传遍整个班，大家会蜂拥过来"蹭"霉豆腐，你钳一小筷，他钳一小筷，在欢声笑语中，享受美好时光。霉豆腐的味道于他们而言，是热情洋溢的青春，是"恰同学少年"的意气风发，是那段艰苦岁月璀璨的金色记忆。

霉豆腐作为于都民间饮食文化中的瑰宝之一，它背后体现的是于都丰富的饮食文化。无论是于都霉豆腐在唇齿之间留下的热烈香辣，还是飘散在田间校舍的豆腐记忆，都饱含着于都人民贴近自然、质朴无华、吃苦耐劳、积极乐观的生产生活态度。就连名字中的"霉"也是耐人寻味的。霉豆腐的"霉"背后是于都美食制作中的发酵和腌制工艺，比如"霉豆豉""霉干菜"等特色食品。于都霉豆腐历经时光传承到如今，已成为于都人甚至不少外地人舌尖上不可忘怀的美味。但由于制作技艺精细烦琐，于都霉豆腐暂且无法突破个体手工而达到机械化批量生产，加上越来越多年轻人外出务工，以致对家乡手艺传承的忽视，于都霉豆腐制作技艺迫切需要寻找到一条道路，让技艺的传承及饮食本身的内涵同时得到保存和发展。

第七章 关于非物质文化遗产保护传承的思考

——以于都县的工作实践为例

第一节 关于非遗保护问题的理论探讨及多维思考

一、非遗的特性及其保护的必要性和基本要求

（一）什么是非物质文化遗产

依照联合国教科文组织《保护非物质文化遗产公约》的定义，非物质文化遗产是"指被各社区、群体，有时是个人，视为其文化遗产组成部分的各种社会实践、观念表述、表现形式、知识、技能以及相关的工具、实物、手工艺品和文化场所。这种非物质文化遗产世代相传，在各社区和群体适应周围环境以及与自然和历史的互动中，被不断地再创造，为这些社区和群体提供认同感和持续感，从而增强对文化多样性和人类创造力的尊重"。在我国，《中华人民共和国非物质文化遗产法》指出，非物质文化遗产是"指各族人民世代相传并视为其文化遗产组成部分的各种传统文化表现形式，以及与传统文化表现形式相关的实物和场所。包括：（一）传统口头文学以及作为其载体的语言；（二）传统美术、书法、音乐、舞蹈、戏剧、曲艺和杂技；（三）传统技艺、医药和历法；（四）传统礼仪、节庆等民俗；（五）传统体育和游艺；（六）其他非物质文化遗产。属于非物质文化遗产组成部分的实物和场所，凡属文物的，适用《中华人民共和国文物保护法》的有关规定"。

（二）非物质文化遗产的特性

概而述之，非物质文化遗产具有独特性、活态性、传承性、流变性、综

合性、民族性、地域性等特性①。此外，非物质文化遗产还具有历史性、民间性、群体性、非物质性、传承危机等特征。

（三）非物质文化遗产保护的必要性及方法

根据上述非物质文化遗产的特性，尤其是"传承危机"这一特性意味着，在当今经济全球化及城镇化、现代化的趋势下，许多曾经在历史舞台上大放光彩的非物质文化遗产，现在正面临着失传的问题。这警示我们，必须采取有力措施来保证非物质文化遗产的后继有人和绵延不绝。

为何非物质文化遗产在现代化大潮中会面临着失传问题？究其原因，大致有如下两个重要因素。

一是传承方式与传承人问题。《中华人民共和国非物质文化遗产法》强调了非遗传承人的重要性，强调："县级以上人民政府文化主管部门根据需要，采取下列措施，支持非物质文化遗产代表性项目的代表性传承人开展传承、传播活动：（一）提供必要的传承场所；（二）提供必要的经费资助其开展授徒、传艺、交流等活动；（三）支持其参与社会公益性活动；（四）支持其开展传承、传播活动的其他措施。"同时，也提出了非物质文化遗产代表性项目的代表性传承人应当履行的义务："（一）开展传承活动，培养后继人才；（二）妥善保存相关的实物、资料；（三）配合文化主管部门和其他有关部门进行非物质文化遗产调查；（四）参与非物质文化遗产公益性宣传。"

非物质文化遗产的传承方式在某些方面有点类似古代哲学思想，大多是不立文字、口耳相传、耳濡目染、言传身教。另外，非物质文化遗产的传承有不少是在家族内部进行，甚至传男不传女，传承圈子狭小、人数稀少，传承链薄弱，一旦传承链中的授承人或被传授人因病因事出现问题，传承链就容易中断，非物质文化遗产的传承就会出问题。

二是非物质文化遗产的生态问题。一个非物质文化遗产就如同一棵树，它的生长、生存不仅需要养分，还需要一个有利于其生长的环境。例如，一

---

① 参见王文章：《非物质文化遗产概论》，文化艺术出版社 2006 年版。

个节日民俗类的非物质文化遗产，在特定的日子里有各种仪式、表演及其他活动，其中，活动的时间、空间、参与者（也包括热心的观众），与活动有关的共同或相似的观念，开展活动必要的物质保障等，共同构成非物质文化遗产活动的文化生态。非物质文化遗产的生态好，它才能正常地存在和传承，如生态环境恶劣，缺少基本的条件和保障，非物质文化遗产的树木就会枯萎而难以继续生存。

《中华人民共和国非物质文化遗产法》规定："对非物质文化遗产代表性项目集中、特色鲜明、形式和内涵保持完整的特定区域，当地文化主管部门可以制定专项保护规划，报经本级人民政府批准后，实行区域性整体保护。确定对非物质文化遗产实行区域性整体保护，应当尊重当地居民的意愿，并保护属于非物质文化遗产组成部分的实物和场所，避免遭受破坏。"

因此，为了保护非物质文化遗产，国家还专门设立了文化生态保护区。根据《文化部关于加强国家级文化生态保护区建设的指导意见》，国家级文化生态保护区"是指以保护非物质文化遗产为核心，对历史文化积淀丰厚、存续状态良好，具有重要价值和鲜明特色的文化形态进行整体性保护，并经文化部批准设立的特定区域"。

生态保护区的保护、建设原则是"坚持保护优先、整体保护、见人见物见生活的理念，既保护非物质文化遗产，也保护孕育发展非物质文化遗产的人文环境和自然环境，实现'遗产丰富、氛围浓厚、特色鲜明、民众受益'的目标"。同时，《国家级文化生态保护区管理办法》还要求，"与非物质文化遗产密切相关的实物、场所保存利用良好，其周边的自然生态环境能为非物质文化遗产提供良性的发展空间"。

概而言之，文化生态保护区的设立是为了：一、保护优先；二、整体保护；三、既保护非物质文化遗产本身，也保护孕育发展非物质文化遗产的人文环境和自然环境；四、"见人见物见生活"。

客家文化是中国传统文化宝库中的一朵奇葩，客家非物质文化遗产丰富而有特色，包括于都在内的赣南18个县市区，都属于客家文化（赣南）生态保护区的范围，因而，非物质文化遗产工作更加任重而道远。

二、围绕保护非遗"原生态""本真性"问题的争议与"核心要素"的提出

在有关非遗的保护理论中，"原生态""本真性"是影响深刻而引起争议的两个命题。

"原生态"是一个时尚且极具诱惑力的名词，很容易使自幼生长在都市、对民俗文化充满好奇与兴趣的新生代青年怦然心动。它是指原始的、自发的、民间的，大多存在于交通闭塞的乡村，没有经过加工，没有被刻意雕琢，没有被外来因素所影响，没有受到商品经济冲击的一种自然生态。所谓"原生态文化"，则是学者们对文化的"原初性"的强调。石奕龙认为："所谓的'原生化'应该是某一民族或族群迁徙进入某一个地区后，在那里适应自然环境而形成的文化。因此，它通常要不就指那些在历史上形成的文化的原初状态，要不就指那些在现代才突然被外界所知的某种文化形态。"[1]张云平提出，原生态文化"从人类学的角度讲，是指某一民族或族群在历史上形成的文化的原初状态，或指那些在现代才突然被外界所知的某种文化形态"[2]。

随着非遗受到联合国教科文组织及各国政府的重视，成为风靡全球的热点问题，不断地有学者阐述非遗的"原生态"特征，企图在非遗理论中构建嵌入一种"原生态文化"的理念，并将"原生态"作为非遗保护的方向。例如，陈华文认为："非物质文化遗产的保护是融合了文化保护理念的一种综合的模式，而原生态文化理论是对非物质文化遗产'活态保护'方面值得探索的方式。"[3]基于此，他提出"建立非物质文化遗产原生态保护的新模式"

---

① 石奕龙：《浅谈民族传统文化保护的若干问题》，《中央民族大学学报》2005年第1期。
② 张云平：《原生态文化的界定及其保护》，《云南民族大学学报（哲学社会科学版）》2006年第4期。
③ 陈华文：《原生态文化与非物质文化遗产保护》，《山东社会科学》2010年第9期。

的倡议[①]。

但也有一些学者旗帜鲜明地对反对将非遗与"原生态"挂钩联结的论述及实践。高小康认为："我们实际上不可能单纯以'原汁原味'的原生态保护的标准解决非物质文化遗产的传承和发展问题。"[②] 陈金文指出："在保护'非遗'的过程中要保持其原生态文化根本就是一种天方夜谭，一种文化被创造之后其所处的自然与社会环境怎么可能永远不变？"[③] 刘晓春更是发表了较为尖锐的看法："为了保护濒危的非物质文化遗产，学界、媒体、政府以及商界共同制造了一个非物质文化遗产的'原生态'神话。"[④] "因此，从本质上说，那些打着非物质文化遗产的旗号，标榜所谓的'原生态歌舞''原生态音乐''原生态唱法''原生态旅游'等，都是技术复制时代的文化生产。"[⑤]

"本真性"（authenticity）一词原是近代西方哲学的一个概念，曾为尼采、海德格尔、萨特等存在主义的哲学家所用，后来进入到文化研究的领域。自21世纪初以来，在非物质文化遗产保护的语境下，"本真性"似乎成为一种主流话语，在对非物质文化遗产保护的具体实践中，"本真性"更是被不少人奉为圭臬，视为一种工作原则与操作方式，甚至还被作为非遗工作是否具有成效的检验标准之一。

何为"本真性"？"本真性"一词源于希腊语的"authentes"，意为"权威者"或"某人亲手制作"，德国学者瑞吉娜·本迪克丝认为，"本真性"一词，隐含着对真实性的探求[⑥]。而按照我国学者的理解，本真具有本质、真

① 陈华文：《原生态文化与非物质文化遗产保护》，《山东社会科学》2010年第9期。

② 高小康：《非物质文化遗产保护是否只能临终关怀》，《探索与争鸣》2007年第7期。

③ 陈金文：《非遗本真性问题再论》，《广西师范学院学报（哲学社会科学版）》2018年第4期。

④ 刘晓春：《谁的原生态？为何本真性——非物质文化遗产语境下的原生态现象分析》，《学术研究》2008年第2期。

⑤ 同上。

⑥ 作者瑞吉娜·本迪克丝（Regina Bendix）为德国哥廷根大学民俗学教授，本文是她应约为《民间文化论坛》撰写的专稿，刊于《民间文化论坛》2006年第4期。

实、纯真之意；"本真性"则表示事物、人物及活动具有真实、诚实、原始、未经污染的属性。"本真性"的反义词为"伪的""人造的"。约 2000 年前东汉荀悦就说过："而成王治者，必本乎真实而已。"①因而，在中国这样一个自古以来就一直不遗余力地追求"真善美"的国度，"本真"或"本真性"很容易占据道德伦理及文化的高地。

非遗保护的"本真性"问题，引起不少学者的关注。苑利认为："在非物质文化遗产保护原则中，又有一个非常重要的原则，这便是'本真性保护原则'或'原真性保护原则'。该原则来源于物质文化遗产保护原则中的'真实性保护原则'。"②韩成艳也撰文指出："如果把原生态和本真性作为一对姊妹关系的概念来思考，所谓非物质文化遗产保护，就是'发现原生态文化，保持其本真性'的系统工作。"③

刘魁立先生是在保护非遗"本真性"方面呼吁声最高的学者之一，他在许多学术会议及其多篇学术文章中都十分强调非遗"本真性"的保护问题。他说："我这里所说的'本真性'，是指一事物仍然是它自身的那种专有属性，是衡量一种事物不是他种事物或者没有蜕变、转化为他种事物的一种规定性尺度。文化是与特定人群相联系的，因此具有表征这个人群、代表这个人群的作用；反过来说，文化又见证这个人群，成为这个人群的身份标志。构成本真性的基本要素是该事象的基本性质、基本结构、基本功能、基本形态和作为主体的个人、社群、族群对该事象的价值评估。对于非物质文化遗产事象来说，本真性是它的真髓，是它的灵魂，灵魂在，则事象在；灵魂变了，则事物也随之变了；灵魂的消亡意味着事象生命的结束。"④刘先生特别强调

① 荀悦：《申鉴》。
② 苑利：《非物质文化遗产传承人认定标准研究》，《原生态民族文化学刊》2019 年第 1 期。
③ 韩成艳：《从学术上拯救"原生态"和"本真性"概念》，《广西民族大学学报（哲学社会科学版）》2015 年第 6 期。
④ 刘魁立：《非物质文化遗产的共享性本真性与人类文化多样性发展》，《徐州工程学院学报（社会科学版）》2010 年 3 月第 2 期。

说："本真性问题，对于当前在世界范围内开展的非物质文化遗产保护工作，尤其具有特别重要的意义"①——把保护非遗"本真性"的意义扩大至"世界范围"，他还极具概括性地明言："遗产保护的问题或许可以简化为保持本真性的问题。"②

另一方面，学界也有一些不同的声音，有的学者认为："在非物质文化遗产保护的语境下，本真性诉求是一柄双刃剑"③；"'非遗'本来是'活态'的，不断随时间地点、随情境发生变化，如果以某种看似科学的、客观的、'本真性'的标准予以固化，则将扼杀'非遗'的生命力，在本质上违反文化多样性的本意。"④

高小康认为："从文化发展史的角度说，并不存在一成不变的传统。非物质文化遗产的活态性质意味着它是处在不断发展、演变和生成的过程中。离开了这个过程，我们看到的就不是什么'原生态'的非物质文化，而是僵化、衰朽中的过去文化的遗迹。保护非物质文化遗产的目的，不是要固化某些文化现象，而是要使传统文化在新的文化环境中继续生成和发展。如果非物质文化遗产在过去的时代里可以演变发展，为什么不可以在当代文化环境中也获得演变发展的空间？"⑤

安德明对于强调非物质文化遗产"本真性"的观点进行了批评，他指出："在保护工作实施的过程中，突出体现的一个问题就是对于保护对象本真性的强调。无论是官僚机构、大众传媒还是积极参与保护运动的民俗学者，大都把对民间传统文化原生态（本真性）的保护作为一个基本的工作原

---

① 刘魁立：《非物质文化遗产的共享性本真性与人类文化多样性发展》，《徐州工程学院学报（社会科学版）》2010 年 3 月第 2 期。

② 同上。

③ 刘晓春：《谁的原生态？为何本真性——非物质文化遗产语境下的原生态现象分析》，《学术研究》2008 年第 2 期。

④ 刘晓春：《非物质文化遗产传承人的若干理论与实践问题》，《思想战线》2012 年第 6 期。

⑤ 高小康：《非物质文化遗产保护是否只能临终关怀》，《探索与争鸣》2007 年第 7 期。

则来强调。事实上，这样的倡导是违背传统民俗文化自身的发展规律的。"接着，他叙述道："民俗最大的特征就是既有传承又有变异，在不同的时空下，传统民俗文化总会发生变化和调整，以适应新的环境。只有这样，它才能够保持旺盛的生命力，代代相传。"①

"本真性"的探讨，并不仅仅局限于国内，美国民俗学者也对"本真性"的理念及其与非遗的关系感到困惑：

和直观的或"自然的"不同，"本真性"本身是人为制造的。尽管这一概念符合一些学者和活动家的需要，但是当被僵化地使用时，"本真性"也对功能性的概念提出质疑，即传统行为实际上如何为个人和社区服务。在美国语境中，什么是"本真性"明确和暗含的标识？美国的"本真性"概念是否太过狭隘和条框化？在面对21世纪的文化保护与实践问题时，在全世界对非物质文化遗产的标识有一种共识时，美国民俗学者是否能够或者是否应该找到办法调整本真性的理念？②

笔者认为，所谓"原生态文化"，表面上指的是原生的、原始的文化状态，而其实质强调的是一种"不变"，因为一旦有"变"，就不能称之为"原"了——而没有了"原"，"原生态文化"大厦当然也就会随之坍塌。但是，自然辩证法、历史辩证法皆告诉我们：世间万物的状态以及人类的演进，"变"是绝对的，"不变"是相对的；"变"是天经地义的，"不变"是不可能的。即使是我国最闭塞乡村的村民，有人可以从一千个视角中认可、称颂其"古风犹存"，但是，这些村民们现在所吃的食品与古代完全一样吗？他们穿的衣服是古装吗？这显然是不可能的。退一步来说，即使是的话，那么，其服装是唐装还是汉装呢？如果是唐装，已经是对汉装的变更；而如果是汉装，则是对先秦服饰的变化。另外，国家早就推行了九年义务制教育，

---

① 安德明：《非物质文化遗产保护：民俗学的两难选择》，《河南社会科学》2008年第1期。
② 艾伟：《美国民俗学／非物质文化遗产保护中的"本真性"问题》，《文化遗产》2015年第3期。

适龄儿童都要上学，他们上课的学校、书本、课桌、仪器设备，哪一样还是古代的呢？更何况上课内容与古代私塾所授内容已不啻霄壤之别。

如上所述，既然人们的衣食住行等方面已经改变，尤其是人们所受的教育、思想观念等方面已经发生深刻的变化，人们生产生活的整个生态系统都发生了变化，已经不可能是"原生态"了——既然原生态的土壤已不复存在，那么，"原生态文化"还有可能存活吗？可见，所谓"原生态文化""原生态非遗"只能是一个美丽的神话。

笔者认为，对非遗保护的"本真性"问题应该进行辩证思考。学者提出"本真性"的动机、目的、方向都是无可厚非的，作为一种原则与立场而言有其一定的合理性甚至必要性，但该理论也暴露出相关的两大问题：一是本真性"具有多义性和不易把握的本质，学界和社会均难以达成共识"[1]；二是正因为本真性的不易把握的本质及特性，因而在非遗保护的具体实践中难以操作与施行。

作为倡导非遗并制定这方面世界公约的国际权威机构——联合国教科文组织，在其 2015 年 11 月制定的《保护非物质文化遗产伦理原则》中指出："非物质文化遗产的动态性和活态性应始终受到尊重。本真性和排外性不应构成保护非物质文化遗产的问题和障碍。"[2] 联合国教科文组织的这个原则性论断，也使得"本真性"理论在非遗保护领域中的光环大为失色。

总之，非遗"原生态"只是一个美丽的神话，而关于保护非遗"本真性"的理念，对其提出的动机、愿景可以表示一种敬意，但必须清醒地认识到，它在具体实践中难以操作和实施。有鉴于此，笔者提出保护非遗核心要素的观点：通过对其概念、组成及特性的论析，试图在非遗的保护工作中提供一种新的角度和借鉴，以增加其现实的可能性与实践的可操作性。

---

① 瑞吉娜·本迪克丝、李扬：《本真性（Authenticity）》，《民间文化论坛》2006 年第 4 期。
② 联合国教科文组织：《保护非物质文化遗产伦理原则》。

三、关于非物质文化遗产核心要素的概念、构成及其特性的思考

（一）非物质文化遗产核心要素的基本概念

要素是指构成一个客观事物的存在并维持其运动的必要的最小单位，是构成事物的因素，又是组成系统的基本单元，是系统产生、变化、发展的动因。而所谓"核心要素"是各种要素中最为主要、最为关键的要素，是事物的根本属性，是该事物之所以成为该事物而不是彼事物的根本因素。那么，非物质文化遗产的核心要素是什么呢？

有的学者在研究非物质文化遗产问题时论及有关非物质文化遗产的核心要素问题。邱春林认为："要重视甄别决定非遗保护项目性质的核心要素和人文价值。在申报时就要甄别清楚核心技艺，在评定为非遗保护项目以后，督查、考核时也要根据这一点来判断保护工作的成效。"[1]他以国家级非遗项目"白族扎染"为例说明其核心要素是"手工扎花"及"纯植物染"。林继富在《非物质文化遗产基因保护探讨：以清江流域土家族始祖信仰为例》中阐释道，"民族文化传统像生物体一样，拥有自己的文化基因和文化基因图谱"，"从'文化基因'角度保护汨罗江流域土家族始祖信仰不仅可信，而且可行"。在此基础上，他提出了"整体性"、"结构性"与"局部性"三个确定非遗及民族文化基因的原则。[2]在这里，基因亦表示非物质文化遗产的核心要素。王福州先生则直接提出了"非遗的核心要素在人"[3]的观点，亦即"人"是非物质文化遗产的核心要素。"人"是非物质文化遗产的核心要素，作为一种理念，这个提法当然没有错，人世间一切事物都是"事在人为"，毫无疑问，人是一切事物的核心要素。本文欲探讨的，则是除人之外非物质文化遗产本身的核心要素。

---

[1] 邱春林：《技艺因人而存在：非物质文化遗产活态传承的关键》,《艺术评论》2012年第7期。

[2] 林继富：《非物质文化遗产基因保护探讨——以清江流域土家族始祖信仰为例》,《中央民族大学学报》2010年第3期。

[3] 王福州：《非遗的核心要素在人》,《中国艺术报》2018年6月4日。

笔者认为，非物质文化遗产的核心要素是决定非物质文化遗产的性质、功能与特色的因素，包括非物质文化遗产的本源、信念、基本内容、主要形式、主要物品、特定的时间与空间等。

（二）非物质文化遗产核心要素的构成

非物质文化遗产核心要素大致由以下六个部分组成。

1. 本源。哲学上本源（origin）指万物的最初根源、存在的根据，早在两千多年前，老子、亚里士多德等中外古典哲学家就热衷于探讨宇宙万物的本源问题。本文之"本源"指非遗出现的最初原因或根源。本源与非遗的性质密切相关，是非物质文化遗产的核心要素之一。任何一项非遗都有其之所以产生的原因，其中，有的基于生产，有的基于生活，有的兼有生产生活两因素，有的则是人们道德、信仰、理念的结晶和升华，这种原因，我们可以称之为"初因"或"初心"。在非物质文化遗产漫长的传承历史过程中，这种"初因"或"初心"往往都会顽强地保留在该非物质文化遗产的内核之中，并通过种种形式表现出来。这种"初因"或"初心"亦即该非物质文化遗产的本源。

2. 信念。所谓信念，在这里是指非物质文化遗产的核心思想或信仰、理想。非物质文化遗产所表现出的信念，往往带有信仰的特色，表现出一种虔诚性、仪式感（或略带神秘感），是该非遗中的精神支柱，是一种强大的内聚力，也是该非物质文化遗产活动得以传承下去的精神动力，是非物质文化遗产的核心要素，非物质文化遗产的其他表现形式多与此有关。

3. 基本内容。基本内容是指事物所包含的根本性、实质性事物，或事物内在主要因素的总和。任何一项非物质文化遗产都有其特定的基本内容，是其所蕴含的理念、信仰、诉求的最为真实的表述。一项非物质文化遗产的基本内容自然是其不可或缺的核心要素。

4. 主要形式。内容和形式是辩证的统一，一般而言内容决定形式，形式依赖内容。但是，形式也常常反作用于内容，影响内容，因而，形式尤其是主要形式是与基本内容密切相关的、非常重要的方面。不少非物质文化遗产是很注重形式的、仪式感很强的活动，其主要仪式不仅表达其内容，还常常表达出其信念，表现出其特色。因此，主要形式不应排除在非物质文化遗产的核心要素之外。

5. 重要物品。非物质文化遗产项目中，都有一些相关物品，例如，制作技艺类的制作工具、用材，节庆、民间信仰类的仪仗、道具，民间音乐、戏剧类的乐器、服装，等等。这些重要物品，是该文化遗产的必备物质条件，是"非物质文化"的物质基础，关乎其内容、形式及特色。这些重要物品也是非物质文化遗产的核心要素，是保持该非物质文化遗产内容、形式及特色的重要因素。

6. 特定的时间和空间。"一个事件是发生于特定时间和空间中特定的一点的某种东西。"[①]在特定的时间和空间做特定的事情，这是人类活动的一个基本特点，其中部分与非物质文化遗产的本源、信念、内容等有密切关系，如有些祭祀、信仰、节庆类非物质文化遗产项目有着严格的时间限定。

时间是物质的运动、变化的持续性、顺序性的表现，是人类用以描述物质运动过程或事件发生过程的一个参数。时间是没有起点也没有终点的一条自然延伸的直线，但是与人类活动相关联的时间图像有两种：一是点，二是线。其中，点是指某特定日子（或时辰），线是指特定的时段。在非物质文化遗产中，时间概念显得特别重要，许多非物质文化遗产都有其特定的时间图像，即点或时段。

空间是与时间相对且密不可分的一种物质客观存在形式，它通常指物与物的位置差异度量。空间由长、宽、高、大小表现出来。在人类历史中，空间是人们开展一切活动的舞台。非物质文化遗产亦如此。任何非物质文化遗产都是在特定的空间中创立、发展和传承的，古今中外，概莫能外。可见，特定的时间和空间皆为非物质文化遗产的核心要素。

---

① ［美］史蒂芬·霍金：《时间简史》，湖南科技出版社 2001 年版。

（三）"不变与变"：关于非物质文化遗产核心要素特性的辩证思考

一般说来，非物质文化遗产核心要素是不能随意改变的，亦即应该保持其稳定性，从一定意义上说，"不可变"或"稳定性"也是其特性。这里，以客家非物质文化遗产项目南岭火龙节为例加以说明。

客家省级非物质文化遗产项目"洛口南云竹篙火龙"，是一种纪念传说中战胜瘟神而使得当地民众获得安康的节日。"在南岭[①]卢姓人家当中，流传着一个妇孺皆知的故事。据说，清朝光绪年间，有一年的农历八月，南岭村瘟疫流行，人畜大量死亡，人们万般无奈，只好乞求天神保佑。就在这个月的中秋之夜，月光如银，洒落大地，突然，天空中出现两条赤色的火龙，它们在天上腾飞盘旋，与瘟神展开激烈的搏斗，战至黎明，终于将瘟神击败，瘟神狼狈逃窜，火龙则溶于东方绚丽多彩的朝霞之中。此后，瘟疫在南岭竟奇迹般地消失了。南岭卢氏为了表达对火龙神的感激和崇敬之情，于是在村里建起了火龙神庙，长年祭祀为民除害的火龙神。……在每年的中秋节期间，都要举行隆重的纪念活动，在南岭，人们把火龙神视作驱邪佑民的一方福主。在南岭，中秋节实际成了火龙节，相沿至今，火龙节已成为南岭卢氏一年中最为盛大的节日。"[②]

围绕着非物质文化遗产的 6 个核心内容，可以发现其"不可变"的基本特性。从其本源看。在"南云竹篙火龙"这项非物质文化遗产活动中，火龙神驱逐瘟疫、保民平安的传说就是其本源，它决定了这个非遗活动的性质是祭祀火龙神，祈求安康。这个活动已经历时 100 多年，其间也发生了一些变化，但千变万化，这一本源没有变化。假如不顾其本源，把这项活动作为盼丰收或者贺高寿的庆贺活动，就是丢失了本源，破坏了本源，这就意味着这一活动变质了。从其信念看，祈神、娱神、佑民是该活动的基本信念，这

---

① 南岭，亦称南云。

② 林晓平：《南岭卢氏源流与颇具特色的南岭火龙节》，《赣南师范学院学报》1996 年第 1 期。

是不能改变的，否则，这项活动也就变味了，变得无法解读。从其基本内容看，"洛口南云竹篙火龙"活动的基本内容包括祭神、请神、点燃竹篙火龙、游行、送神等5个环节，这些基本内容构成了完整的、令人震撼的"洛口南云竹篙火龙活动"，如果上述基本内容少了一两个，其活动的完整性以及特色的保持都成了大问题，非遗的保护与传承也就无从谈起。从其主要形式看，点燃竹篙火龙的这一形式既是历史的记忆，重现火龙战胜瘟神的情景，也是表明驱邪趋吉的信念，是一定不能省略的。可见，主要形式亦为非物质文化遗产的核心要素，应该得到保护与传承。从其重要物品看，游神的竹篙火龙、鼓乐，演戏酬神的戏台，这些物品都是必不可少的，少了，活动就无法开展，或引起活动严重走样而名存实亡。从其特定的时间和空间看，"南云竹篙火龙"必须在中秋节前夕开始举行，至中秋之夜达到高潮，这一规定也是不能随意改变的，否则就是对历史及民俗的双重不尊重而最终不被人们所认可。这项活动也不能离开南岭村随意去外地开展，因为南岭村不仅是该非遗项目的唯一发源地，还有着该活动所必需的特定场所——火神庙及卢氏祠堂等，如果脱离这个空间而进行"南云竹篙火龙"活动，则将因其没有根基——缺失"合法的"地基而不被人们所认可。

可见，非物质文化遗产的核心要素必须保持稳定性，这是非物质文化遗产保护与传承的前提条件。但是，值得思考的是：其一，非物质文化遗产核心要素的不可变性，并不意味着非物质文化遗产其他要素的不可变；其二，非物质文化遗产核心要素的不可变性也是相对而不是绝对的。

非物质文化遗产是一种活态的、变化的事物，联合国教科文组织《保护非物质文化遗产公约》关于非遗的定义指出："非物质文化遗产世代相传，在各社区和群体适应周围环境以及与自然和历史的互动中，被不断地再创造，为这些社区和群体提供认同感和持续感，从而增强对文化多样性和人类创造力的尊重。"由此，我们必须承认非物质文化遗产的"变化性"特点：

"被不断地再创造"其实就是一种新变化。联合国教科文组织《保护非物质文化遗产伦理原则》之第八条亦明言："非物质文化遗产的动态性和活态性应始终受到尊重。"

动态性、活态性，也是变化的重要特征。从历时性的角度看，由于时代不断在变化，当今的任何一项非物质文化遗产实际上已经发生了或这或那、或大或小、或多或少、或明或暗的变化。但是，以往非遗的这些变化多是以一种自然的形式出现，而这里要探讨的是：为了更好地对非物质文化遗产进行保护传承与利用，人们能否主动地、有意识地对非物质文化遗产进行某些变更？笔者认为，在科学考察、理性思考的基础上，在保护其核心要素的前提下，谨慎地、小幅度地对非物质文化遗产的某些要素进行适当的变更还是可行的。

适当的数量改变。例如，客家擂茶是由茶叶、芝麻、花生、生姜等食品制成的，有时根据需要，多一点芝麻，少一点花生，这并不会影响其特质，因而，这种改变在一定程度上是允许的。当然，这种量的改变必须适当，量变也会引起质变，不可出现大起大落、颠覆性的变化而改变其品质。

某些非物质文化遗产物品质地的改变。非物质文化遗产的一些相关物品（包括道具、原材料等）是不可缺少的，但为了使其更好地得到保护传承，有些物品的质地可做适当的改变。例如，国家级非物质文化遗产项目"古陂席狮犁狮"的传承人在一次非物质文化遗产保护座谈会上感触很深地说道："过去我们用来进行活动的席狮的骨架（框架）一直是用粗大的木头，我们最近打算做点改变，一来这种大木头道具太过笨重，制作、搬动、表演都很不方便；二来我们也要响应政府号召，保护生态，不砍伐树木，所以，我们想用轻便、结实的塑料替代原来的木头。"[1]笔者在参加这个座谈会，聆听该传承人的发言时一直在沉思，逐渐有了同感：这种内在框架材料的变化并不会因此改变该非物质文化遗产的性质、内容和形式，应该是可行的。

新的用具、设备的适当增加。例如，客家娘酒的酿造，现在分别用上了

---

① 2019 年 6 月 16 日，江西信丰县召开了国家级非遗"席狮犁狮"保护与传承座谈会。这是席狮犁狮传承人之一谢达章在座谈会上的发言。

电灯、空调等设备（在古代是用煤油灯照明，自然冷却），这样，有利于工作且并不影响酒的质量，因而这种改变也是合理的。

笔者甚至认为，非物质文化遗产核心要素的不可变特性也非绝对的。例如，时空问题是许多非遗的核心要素，但是也有某些非物质文化遗产并没有严格的时空要求，如有些食品类非物质文化遗产，在传统社会中是"年货"，原来是在年前由家庭或小作坊制作，现在，根据民众需求，一年四季进行生产——这种改变也应该是被允许的。至于"会昌藤器"制作技艺"瑞金传统竹编"工艺等制作技艺类非遗更是如此，一般情况下，只要保证质量，就可以不受时间、地点的限制开展其工艺制作活动。

第二节　于都县非物质文化遗产保护传承的探索与实践

近些年来，于都县坚持把非物质文化遗产传承发展和建设客家文化生态保护实验区紧密结合起来，进一步强化政策保障，完善名录体系，加大宣传力度，同时注重特色培育，加强队伍建设，非物质文化遗产保护和客家文化生态保护实验区建设工作取得较好成效。截至 2020 年 12 月底，于都县建立了国家、省、市、县四级非物质文化遗产项目名录，拥有国家级非物质文化遗产项目 2 项、省级 7 项、市级 10 项、县级 50 项。

在赣南非物质文化遗产的保护传承工作中，于都县可谓是佼佼者，有时甚至是领跑者，堪称工作扎实、成效显著。

一、实践与成效

（一）注重政府主导，强化多元保障，保护根基更加稳固

一是强化组织领导。县委、县政府高度重视非物质文化遗产保护和客家文化生态保护实验区建设工作，多次召开会议进行专门研究部署。主要领导和分管领导经常过问和调度非物质文化遗产工作。时任县委书记陈阳山同志，多次对客家古文抢救性保护、客家文化实物征集提出要求，并给予资金

支持；现任县委书记黄法同志，其2021年刚任县长时，就前往昭忠祠客家古文传习所调研。

2006年8月，于都县人民政府下发了于府办字〔2006〕215号通知，成立了由县政府分管领导为组长，县文化局局长为副组长，发改委、财政局、教育局等相关部门负责人为成员的于都县非物质文化遗产保护工作领导小组。2009年7月，经于都县编制委员会批准，于都县文化馆增挂"于都县非物质文化遗产保护中心"，负责开展非物质文化遗产日常保护工作。

二是强化政策支撑。从顶层设计和政策上支撑非物质文化遗产保护及其保护区建设，将非物质文化遗产保护及其保护区建设纳入国民经济和社会发展规划，纳入赣南苏区振兴发展规划，从"十二五"发展规划到"十四五"发展规划，都对历史文化保护、非物质文化遗产保护和传承制定了发展思路。其中在《于都县"十二五"发展规划纲要》中就提出，启动客家文化传播中心、客家小吃一条街等项目，进一步扩展城市功能；在《于都县"十三五"年规划纲要》提出，要围绕红色文化和古色文化，大力推进文化保护、挖掘文化资源，发展旅游及文化产业；《于都县"十四五"规划纲要》更是提出，要推动非物质文化遗产事业发展，建立独立的县级非物质文化遗产中心，建设非物质文化遗产展馆、做好逐级向上级申报项目的储备；等等。同时，县文化广电新闻出版旅游局出台了《于都县非物质文化遗产代表性传承人管理暂行办法》《于都县非物质文化遗产代表性项目传习所管理办法》，充分调动了代表性传承人在传承、发展该县非物质文化遗产工作中的积极性。

三是强化人才引进。非物质文化遗产保护是一项专业性很强的工作，要有一支专业水平和工作能力很强的保护队伍。为了解决业务干部不足的问题，2015年县委县政府专门开"绿灯"，同意在教育系统选调干部，经过人事主管部门统一报名考试，对入围者由县文化馆组织考察、考核。2016年1月，从教育系统选调的业务干部3人正式调入县文化馆工作。此举在一定程度上缓解了业务干部不足的问题，也体现了县委县政府尊重知识、尊重人才、希望人尽其才的态度。

（二）注重资源挖掘，强化规范管理，名录建设水平大幅提升

一是全面开展普查。2006 年和 2007 年，在非物质文化遗产工作刚起步时，工作人员在全县范围内，采取实地调查与书面调查相结合、部分抽查和全面普查相结合、查阅资料和座谈了解相结合等办法，对全县非物质文化遗产状况进行了调查，掌握了全县 23 个乡镇中共有 47 项非物质文化遗产资源项目，其中亟须抢救保护项目大约 15 项。

2010 年进行非物质文化遗产的全面普查工作，至普查结束，共收集到非物质文化遗产线索 505 条，普查非物质文化遗产资源项目十六大类 357 项，其中民间文学 259 个，民间舞蹈 17 个，民间音乐 7 个，戏曲 3 个，曲艺 2 个，杂技 2 个，传统美术 2 个，传统手工技艺 15 个，生产商贸习俗 3 个，消费习俗 3 个，人生礼仪 6 个，岁时节令 8 个，民间信俗 3 个，民间知识 1 个，传统体育与竞技 2 个，传统医药 3 个。传承人涉及了八个类别 54 人，收集实物 87 件。

二是系统完善整理。在资源普查的基础上，系统开展非物质文化遗产项目的完善整理工作，正确界定全县非物质文化遗产项目的保护价值，实施分级保护；对普查成果建立档案，实行数字化、网络化、规范化管理，为后续保护、发展、利用提供资料依据及操作平台。近年来，于都县相关部门在原有非物质文化遗产数据库资源的基础上，不断充实和完善内容。到目前为止，数据库资源总量已经超过 1TB（太字节）。

三是提升保护层级。对整理后具备条件的非物质文化遗产项目，积极纳入县级非物质文化遗产代表性项目名录，并遴选最具典型性、有更高价值的项目申报市级、省级、国家级非物质文化遗产项目，提升保护层级。

经过普查和项目整理，精准把握项目特点和优势，为成功申报更高层级奠定了良好基础。在于都唢呐申报时，主要抓住两支唢呐音调一高一低特点，充分认识到这种在国内甚至世界都是非常罕见的中低音价值和竞争优势，并根据两支唢呐吹奏时宛如夫妻两人你吹我和、你唱我随的特点，取名为"公婆吹"，一举成功申报为第一批扩展国家级非物质文化遗产代表性项

目。于都是目前全市拥有两项国家级非遗项目的两个县之一，也是最早拥两项国家级项目的县。

（三）注重氛围营造，强化宣传展示，保护意识渐入人心

一是突出非物质文化遗产知识普及宣传。通过知识讲座、文艺汇演、图文展示及发放宣传资料，走访慰问非物质文化遗产代表性传承人，举办培训班等多形式，宣传推广《非物质文化遗产法》及相关知识。累计翻印、发放《非物质文化遗产法》《江西省非物质文化遗产条例》1万余份，悬挂、张贴宣传标语和条幅4000条，分发宣传单等印刷品6万份，举办学习班50多班次，培训达1000多人次。

二是用好节庆活动平台。结合"文化和自然日遗产日"及各大传统节日，大力弘扬赣南优秀传统文化，进一步增强共同保护的文化认同。利用春节、清明、端午、中秋等节日，开展展览、展示、演出、讲座等活动，使广大民众进一步了解并参与、感受客家文化。

如：2019年6月1日，在端午节组织客家擂茶传习所举办"端午寻味客家民俗"活动，内容有包粽子、炸黄元米果、做珍珠粉、做索粉等体验式活动，还举办了爱国诗词朗诵会。为了扩大传播面，组织了网络直播，直播观众达1.09万人次，同时还利用"于都非物质文化遗产"抖音号对活动进行了广泛传播。在2020年的"文化和自然遗产日"举办了非物质文化遗产图片展，展出非物质文化遗产与民俗照片100余幅；举办于都唢呐"公婆吹"唢呐手培训，以及"公婆吹"展演，并全程网络直播、录音录像。在2021年春节期间，线下开展"非物质文化遗产过大年文化进万家"活动，并组织客家古文、银坑甑笊舞、于都"茶篮灯"等参加快手、抖音等短视频平台组织的"非物质文化遗产过大年文化进万家——视频直播家乡年"线上活动，还通过有关公众号向外加强宣传、推广。

三是大力开展"五进"活动。依托各类文化设施、传习场所等，开展客家文化进社区、进乡村、进景区、进课堂、进教材等活动。"雩山韵"艺术团累计开展进社区演出50余场；"杖头木偶戏""提线木偶戏""半班戏"等进

乡村演出 120 余场。客家古文传习所昭忠祠进入 4A 级景区长征纪念园，接待游客 5 万余人次；珍珠粉制作技艺进入 4A 级景区屏山牧场；"客家擂茶制作技艺"进入打造中的潭头社区、上焦景区。另外，积极开展非物质文化遗产进校园活动，如于都唢呐"公婆吹"进入长征源小学，长征源小学还编制了唢呐学习教材，银坑甑笊舞进入银坑中心小学，于都"茶篮灯"进入沙心乡中小学，上述活动均邀请传承人到校授课，每年不少于 20 课时。

（四）注重特色培育，强化平台建设，保护传承更有活力

一是挖掘特色资源，打造文化品牌。在深度挖掘本地客家文化特色的基础上，策划形成"长征源之春"元宵广场文化活动暨农村特色文化展演。该活动以元旦、春节、元宵为时间节点，以民俗展演和传统手工艺制作展示为主，从全县 23 个乡镇挖掘和推荐展演展示项目，在县长征广场集中展示数天，不仅增添了节日氛围，更重要的是，使不少民间多年少见的传统手工艺和民俗节目得到了展示。这一活动已经坚持了二十多年，形成了一个响亮的活动品牌。同时，大力推进非物质文化遗产进景区活动，将民间礼俗、民间工艺、民间歌舞及戏曲等植入游客参与互动环节，让传统文化"活"起来，特色文化"火"起来。

二是建设传习场所，留住客家乡愁。在乡村旅游点、人群聚集区建设采茶戏、客家山歌、客家传统工艺等传习所，将与人民群众生产生活息息相关的赣南民间风情和民俗文化保护起来、弘扬开来，留住乡愁。在场所选定上，确定和遵循六个原则：依托传统古村落、古祠堂修复建设；依托乡村旅游开发建设；扶持非物质文化遗产进校园；培植鼓励生产性小企业、餐饮参与；分期分批设立；原生地。目前，已经建设传习所近 20 个。以寒信村为例，该村非物质文化遗产传习所成立以来，参与各类研学活动非物质文化遗产表演 60 次，接待研学人员 1 万余人，水府庙会非物质文化遗产文化展演等各种演出活动达 60 余场，是春节期间"非物质文化遗产过大年文化进万家"的主要阵地。

三是坚持"整体保护"，创建非物质文化遗产小镇。坚持"整体保护"

理念，创建非物质文化遗产小镇，既保护非物质文化遗产，也保护孕育发展非物质文化遗产的人文环境和自然环境，让古村美起来。同时，深挖非物质文化遗产内涵，使具有本土特色的非物质文化遗产"传"下去、"活"起来、"火"起来。以于都县寒信村为例，该村具有深厚的文化底蕴，这里的客家建筑、民俗民情、自然景观和人文景观得到很好的保护和传承，2013 年列入"第二批中国传统村落名录"。近年，县有关政府部门组织人员对宗仙、杨救贫、水府等民间故事进行挖掘、整理；对水府庙会等民俗活动进行了梳理、提升；将寒信特色小吃的制作与故事很好地融合在一起。2019 年，寒信村被列为江西省非物质文化遗产传承基地，2020 年，寒信村被列为"赣州市非物质文化遗产小镇""江西省非物质文化遗产小镇"，以非物质文化遗产为基础的乡村生态旅游和文化旅游，在寒信村日渐兴起。

（五）注重融入生活，传承发展更具生命

每一项非物质文化遗产的背后，都积淀着久远的岁月印痕。如何让它们重新成为鲜活的文化载体，实现非物质文化遗产的活态传承，是其长远传承、真正"活"下来所值得思考的问题。

一个关键性问题是要融入百姓生活。近年来，于都县不断创新理念，巧搭载体，通过开展文化惠民系列活动、非物质文化遗产传承基地传习活动、非物质文化遗产体验活动等，实现了非物质文化遗产常态化传承，使人们在现代生活中看得见、摸得着，感受得到非物质文化遗产就在身边。同时，让非物质文化遗产产品进入千家万户，采取线上线下等多种方式，鼓励相关非物质文化遗产项目产品加强线上线下的推广。如梓山酱油、盘古茶、烧卷子、峡山道菜、客家擂茶、黄元米果、珍珠粉等手工类产品得到较好推广，效益明显，成为百姓生活中日常物品。一方水土孕育一方文化。细数于都这片红土地，文化璀璨，客家古文、于都唢呐"公婆吹"、梓山酱油、珍珠粉等非物质文化遗产已渐渐走进现代生活，融入当今百姓日常。

（六）注重队伍建设，强化培养扶持，传承保护后继有人

一是壮大三支队伍。发展了非物质文化遗产保护机构的专兼职队伍。在

专家的指导下，形成了县、乡（镇）非物质文化遗产保护人员的专兼职队伍网络。健全了非物质文化遗产传承人队伍。通过严格规范的申报认定程序、完善传承人管理制度、拓宽传承载体，初步建立起非物质文化遗产传承人体系。壮大了志愿者队伍，发挥大学生村官和老干部、老党员、老教师、老艺人、老工匠等的作用，形成了民众广泛参与的社会保护网络。

二是强化培养扶持。扶持传承人传承传习，为传承人提供传习条件和展示机会。启动了非物质文化遗产传承人关爱工程，为传承人建立健康档案，对生活特别困难、难以开展传承活动的省级非物质文化遗产传承人，给予每人每年 5000 元的生活补贴。此外，加强了非物质文化遗产传承人和工作人员的业务培训。近几年来多次邀请省、市级非物质文化遗产专家来赣州授课辅导；承办了全市客家文化（赣南）生态保护实验区培训班、全市非物质文化遗产座谈会等。

三是培养后续力量。构建了非物质文化遗产校园传承保护模式，通过编写非物质文化遗产传承普及辅导读本，在中小学开设银坑"甑笊舞"、于都唢呐"公婆吹"、于都"茶篮灯"等非物质文化遗产传承教学课程，等等，大力培养后续力量。如在长征源小学开展于都唢呐"公婆吹"课程，在银坑中心小学开展银坑"甑笊舞"课程，在沙心乡中小学开展于都"茶篮灯"课程；开展"师带徒""以老带新"培养人才活动，组织各类非物质文化遗产传承人通过专业剧团、艺术院校、民间社团带徒授艺，培养后继人才；非物质文化遗产传承人谢海明、熊瑞祥等通过传习所每年招收多名徒弟，形成了老中青少四代梯队，培养了一大批的年轻传承群体。

二、思考与对策

于都县经过多年的不断探索和实践，非物质文化遗产保护取得了丰硕成果，构建了非物质文化遗产项目名录体系，建设了非物质文化遗产传习场所，壮大了非物质文化遗产建设管理和保护传承队伍，培育了非物质文化遗产活动品牌。但目前保护力度还不够大，还存在着以下几个主要问题。

（一）保护形势并不乐观，消亡现象依然存在

尽管资源总量比较丰富，经过多年保护发展，保护形势趋于好转，但依然不乐观，消亡现象依然存在。主要表现为：

一是部分项目逐渐淡出人们生活。现代传媒的便携性，使得城市文化、现代观念正迅速猛烈地向农村地区传播，改变着客家人的传统观念，挑战着客家传统文化的生存氛围。快餐式的现代娱乐文化传播，抢夺了传统的文化受众，极大地挑战了传统文化的生存基础，以农民为创作主体和接受主体的民间文化受到了猛烈冲击。

长篇口头组诗或叙事诗，现仅有少数老年人还能讲述，口头传承已减少甚至中断；一些谚语、歇后语、俚语、俗语业已绝迹，传承者和受众群体出现明显断层。部分民间表演艺术不同程度地面临受众面逐渐变窄、年轻人接受程度低、传唱群体减少，以及曲目流失、音像资料保存不全等问题，长期处于自生自灭境地，如民间曲艺音乐"半班戏""提线木偶戏""杖头木偶戏""民间小调""山歌"，传统舞蹈"利村八仙灯""马刀舞""禾秆舞"等，逐渐减少乃至消失。众多民俗活动随着城镇化加速，以宗族为基础的客家社会形态发生了变化，失去了环境和动力，年轻人参与热情不够，活动仪式出现简化甚至消失现象，如"花朝节"的习俗，现在已很少见。

二是部分手艺濒临灭绝。随着工业化程度的深入，机械化、自动化设备进入农业生产领域，改变了传统农业耕作模式，使得于都草鞋制作技艺等传统制作工艺面临被淘汰的境地；工业化大规模生产的商品也强烈地挤压了传统手工艺的生存空间，使传承动力不足，直接影响了传统美术、传统技艺类非物质文化遗产的传承延续。如于都寒信峡焙豆腐制作技艺、于都勾筒手工制作技艺等，基本退出了历史舞台。

三是部分项目传承难以为继。首先是传承人老龄化程度高。于都县传承人大多年事已高，而且整体人数不多，绝大部分年龄在六十岁以上，稍大者有七八十岁。其次是缺乏新鲜血液。从事非物质文化遗产传承工作的人员待遇较低，条件较差，存在很大的经济压力，而年轻一代的传承人又迫于解决

生计问题纷纷转业，非物质文化遗产保护缺乏新鲜血液注入。再次，进入渠道不宽。非物质文化遗产传承人受传统观念影响，家族保护意识强。由于非物质文化遗产特有的"世代祖传""师徒相传""口口相传"等方式，在新的社会模式下，传承显得十分困难，许多技艺形成"传男不传女，传内不传外"的传承模式，从而使得非物质文化遗产传承范围日趋狭窄。

（二）社会主动参与不够，部门协同保护合力不强

一是仍然存在重申报、轻保护思想。一定程度上把申报与保护等同起来，认为申报就是保护，保护就是申报，申报工作做好了，保护工作也就做好了。在向上级文化主管部门申报非物质文化遗产名录，以及申报、公布县级非物质文化遗产名录之后，对大多数项目特别是市、县级项目并没有提出实质性的保护措施，存在申报与保护不连贯的现象，不具可持续性。

二是社会参与不够。通过多年努力，大多数民众对非物质文化遗产有所了解，非物质文化遗产保护意识也逐步增强，但还基本停留在被动接受阶段，广大民众主动参与度不高。大多数民众对非物质文化遗产的参与仅留在观看非物质文化遗产展演展示等宣传活动，大部分民众有一定保护的意愿，但缺少参与渠道和手段，很少直接广泛参与到保护非物质文化遗产的行列中来，有的甚至在经济利益的驱使下，利用非物质文化遗产为自己谋利益。许多非物质文化遗产根植民众，却因缺乏民众的参与失去发展的空间，逐渐衰败。

三是部门协作力度不强。非物质文化遗产保护需要包括财政、发改、住建、卫生、体育、民宗等各部门和乡镇的密切配合。客观上，文化部门还是弱势单位，号召力不强，协调各部门开展工作比较吃力；各部门认识也有偏差，有的认为这是一个长期的、艰巨性的任务，是"烧钱"的事业，抱着等待观望、能拖则拖的态度；有的认为这是一个不易见成效的工作，带着马马虎虎、应付了事的态度；有的对普查、保护内容、方式及要求认识比较模糊。

（三）保护措施存在短板，工作亮点不凸显

非物质文化遗产保护，包括对这种遗产各方面的确认、建档、研究、保

存、保护、宣传、弘扬、承传和振兴。目前，于都县尚未出台一个总揽全局的保护意见或办法，也未设立财政专项保护资金，人才队伍建设也亟待加强，非物质文化遗产的收集、分类、鉴定、整理工作尚不全面、成熟，工作还存在不少的短板和差距。

一是经费投入不足。经费紧缺是非物质文化遗产保护工作裹足不前的主要原因。于都县属我国罗霄山脉集中连片贫困地区，经济欠发达，财政支付能力有限。财政对非物质文化遗产项目的保护专项资金与现实保护所需资金差距较大，致使对非物质文化遗产的保护出现捉襟见肘的情况。虽然于都县投入了一些资金，但更多的是用于基础设施建设、建筑风貌的修复。对非物质文化遗产项目本身的保护，主要依靠上级下发的专项资金，与其他县相比，投入差距较大。缺乏保护资金，提出的保护方案到也多停留在纸上，根本无法实施。

二是人才队伍建设亟待加强。虽然对专业保护队伍人才也进行培养，但总的来说，队伍建设还很不够。由于编制、经费等多种原因限制，保护工作专业人才匮乏，青黄不接问题十分严重。目前，县文化馆主要由两位同志从事非物质文化遗产保护工作，他们身兼数职，目前做不到专人专职。且两人都属于"半道出家"，专业知识欠缺，在非物质文化遗产保护实践中边做边学，水平提升不快。在政府的鼓励下，也有不少社会热心人士关注并涉足非物质文化遗产保护领域，但目前还远远满足不了保护所需。

三是工作有短板，亮点不突出。近年来于都县非物质文化遗产在各级政府的关心下做了不少的工作，但工作措施、手段不多，亮点不明显，整体水平不高。非物质文化遗产保护日常工作落在县文化馆，平时需要组织各种群众文艺活动，完成各种中心工作。由于工作任务重，工作量大，人手紧缺，致使非物质文化遗产保护工作按部就班，被动应付，缺乏创新，没有树立创造经典的理念，也缺乏创造经典的信心和能力。有些工作虽走在全市前列，如非物质文化遗产小镇建设、非物质文化遗产扶贫工坊建设，但没能及时进行经验总结，也无能力进行理论提升，形成可复制的案例。此外，在数字化建设、传承人队伍建设、资源调查研究、对外交流等方面仍存在较大的差距和短板。

保护非物质文化遗产对于保护民族文化生态、维护人类发展的自然生存环境至关重要。针对目前非物质文化遗产的保护工作中存在的上述问题，笔者认为，于都县应依托客家文化（赣南）生态保护实验区建设的有利时机，坚持"保护优先、整体保护、见人见物见生活"的理念，围绕"遗产丰富、氛围浓厚、特色鲜明、民众受益"的目标，强化保护措施，进一步加强领导，责任到人，逐步建立有效的保护工作机制；同时加大投入，真抓实干，促进非物质文化遗产保护工作迈向新台阶，使历史文脉得以不断传衍。

基于以上对于问题的分析和思考，兹提出对策如下：

（一）加大宣传力度，增强保护意识

加大宣传力度，对非物质文化遗产的保护工作要持续进行广泛宣传，强化民众的保护意识。充分利用各种媒体，多种形式广泛宣传，逐步形成良好的工作氛围，促进广泛的社会共识。

一是持续抓好非物质文化遗产宣传展示。广泛开展优秀传统文化宣传普及，重点抓好"文化和自然遗产日"及传统节日的宣传，开展非物质文化遗产进景区、进校园、进社区等形式多样的展示活动，特别要通过项目展演、非物质文化遗产产品展销等形式，加强对非物质文化遗产重点项目及其保护成果的宣传。加强历史文化名城名镇名村、历史文化街区、传统村落的文化资源挖掘和文化生态的整体保护，依托传统村落、历史文化街区、旅游景区设立项目传习和展示点，举办有特色、专题的非物质文化遗产传播展示活动。

二是抓好数字化建设。要建设好非物质文化遗产资源库及非物质文化遗产保护网站，通过数字平台积极开展对非物质文化遗产的传播、教学和宣传展示。创作一批 1—2 分钟非物质文化遗产小视频，利用抖音等新媒体平台进行宣传，并可通过扫二维码链接，在各类公共场所和媒体展上播出。

三是积极组织文化交流活动。积极组织、参与国内外客家文化联谊活动，赣闽粤三地客家大本营以及海内外客家文化交流等民间项目，开展客家三地合作项目。坚持举办规格高、规模大、影响广的活动，借助于都丰富的红色资源优势，每一两年举办1次全省性乃至全国性的非物质文化遗产交流、展示或研讨活动。

（二）加强部门合作，形成强大合力

积极争取政府部门把非物质文化遗产保护和客家文化（赣南）生态保护实验区建设发展当作于都文化事业的重要组成部分，当作功在当代、利在千秋的大事要事来抓，积极协调各部门在资金、政策、人员编制等方面加强重视并给予支持。

一是推动资金落实。积极争取政府推动设立实验区建设专项资金，将客家文化（赣南）生态保护实验区的保护、管理经费纳入本级政府的财政预算，加大资金投入。积极向上级申报专项保护资金。发挥民间组织和全社会的作用，筹集社会各界及个人捐助的资金，用以开展文化生态保护实验区的保护工作。

二是加强部门合作。贯彻落实好非物质文化遗产领导小组工作职责，让非物质文化遗产领导小组能起真正作用，实实在在为非物质文化遗产保护服务。在领导支持下合理科学安排普查、保护力量，协同人力、物力、财力，与广电、文联、卫生、体育、民宗等各部门密切配合，以形成非物质文化遗产保护工作的强大合力。

三是加强对乡镇的指导。非物质文化遗产项目都散落于全县各乡镇，但对非物质文化遗产的保护，基本落在县一级，目前乡镇介入不多。要统一协调、指导保护工作，明确实施保护单位及各自权利和责任，指导乡镇配合协助辖区内非物质文化遗产保护工作。

（三）建立传承机制，培养人才队伍

从非物质文化遗产保护的实际工作来看，人是关键，以人为本是非物质文化遗产保护的核心。富有活力的传承人和传承人群，以及广泛的公众参与，是非物质文化遗产良好保护的最基础的标志和条件。于都人才队伍目前最主要的问题是保护队伍人员专业素质不高，且部分项目传承后继乏人。因此，在保护已有培养扶持的基础上，还需做好以下三方面工作。

一是引进、邀请一些专家学者参与到保护非物质文化遗产工作中来。加强与省内高校联系，聘请专家对赣州非物质文化遗产保护进行指导、研究，以提高文化遗产保护工作的水准；构建资源信息互通平台，在高校内设立研究基地，借助高校力量进行调查研究，共享成果。

二是建立人才培养机制。从基层队伍人才出发，建立完善人才队伍培训、培养机制，构建适应非物质文化遗产事业发展的"全息媒体"人才体系。加强基层培训力度。扩大培训对象范围，多倾向基层一线，多向基层一线"送理论""送实践"；多举办专业性、全方位的"综合性"培训班，探索与大专院校合作办班实践。

三是建立非物质文化遗产的传承激励机制。要解决好传承人的生产生活、创业就业和技艺传承等问题，提升传承人社会地位。探索非物质文化遗产传承人激励机制，鼓励和支持传承人带徒、讲习、表演和整理出版艺术成果。可按带徒弟数量、开展传承活动次数、参与各类活动次数以及活动的效果等指标进行等级考核，并给予相应资金奖励，使非物质文化遗产薪火相传，后继有人。

（四）深入资源调查，完善名录体系

前期普查取得了阶段性的成果。但受普查人员素质、设施设备及经费的影响，普查工作还很不深入、不彻底，对普查的资源没能很好地进行研究，成果不多；同时，名录总体数量不多，需要再进行全面的调查研究。

一是完成全县范围内客家文化资源的调研整理工作。要采取走村串户这样"地毯式"的调查，全面掌握文化遗产资源及传承人群情况。对调查的资源要进行汇编成册，为后续研究工作奠定基础。特别是要以全国开展"非遗中红色资源寻访活动"为契机，抓住寻访活动在赣州举行的有利时机，多想实招、奇招，充分挖掘于都红色资源，讲好非物质文化遗产中的红色故事，争取红色资源寻访工作使于都在全省乃至全国能出彩、出经验。

二是与高校、相关文化单位协同建立客家文化专业研究机构，开展客家文化相关基础研究。在对全县非物质文化遗产及其文化生态进行全面系统调查和科学分析评估的基础上，以保护非物质文化遗产项目和代表性传承人及传承群体为重点，以抢救性保护、生产性保护和数字化保护为主要手段，对不同类别、不同特点、不同存续状态的非物质文化遗产制定针对性的保护措施，实现有效传承。

三是完善名录体系。充实非物质文化遗产项目和代表性传承人数量，加快项目名录和传承人名录公布节奏。研究制定于都县非物质文化遗产与文化生态保护细则，根据保护细则，建立非物质文化遗产保护项目管理信息系统，逐步实行一个项目、一个专家团队、一个保护方案。开展重点濒危非物质文化遗产项目的抢救性保护工作，对国家级非物质文化遗产项目进行专项重点保护。

（五）合理保护利用，创新谋取发展

保护文化遗产，并非不能对其进行合理的利用。"打文化牌、唱经济戏"或"以特色赢取关注、以创新谋取发展"，在继承中研究、在研究中提升、在提升中整合，科学运用其蕴涵的丰富的文化因子，形成能体现民族独特风格和优秀价值观的文化产品，不失为一种合理的保护利用办法，同时，这也能为进一步弘扬客家人文精神、培育客家地域文化、打造文化强县发挥其应有的作用。

一是振兴传统工艺。《国家级文化生态保护实验区管理办法》明确指出：推动传统工艺振兴；带动就业，精准助力区域内贫困群众脱贫增收。于都属边远贫困地区，拥有大量蕴含经济价值的非物质文化遗产资源，却没有得到很好地合理利用，广大群众没能利用良好的资源脱贫致富，特别是一些传承人，空有一身好手艺，捧着金饭碗"讨饭"。因此，要在评估的基础上进一步筛选，对存续状态较好，能够转化为文化产品和文化服务的项目，实行生产性保护，制定传统工艺振兴计划，公布传统工艺振兴项目目录，振兴传统工艺。在具有生产性质的实践过程中，以保持非物质文化遗产的真实性、活态性为目标，以有效传承非物质文化遗产的手工技艺为重点，借助生产、流通、销售等手段，将非物质文化遗产资源利用转化为文化产品，从而增强项目传承动力，促进其传承和发展。同时，要引入现代创意设计，改良工艺，提升品质，生产实用又有现代审美价值的产品，提高产品的市场竞争力，使非物质文化遗产拉动经济、带动就业。在保持本真特点和核心技艺的前提下，探索资源的合理利用，将非遗项目融入当地旅游业、演艺业等乡村振兴所涉产业中，促进项目的传承与发展，为该地经济、社会全面协调可持续发展做贡献。

二是推进"非物质文化遗产 + 旅游"。文化是旅游的灵魂，旅游是文化的载体。赣州充分利用当地优势特色显著的非物质文化遗产资源，加强非物质文化遗产项目与旅游产业的融合发展，既增强了非物质文化遗产传承的内在生命力，又提升了旅游经济的核心竞争力。如以非物质文化遗产小镇、传统村落为重点发展乡村旅游。大力培育地方民俗文化品牌，广泛开展健康有益的民俗文化活动。推动政府把传承、弘扬优秀民俗、民族、民间文化和传统工艺融入乡村振兴总体规划，发展有历史记忆、地域特色、民族特点和记住乡愁的美丽城镇、美丽乡村，促进乡村旅游。

三是推动设施建设和利用。加快建设于都县非物质文化遗产展示馆及各类传习所。加强传习所基础设施的运转维护，对已有传习所进行功能提升，使相关硬件设施达标，满足非物质文化遗产传承展示需求。全面开展非物质文化遗产生产性保护示范、传承、传播、研究基地建设工作，命名一批基地。充分利用传承传习设施，把非物质文化遗产馆、传习所及非物质文化遗产各类基地纳入乡村游、中小学研学线路，不但能丰富旅游、研学内容，更能有效提升各类非物质文化遗产文化设施传播展示、传承体验功能，同时还可进一步提升非物质文化遗产传承人的综合素质。

第八章 于都县非遗扶贫实践
与非遗利用理论探讨

第一节 于都县非物质文化遗产的利用及其扶贫工作

于都县对于非物质文化遗产的利用，综而述之，可概括为两个大的方面：一是宣传教化，二是助力扶贫。

一、宣传教化

于都县重视利用非物质文化遗产对民众进行宣传教育。

客家古文历来是盲人讨生活的一门手艺，在传承过程中，局限性很明显，多以古代历史故事为演唱内容，旨在勉励世人行善弃恶、向上向善。在新时代，为了更好地发挥客家古文的独特魅力，我们除了鼓励传承人取其精华、去其糟粕，继续唱好传统曲目，还鼓励他们利用古文形式，"旧瓶装新酒"开展创作活动，用古文来宣传法律法规、党和国家的好政策以及于都作为长征集结出发地的光荣历史和于都人们在抗战时期的历史性贡献。这将成为该县非物质文化遗产传播、传承的一个新亮点。

于都县是革命老区，这里曾是赣南苏维埃机关驻地，也是中央红军长征集结出发地，境内红色资源丰富。努力挖掘非物质文化遗产中的红色资源，讲好非物质文化遗产项目中的红色故事，展现时代新内涵，促进非物质文化遗产中的红色资源在当下的保护、传承与传播，是当前推进非遗工作的重点。

例如，赣南客家擂茶，当年百姓用客家擂茶招待红军，甚至权当临时充饥。为传承红色基因，发扬长征精神，在传承的基础上，大胆创新，在包装上，整个外观设计为红色，寓意赣南为红土地；擂茶的重量为 520 克，是因 2019 年 5 月 20 日，习近平总书记来到于都，体验红军出发时的情景；擂茶礼盒封面设计中，每道实线代表中央红军从四面八方聚集于都开始长征，正面的红军卡通人物代表中央红军，每小包 19.34 克寓意长征出发时间为 1934 年，8 小包寓意红军当年从于都的八大渡口开始长征。名为"丑男"①的客家非物质文化遗产传承人，也是上述红色非物质文化遗产创意的作者，在其打造的非物质文化遗产产品中流露出其对苏区及我党的深厚感情。

二、助力扶贫

（一）于都非遗扶贫概述

近年来，于都县不断加大非遗保护开发和传承人扶持力度，认定非物质文化遗产代表性传承人并支持其开展传承、传播活动，建立了国家、省、市、县四级代表性传承人名录。该县获批国家级代表性传承人 1 人，省级代表性传承人 11 人，市级代表性传承人 13 人，县级代表性传承人 3 人。依托这些代表性传承人，于都县建立了段屋寒信、马安上宝、长征源小学、梓山固院等 12 个传习所，并依托"梓山酱油"传习所建立了一个非遗扶贫就业工坊。

于都县对非物质文化遗产的应用，与扶贫工作紧密结合起来，助力脱贫增收。指导和帮助非物质文化遗产传承人在传承过程中，关注社会发展，主动、及时融入时代，是非物质文化遗产工作必须关注的。近年来，于都在这方面做了一些探索，引导一些生产性非物质文化遗产项目传承人创新思维，敢于探索，走出新路；以传统工艺为重点，支持带动性强、辐射面广的非物质文化遗产项目建立扶贫就业工坊，带动贫困劳动力就业增收，助力精准扶贫。"盘古山茶制作技艺"是著名的非物质文化遗产项目，盘古茶厂主动和

---

① 我们久仰"丑男"大名。采访时，小伙子略显腼腆，其质朴、对事业的执着，以及对我党的深厚情感，给我们留下了极为深刻的印象。

村里合作，组建了100多人的茶叶合作社，并专门免费提供一块茶园作为扶贫基地。茶厂保证收购贫困户采摘的茶叶，让贫困户通过自己力所能及的劳动，获得报酬。于都县对于非物质文化遗产应用的一大特点，就是建设非遗扶贫工坊，以此作为基地来开展扶贫工作。

（二）案例引论："梓山酱油"非遗扶贫就业工坊及其扶贫工作

"梓山酱油"非遗扶贫就业工坊是于都县目前初具规模，且工作开展得较有成效的非遗扶贫就业工坊，位于于都县梓山镇龙口村。"梓山酱油"是于都传统食品和省级非物质文化遗产。据《雩都县志》记载，清代有酱坊加工酱油，梓山酱油列为贡品，有290多年的生产历史，以味美色佳、香甜独特驰名于省内外。《赣州府志》也记载：酱油，春末夏初用大黑豆蒸晒，再以盐水浸豆，久晒出味，然后去豆取汁熬为油。制造如法则色黑味甘，久经不坏，最为佐馔佳品。此唯于都所出最上，诸邑不及。"于都梓山酱油"用料精细，制作讲究，色香味俱佳，在民间享有很高的声誉，产品远销省内外。

1."梓山酱油"的制作技艺和传承发展情况

传统时期的梓山酱油主要由民间作坊加工而成的。新中国成立后，于都成立了国营的梓山酱油厂，其基本工艺首先是选用大乌豆或茶豆（又名"猪肝豆"）清水浸泡，后用饭甑蒸熟，再沤，然后清洗加盐发酵，滤出酱汁，加入熬好的牛筋糖及甘草、小茴香等18种中草药，最后日晒夜露6至8个月即可上市。其中选料、用水、调配方尤为重要，按此法熬制的酱油，色泽金黄，酱香味浓，甘甜可口。

改革开放后，梓山酱油厂因为经营困难而倒闭，工人解散，导致"梓山酱油"的制作工艺几近失传。进入20世纪90年代后，原梓山酱油厂的技师李咸祯重拾酱油制作技艺，成为"梓山酱油"的一代传承人。其子李玉成继承和发扬了"梓山酱油"制作工艺的精髓，是第二代传承人。李玉成于2009年在梓山镇龙口村建厂熬制酱油，成立了于都县梓山御酱坊。随着生产规模的扩大，李玉成于2018年组建了于都县御园春食品有限责任公司，专门从事"梓山酱油"的生产和销售。该公司在秉承传承工艺的基础上，不断拓展思路，创新工艺技术，结合现代化科学酿造工艺，摸索出"恒温发酵"法、"酱香融合"法两套先进的酿造工艺，其酿造的"梓山酱油"成为赣州市知名商标。

梓山酱油的制作保持着传统而繁杂的生产流程，主要有选豆、浸豆、蒸豆、焖豆、晾豆、植入曲精、发酵、清洗酱豆、封缸、操缸、倒缸、淋油、抽油、加入香料、熬制成品等十几道工艺。

（1）选豆。选圆润、饱满的黄豆、黑豆。黄豆的皮更薄，黑豆的皮更厚。一般而言，黑豆比黄豆容易发酵，黄豆第一次发酵技术较难掌握。

（2）浸豆。豆子放在水里浸泡。根据季节不同而确定浸泡时间，比如冬天浸泡时间长，夏天时间相对短。

（3）蒸豆。泡完之后就是蒸豆。蒸豆的技术目的，就是让豆子绵软熟透，大约蒸五六个小时。

（4）焖豆。把火熄灭，关闭灶门，让蒸熟的豆子自然降温，当温度降至不烫手时，才进入下一道程序——晾豆。

（5）晾豆。把蒸好的豆子倒入用竹子织的凉席上，把豆子晾干。晾到跟手感温度一样。

（6）植入曲精。放入曲精、面粉拌均匀，曲精就像蒸酒的酒曲一样，起发酵作用。

（7）进入发酵房。用竹席分装好原料，送入发酵房第一次发酵。技术关键一是控制好温度，二是湿度，这个关系到酱油品质的好与坏。

（8）清洗酱豆。把第一次发酵好的酱豆从发酵房里取出，用清水清洗，去除杂质。

（9）封缸。把清洗好的酱豆加入盐，放入大釉缸里密封发酵，也就是第二次发酵。

（10）操缸。对大釉缸里第二次发酵好的酱豆，根据天气大约一星期翻动酱豆一次，让酱豆上下翻均，使氨基酸更充分地释放。

（11）倒缸。就是把酱豆从这个大釉缸里倒入另一个大釉缸里，这是对操缸工序的进一步深化，使酱豆更均匀地发酵。在倒缸过程中发现酱豆存在的问题，再一次对酱豆盐分和水分做进一步的增加或调减。

（12）淋油。将缸里酱豆产生的酱汁、酱源抽取出来，不断地淋在酱豆上面，便于酱豆更充分的发酵。淋的次数越多，越能使酱豆发酵充分。

（13）抽油。把缸里酿好的半成品酱油抽到另一个缸里去，剩下豆酱。

（14）加入香料。把香料放入酱源缸，通过日晒夜露过程，让香料和酱香自然融合，产生独特的味道。

（15）熬制成品，高温杀菌。

（16）包装成品。

2."梓山酱油"非遗扶贫就业工坊的扶贫举措

于都县御园春食品有限公司酿造的"梓山酱油"，保留着旧时的风味，并不断传承和发展，目前开发出酱油品种 3 个，分特级、一级、二级，产品畅销江西、福建和广东，年销售额达 60 万元。于都县御园春食品有限公司建有"梓山酱油"的非遗扶贫就业工坊，其扶贫举措主要有两个方面：一是在扶贫帮扶村建立原材料生态基地，以"公司＋基地＋农户"的方式带动贫困村整体脱贫；二是为建档立卡户提供就业岗位，带动贫困户的增收脱贫。

（1）在扶贫帮扶村建立原材料生态基地，以"公司＋基地＋农户"的方式带动贫困村整体脱贫

于都县御园春食品有限公司在梓山镇建立占地 1 万平方米的传统酱油酿造工厂，在龙口村等地建有 5 万平方米的富硒大豆种植基地。种植基地先后与 23 户贫困户签订了种植大豆的协议。种植基地通过向贫困户提供豆种和技术指导，引导贫困户种植富硒大豆，并以高于市场价 0.2 元／斤的价格收购贫困户种植的大豆，通过提供豆种、全程技术指导和保证收购三个方面的举措，解决了贫困户在种植大豆上的前期投入、缺乏种植技术和卖不出价格的三个难题，确保了贫困户通过种植大豆增产增收。欧阳春福是龙口村的一名贫困户，以种植为业，苦于不懂种植技术，收入低下而致贫。2017 年在御园春食品有限公司的帮扶下，开始种植富硒大豆，公司主动提供豆种并派员

技术指导，当年大豆丰收，增加了 3000 多元的收入。次年欧阳春福主动要求增加豆种数量，扩大种植面积，增收 2 万多元，到 2019 年成功实现脱贫。

（2）为建档立卡户提供就业岗位，带动贫困户的增收脱贫

于都县御园春食品有限公司目前建有两个原材料生态基地，对接了三个贫困户帮扶村。除此之外，公司还雇用了三名农村贫困户劳动力，签订了用工合同，通过长期合作，培养技术，使其成为拥有一技之长的酿造技师。目前贫困户李玉成、李阳庚两人经过三年来在公司的学习，已经从杂工成为公司的技术骨干，平均年收入达到了 3 万元以上，2 人分别在 2019 年实现了脱贫。雇佣贫困户参与梓山酱油的生产过程，一方面促进了贫困户的增收脱贫，一方面也促进了省级非遗"梓山酱油"制作技艺的传承，取得了良好的经济效益和社会效益。[①]

（三）于都非遗扶贫就业工坊存在的问题及思考

于都的非遗项目数量大，品类全，从业人数多，但是于都的非遗扶贫就业工坊只有一个，与于都作为人口大县、非遗大县的身份并不匹配，这也说明非遗扶贫就业工坊的建设是一个长期的过程，需要政府、企业、非遗传承人等通力合作，携手推进非遗扶贫就业工坊的建设。就于都非遗扶贫就业工坊的建设来看，非遗工坊建设进展缓慢，主要存在以下原因：

一是于都非物质文化遗产项目数量多，但分布分散，市场化程度较低，适用生产性保护方式的非物质文化遗产项目资源转化率较低，难以激发传承人或持有人的传承动力。许多非遗项目虽然已经进行了市场化运作和生产性保护，但是规模小，都是家庭作坊式生产，非遗传承人以此为生都略显困难，难以担负起建立非遗工坊的责任，更不要说惠及更多的贫困户。

二是于都非遗工坊除了已经建好的"梓山酱油"之外，还有峡山道菜和"盘古山茶"两个培育项目。三个非遗工坊项目都与食品相关，品类单一，

---

① 梓山酱油传承人李玉成先生在接受笔者采访时自豪地说，能为脱贫攻坚做点微薄贡献，心里还是有点成就感。

都是地方的土特产，知名度低，销售市场局限于当地，在扶贫的力度上只有原材料的收购和雇佣贫困户两条帮扶路径，扶贫的力度有限。而且作为一种农产品深加工的模式，其原材料的种植以及产品的生产过程受到季节影响较大，比如"梓山酱油"的大豆种植只有一季，"盘古山茶"的采摘也是季节性的，因此在帮扶贫困户上也是阶段性和季节性的，很难实现一个长期帮困的目标。

三是非遗工坊建立过程中，由于在当前非遗保护中存在着项目化运作机制，不少非遗工坊项目呈现出强者越强、弱者越弱的"马太效应"。目前，于都只建立了"梓山酱油"一家非遗工坊，其他的非遗项目还处于培育阶段。如何实现非遗工坊的均质发展，还需要政府在政策上进行更加有效的引导，充分调动非遗传承人的积极性。

对于推进非遗扶贫就业工坊工作，笔者有以下几点建议：

一是以质量为根本，建设标准化非遗工坊生产车间。于都的非遗工坊项目主要以食品为主，其生产方式还是手工作坊式，梓山酱油、峡山道菜和"盘古山茶"等都还没有取得国家食品质量安全的"QC"认证，无法进入超市，在全国市场流通，扩大再生产受限。因此，按照现代食品生产的要求进行非遗食品的标准化生产和销售，参与食品市场的竞争，是促进食品类非遗的发展的基础。只有这样才能保证非遗食品的质量，才能带动就业，推动扶贫。

二是以市场为导向，搭建非遗产品的销售平台。于都非遗产品的销售端人才缺乏，模式单一。目前非遗扶贫工坊的建设重心在生产环节，重非遗工坊的建设和产品的生产，以此带动当地贫困人口就业和脱贫，而在非遗工坊最需要扶持的销售端还缺乏重视，呈现出重生产、轻销售的情况。非遗工坊的建设和扶贫效益的发挥在于销售端，只有销售端的发力，才能保证生产端的稳定。目前，于都非遗产品的销售主要是线下销售，线上带货、线上推广方面人才缺乏。非遗传承人和非遗工坊主大多只懂生产技术，不懂销售，做好非遗工坊主的市场营销能力培养以及政府在销售端的推广，引进销售人才，进行线上线下同步销售，扩大销售渠道，是确保非遗工坊可持续发展的关键。

三是扩充非遗工坊的类别，完善非遗工坊的评审和退出机制。于都的非遗工坊建设还处于起步阶段，非遗工坊数量少，工坊类别单一，非遗工坊的扶贫效益还没有得到有效的发挥。虽然文旅部关于非遗扶贫就业工坊的通知中提出了建设非遗工坊的要求和标准，但地方上的非遗工坊建设条件千差万别，还需要因地制宜制定地方的非遗工坊评估评价机制，将确保能够进行非遗工坊建设的项目纳入其中，发挥其经济效益和社会效益。

开展非物质文化遗产扶贫就业工坊是非物质文化遗产工作的一项新内容，不仅是有利于相关非物质文化遗产项目的传播传承，还跳出了就非物质文化遗产保护而保护的小圈子，让有关非物质文化遗产项目找到了与新时代、新使命和新任务的结合点，使得非物质文化遗产保护利用传播传承走向了更广阔的空间。

第二节　关于非物质文化遗产利用方面的理论探讨

于都非遗扶贫的实践给我们以启迪和进一步的思考：非物质文化遗产除了需要保护传承的同时，是否存在着可资利用的一方面？以下内容是对于都利用非物质文化遗产的做法进行调查的基础上进一步的思考。

一、非物质文化遗产能否利用？

总体来看，对非物质文化遗产实施有效的保护，使其传承和延续下去，这方面没有什么很大的争论。但是，对非物质文化遗产进行利用，存在着一些争议，主要表现在两个方面：第一，非物质文化遗产作为保护传承的对象，能不能予以适当的利用，例如，利用非物质文化遗产来发展旅游事业、从事经济活动，乃至产业化开发，等等；第二，对于非物质文化遗产怎样来进行利用，其利用方法、路径如何？

关于非物质文化遗产能否利用的问题，在学者层面，存在着两种不同的观点。有的学者表达了对于非物质文化遗产被利用问题的忧虑。冯骥才认为，文化遗产被产业化后，就会被按照商业规律解构和重组，造成文化遗产被割裂与分化。乌丙安也表示了对于保护非物质文化遗产的工作还不成熟时，把遗产推向市场进行开发利用的担心。刘晓真认为，当前非物质文化遗产保护工作中，不乏将保护工作和经济利益挂钩、以文化产业的方式来制定政策的现象，这使得遗产作为资源的被动局面凸显，违背了保护遗产的初衷。[1]张瑛等认为市场化利用破坏了非遗的文化原真性，造成了文化的庸俗化、舞台化及商品化，旅游开发的商业性质可能使得非遗的本来面貌扭曲变形，造成对遗产资源的真实性、完整性和原生态性的破坏，使得文化失真[2]。还有学者则直接发出严重警告，指出非遗的任何一种开发模式，都存在伤害遗产的可能性。因而强调通过建立健全由法律机制、行政机制、规划机制、经济机制、教育科研机制构成的保障机制来实现非遗保护。[3]

也有不少学者则对于非物质文化遗产的利用持乐观态度。辛儒认为，开发非物质文化遗产的经济价值，是实现我国产业结构的优化和升级，走可持续发展之路的必然选择。[4]刘金祥提出，对非物质文化遗产实施产业化，是由我国国情和非物质文化遗产现状所决定的，是时代发展的必然趋势，是文化产业发展的内在逻辑使然。[5]陈莉认为，非物质文化遗产的保护工作是在科技和经济有了长足发展的背景下，人为地保护那些濒临消亡的文化遗产，对非物质文化遗产进行包装、改造，适合现代消费者口味，适合划时代的需

① 刘晓真：《非遗保护重要内涵》，《中国知识产权报》2006年3月1日第7版。
② 张瑛、高云：《少数民族非物质文化遗产保护与旅游行政管理研究以云南民族歌舞为例》，《贵州民族研究》2006年第4期。
③ 顾金孚、王显成：《非物质文化遗产旅游开发热下的冷思考》，《西南民族大学学报（人文社会科学版）》2008年第2期。
④ 辛儒：《我国非物质文化遗产产业化经营问题探讨》，《生产力研究》2008年第6期。
⑤ 刘金祥：《刍议非物质文化遗产产业化》，《江南大学学报（人文社科学版）》2012年第5期。

要，并带来经济效益，是对非物质文化遗产的开发利用，保护和开发利用可以并行不悖。但她同时也强调，开发利用代替不了原汁原味的保护和传承。[1] 刘玉清则提出，抢救非物质文化遗产的根本出路在于把它推向休闲市场，使之形成文化品牌效应，形成一种新兴文化产业，文化遗产一旦转化为文化产品，并将推动旅游等相关产业的发展，最终走向"以文养文、以文兴文"的良性循环。[2] 陈天培认为，市场化利用是保护非遗的必由之路，强调非遗开发的积极意义，提出旅游开发是抢救、保护非遗的重要渠道，是其有效传承与保护的一条重要途径。非遗与旅游市场结合，作为助推器的市场会使得非遗产生强大的原动力。[3] 蔡晓英则从分析非物质文化遗产的两大属性入手来肯定其利用，指出："非物质文化遗产兼具文化属性和商品属性，文化属性是非物质文化遗产性质定型的因素；商品属性则是非物质文化遗产性质活化的因素。文化属性与商品属性，是非物质文化遗产一体的两个方面，它们拥有一个共同的源流，即人类先民们的生产与生活。也就是说，非物质文化及其所具有的文化属性和商品属性，是在人类生产生活的过程中产生并随其发展而发展的。在漫长的生产生活过程中，无论是先民们的劳动和生活的实际需要，还是他们的情感所需，都逐步地形成了非物质文化遗产的市场交换性，其商品属性也因此而孕育、生发。这就是非物质文化遗产及其文化属性和商品属性初始阶段一体两面的形成及其后来逐步的发展和成熟。非物质文化遗产的商品属性使其具有了参与市场交换的资格，这也就为我们提供了相关项目在科学理论的支持下进行合理开发利用的条件。"[4] 通过以上分析，她认为，非物质文化遗产既然具有商品属性，也就具备了开发利用的基础和条件。

在相关国际组织及我国政府政策层面，却表现出较大的一致性。联合国教科文组织《保护非物质文化遗产公约》指出："确保对非物质文化遗产的

---

① 陈莉：《非物质文化遗产的保护与开发利用》，《贵州民族研究》2007 年第 2 期。

② 刘玉清：《把非物质文化遗产推向休闲市场》，《价格与市场》2003 年第 3 期。

③ 陈天培：《非物质文化遗产是重要的区域旅游资源》，《经济经纬》2006 年第 2 期。

④ 蔡晓英：《关于非物质文化遗产保护与利用的辩证思考》，《艺术百家》2020 年第 5 期。

享用，同时对享用这种遗产的特殊方面的习俗做法予以尊重；"① "建立非物质文化遗产文献机构并创造条件促进对它的利用。"②《中华人民共和国非物质文化遗产法》也写道："国家鼓励和支持发挥非物质文化遗产资源的特殊优势，在有效保护的基础上，合理利用非物质文化遗产代表性项目开发具有地方、民族特色和市场潜力的文化产品和文化服务。"③

可见，从"确保对非物质文化遗产的享用"到"创造条件促进对它的利用"，联合国教科文组织对非物质文化遗产的利用问题态度是积极的，我国政府的态度也很明确：一是"鼓励和支持"，二是"合理利用"。值得注意的是，我国的《非物质文化遗产法》提出了可利用非物质文化遗产代表性项目进行开发的问题，其中，采用了"市场""产品""服务"等带有商业色彩的词汇。有的学者还研究、概括出了非物质文化遗产可资利用的八大价值，即"历史价值、文化价值、精神价值、科学价值、和谐价值、审美价值、教育价值和经济价值"④等。尽管存在着对于非物质文化遗产利用可能导致对于非遗某种程度的破坏的担忧，但是对相关国际组织及我国政府的政策层面进行分析可知，对于非物质文化遗产的合理利用其实有着充分的法理依据。另一方面，从事实判断的角度看，以旅游业为代表的一些产业，不乏对于非物质文化遗产合理利用的成功事例。

二、如何利用——关于非遗利用路径的探析

对于数量巨大的非物质文化遗产，如何来进行利用？对此，各界目前观点不一。

言唱提出"活化利用"的观点。她认为："'活化利用'是在遗产保护的

---

① 联合国教科文组织：《保护非物质文化遗产公约》第十三条。

② 联合国教科文组织：《保护非物质文化遗产公约》第十三条。

③《中华人民共和国非物质文化遗产法》第三十七条。

④ 韩基灿：《浅议非物质文化遗产的价值、特点及其意义》，《延边大学学报（社会科学版）》2007 年第 4 期。

基础上对非遗资源所进行的合理的开发利用，是在不破坏非遗真实性和完整性的前提下，充分挖掘和利用遗产本身或其中所蕴含的文化元素，从而释放非遗自身活力及文化价值的一种实践活动。非遗本身就是一种'活'的文化遗产，其生命力的核心在于其传承性与活态性。因此，非遗的活化利用对于非遗的生存发展来说至关重要。"① 同时，她也看到对非遗"活化利用"困难的一面，指出："在其具体活化传承的过程中，也面临一些棘手的问题，如非物质文化遗产的历史烙印较深，而现代生活发展催生全新需求，因此非物质文化遗产项目与现代生活相融合往往较为困难，难以满足人们当下的需求，这也是在整个非遗研究领域普遍存在的现象。与现代生活的距离感也使非物质文化遗产传承人的开发利用意识不强，传承理念相对保守，这也严重影响了非遗财富的开发力度、挖掘深度和活化度。"②

张伟等强调应利用非物质文化遗产来服务于美丽乡村建设，指出"利用非物质文化遗产是提高美丽乡村文化内涵的必然选择"，要"将非物质文化遗产纳入美丽乡村总体建设规划，选择合理的利用模式，建立多层次多元一体的发展格局"，应"深耕非物质文化遗产内涵，强化其生命力，实施品牌战略，打造美丽乡村建设标杆单位，深入挖掘非物质文化遗产价值内涵和文化元素，强化其生命力"。③

谭宏等提出对非遗进行"生产性保护"的观点。在《对非物质文化遗产生产性方式保护的几点理解》一文中，他强调："非物质文化遗产是人类实践即非物质文化遗产生产的产物，而非物质文化遗产生产从本质上是遵循了文化生产的基本原理的。从这个意义上讲，非物质文化遗产的生产性保护，

---

① 言唱：《大运河非物质文化遗产的活态保护与活化利用》，《海南师范大学学报（社会科学版）》2020年第3期。

② 言唱：《大运河非物质文化遗产的活态保护与活化利用》，《海南师范大学学报（社会科学版）》2020年第3期。

③ 张伟、侯刚波、王少南、杨增云：《沙河市非物质文化遗产在美丽乡村建设中的利用研究》，《邢台职业技术学院学报》2017年第4期。

就是把非物质文化遗产置于其所赖以产生的生产实践中去保护，通过人类的生产来保护非物质文化遗产。所以，非物质文化遗产生产性方式保护，是一种更具生命力和延续性的保护和传承方式。"[1]他认为，进行非物质文化遗产生产，是对非物质文化遗产进行保护的一种重要方式。

笔者在梳理各种对于非物质文化遗产利用的观点的基础上，提出了非物质文化遗产"利用路径"问题的思考。我们认为，应重视非遗的利用路径问题。非遗是一个十分庞大的体系，利用路径的探寻与普通分类不同。分类，是根据非遗的内容、形式等加以归类；而利用路径的探寻，则是在调查研究的基础上探寻出主动利用非遗服务于社会的各种具体途径及其功能、特点等，同时在利用方法方面提出指导性意见。笔者拟提出的非遗利用路径有如下几种：

（一）路径一：弘扬优秀文化

中共中央办公厅、国务院办公厅在 2017 年 1 月 25 日发布并实施《关于实施中华优秀传统文化传承发展工程的意见》（以下简称《意见》）。该《意见》强调："中华文化源远流长、灿烂辉煌。在 5000 多年文明发展中孕育的中华优秀传统文化，积淀着中华民族最深沉的精神追求，代表着中华民族独特的精神标识，是中华民族生生不息、发展壮大的丰厚滋养，是中国特色社会主义植根的文化沃土，是当代中国发展的突出优势，对延续和发展中华文明、促进人类文明进步，发挥着重要作用。"该《意见》要求："深入阐发文化精髓。加强中华文化研究阐释工作，深入研究阐释中华文化的历史渊源、发展脉络、基本走向，深刻阐明中华优秀传统文化是发展当代中国马克思主义的丰厚滋养，深刻阐明传承发展中华优秀传统文化是建设中国特色社会主义事业的实践之需，深刻阐明丰富多彩的多民族文化是中华文化的基本构成，深刻阐明中华文明是在与其他文明不断交流互鉴中丰富发展的，着力构建有中国底蕴、中国特色的思想体系、学术体系和话语体系。"该《意见》

---

[1] 谭宏：《对非物质文化遗产生产性方式保护的几点理解》，《江汉论坛》2010 年第 3 期。

提出了三个"迫切"："迫切需要深化对中华优秀传统文化重要性的认识，进一步增强文化自觉和文化自信；迫切需要深入挖掘中华优秀传统文化价值内涵，进一步激发中华优秀传统文化的生机与活力；迫切需要加强政策支持，着力构建中华优秀传统文化传承发展体系。"可见，弘扬优秀文化是我党的重大方针政策。

我国的非遗绝大多数产生于传统社会，在传统文化的土壤中产生、发芽、滋长。在成千上万的各级非遗项目中，不乏优秀传统文化的代表性项目，而且，由于其产生于传统文化的土壤，来源于民间，传承于民众，颇接地气，因而，它可在弘扬优秀传统文化方面起到一种特殊的作用。

1. 宣扬"善"的文化。"善"是我国传统文化中的一个突出特点，我国有许多的非遗，其观念及内容都是倡导"善"。例如，列入联合国教科文组织人类非物质文化遗产代表作名录的"妈祖信俗"，主要给人们传播的是一种"善"的理念和德行，类似的非遗项目如"洛口南云竹篙火龙""会昌赖公庙会"等，都体现出对"善"的提倡和引导。

2. 传承孝道文化。孝道是我国传统文化的另一个特色。有学者认为早在殷商时期的甲骨文中就有"孝"字，至迟在《尚书》中就有对"孝"的提倡[1]，春秋时期，孔子对"孝"予以强调并进行了新的诠释，赋予了更为丰富的内涵。几千年来，我国的孝文化从未间断过。非遗项目中有不少孝道文化的内容，例如客家《哭嫁》项目展现出这样的情景：姑娘出嫁之前，在家中悲情痛哭，陈述父母的养育之恩，表达对父母双亲的依依不舍之情，整个过程突出地表现出一种对孝文化的演绎。

3. 宣传优良家风。我国传统社会表现出重宗族、重家庭的特征，优良家风的制订及其传承弘扬也是传统文化的其中一个特点。我国的非遗项目有不少与此相关，例如，《赣南客家匾额习俗》《上犹客家门匾习俗》等，其内容多为宣传饮水思源、不忘祖先、重视品行、清正廉洁、勤俭节约、耕读传家

---

[1]《尚书·酒诰》有"孝养厥父母"之语。

以及家国情怀等，基本上是把宗族的家规家训摘录浓缩于匾额，起到了一种宣传优良家风的作用。

4.讴歌红色文化。令人欣慰的是，非遗项目中还有一些与红色文化相关的内容。例如，国家级非遗项目兴国山歌中，就有大量的红色歌谣，可在颂扬红色事迹、传承红色基因方面起到重要而有效的作用。

通过弘扬优秀文化这条路径对非遗进行利用，其特点是虽不直接产生经济效益，却是一种正能量的聚集与散发，发挥着一种潜移默化、润物细无声的社会效果。对这一类非遗的利用，首先需要组织人员去进行研究，发掘出非遗其中的真善美、正能量的内涵；可组织撰写、出版这方面的论著；还可进行展示、展演，开展非遗进校园活动；在乡村，则可使得这方面的内容进入村史馆，使其发挥淳化乡村风尚的作用。

（二）路径二：丰富精神生活

除了要满足衣食住行等基本的物质生活要求之外，追求并享受精神生活，是人类的一个重要秉性，也是"人猿相揖别"之后人与动物的一个根本性区别。

"非物质文化遗产"顾名思义，强调的是一种非物质的文化遗产，因此，它在精神文化方面的特点更加突出，在这方面的功能也就更为彰显。联合国教科文组织的《保护非物质文化遗产公约》对于非遗进行了具体分类："1.口头传统和表现形式，包括作为非物质文化遗产媒介的语言；2.表演艺术；3.社会实践、仪式、节庆活动；4.有关自然界和宇宙的知识和实践；5.传统手工艺。"其中，除了第五点"传统手工艺"是技术之外，其他四个方面都是与精神文化密切相关的内容。我国制定的《中华人民共和国非物质文化遗产法》对于非遗的分类则更加细致："（一）传统口头文学以及作为其载体的语言；（二）传统美术、书法、音乐、舞蹈、戏剧、曲艺和杂技；（三）传统技艺、医药和历法；（四）传统礼仪、节庆等民俗；（五）传统体育和游艺；（六）其他非物质文化遗产。"这些内容几乎全与精神文化相关。可见，非遗在精神生活方面的特点，一是极为丰富，二是其知识性、艺术性、观赏性、娱乐性等皆很突出。

（三）路径三：制作传统器物

要正确理解"非物质文化"的概念，辩证认识非物质文化遗产的物质性问题。实际上，任何精神文化的东西都不能绝对地脱离物质而孤立地存在，例如，美术、书法必须有笔墨、纸张等方能成型，音乐也必须拥有相应的管弦、击打等乐器方能成音。所谓"非物质文化遗产"是强调其中文化的一面，而非绝对地排除其中的物质存在。这方面的非遗项目，多以"传统技艺"的名称出现，但其结果是生产物质产品，彰显出"非物质"与物质的密不可分。"传统技艺"在非遗项目中所占比重排名第一，值得高度重视（见下表）。[①]

国家级非遗项目类别	国家级非遗项目数量	占比
传统技艺	507	16.07%
传统音乐	401	12.71%
传统舞蹈	324	10.27%
传统戏剧	448	14.20%
曲艺	193	6.12%
传统体育、游艺与杂技	125	3.96%
传统美术	361	11.45%
传统医药	137	4.34%
民俗	427	13.54%
民间文学	231	7.32%
总计	3154	100%

此类非遗项目的利用，从技艺及艺术的角度看，可用于观摩、鉴赏，例如章贡客家竹雕、兴国篆刻等，其制作过程及产品本身皆具有较好的艺术观赏价值；从实用的角度看，可直接用于生活，如客家米酒酿造技艺、南安板

---

① 该表是根据我国公布的第一至四批国家级非物质文化遗产名录的内容而制，总数额为3154项。

鸭制作技艺、兴国鱼丝制作技艺等，其生产过程虽没有什么观赏价值，但其产品却可直接食用，或经简单加工之后食用。

现须引起注意的是，有的地方为追求经济效益，扩大利润，出现对非遗传统技艺改动太大，机器使用太多的情况，这就不利于非遗的传承，也影响产品的质量。应尽量使得产品保持其原有的特色，而不能因为追求经济效益使得特色改变、质量下降。

（四）路径四：促进旅游发展

利用非遗能否促进旅游的发展？其答案是肯定的，因为从旅游资源学的角度看，非遗皆为珍贵的旅游资源。旅游资源是指"自然界和人类社会中凡能对旅游者产生吸引力，具备一定旅游功能和价值的各种事物和因素。"[①]"凡是对旅游者具有吸引力的自然因素、社会因素或其他任何因素，都可构成旅游资源"。[②]可见，关于旅游资源的概念及叙述，强调的是"吸引力"。国家质量监督检验检疫总局《旅游资源分类、调查与评价》（GB/T 18972），其中关于旅游资源的定义强调："自然界和人类社会凡能对旅游者产生吸引力，可为旅游业开发利用，可产生经济效益、社会效益和环境效益的各种事物和因素。"可见，"吸引力"是判定是否是旅游资源的主要标准。

于都非遗的吸引力是显而易见的，它有五花八门、特色各异的制作品，它有熙熙攘攘、热闹非凡的庙会，它有各种吸引人们眼球的表演，无不具有强大的吸引力。正因为如此，非遗可说是一种重要的旅游资源。有学者提出："非物质文化遗产具有多样的价值，可以将其转化为文化生产力，转化为旅游资源。特别是当今各地自然遗产和物质文化遗产资源几乎开发殆尽的情况下，非物质文化遗产旅游越来越受到旅游者的青睐，引起了各地非物质文化遗产旅游资源开发的热潮。"[③]道出了在我国开展非遗旅游的特殊意义。

---

① 黄福才：《旅游学概要》，厦门大学出版社 1995 年版。

② 国家旅游局人事劳动教育司：《旅游学概论》，中国旅游出版社 1997 年版。

③ 别金花、梁保尔：《中国非物质文化遗产保护利用研究综述》，《旅游论坛》2008 年第 6 期。

从开展旅游的角度可以将于都非遗划分为如下几种：

1. 观赏娱乐类，如采茶戏、东河戏、江西提线木偶、江西杖头木偶、安远九龙山采茶戏、大余南安罗汉舞、中央苏区瑞金民歌、崇义竹洞畲族山歌、兴国山歌等。

2. 知识情趣类，如《上犹客家门匾习俗》《赣南客家匾额习俗》等，一块块客家匾额记载着客家迁徙的历史以及古人的道德伦理观念，能够使旅游者增长相关历史人文知识。另，宋城赣州福寿沟建造技艺、瑞金客家祠堂营造技艺、客家民居营造技艺（赣南客家围屋营造技艺）等非物质文化遗产项目，能够使游客增长古建筑方面的知识。

3. 食物品尝类，即通过各种非遗制作技艺生产的饮食产品，如石城肉丸制作技艺、章贡客家菜、兴国四星望月习俗、客家擂茶制作技艺、于都小溪酒饼制作技艺、于都寒信峡索粉制作技艺、安远车头粉皮丝制作技艺、定南客家酸酒鸭制作技艺等。

4. 日常实用类，如定南客家童帽制作技艺、会昌藤器制作技艺、于都勾筒制作技艺、瑞金手工艺术模具雕刻技艺等所制产品，能够满足游客对于客家童帽、藤器等日常用品的需求。

当然，这种划分并不是绝对的。例如，有的非遗产品既可观赏，也能增长知识。非遗用于旅游业的特点：一是丰富性，几乎所有的非遗都是旅游资源；二是实用性，能够较好地满足游客吃住行游购娱等方面的需求；三是非遗的传承要求"见人见物见生活"——而这亦旅游者的兴趣所在，相反，"无人无物无生活"的旅游活动是不为游客欢迎的。应把相关的非遗项目纳入政府或旅游企业的旅游宣传、营销计划、旅游合同中，使得非遗促进旅游的设想能够较好地落地。

值得注意的是，不能牺牲保护来利用，不能过度利用，利用与保护的有机结合，是一切非遗问题必须要优先考虑的问题，是非遗问题中的"重中之重"。

　　李姣认为，对非遗的利用应尽量采取先进的科技手段依托相关平台，提出运用"互联网 + 技术"拓展利用平台的观点。她以内蒙古非遗的利用为例，主张"发展民间音乐、传统戏剧结合新媒体技术和'互联网 +'模式，切实有效推进本土文化宣传和发展的路径"，并倡议"'互联网 +'与非物质文化遗产中传统的技艺和手工艺品进行深度融合"，这样，就可以更好地保护传承和利用非物质文化遗产资源。[①]

　　总之，既然"原生态"是一个不可能实现的美丽神话，"本真性"又多义而难以把握，在精心保护非遗核心要素的基础上传承好非遗、利用好非遗，或许是一个较为务实的选择。

[①] 李皎：《论内蒙古自治区非物质文化遗产的创新利用》，《前沿》2020 年第 6 期。

代结语：
于都非物质文化遗产的线索、未来与前景

作为一个地处江西南部的客家县，于都县不仅国家级、省级非物质文化遗产项目数量众多，且经过多年辛苦耕耘，在保护传承以及利用非物质文化遗产方面均取得了不俗的成果。目前值得思考的一个问题是，于都的非物质文化遗产保护传承利用工作是否"船到码头车到站"，就此停滞不前了呢，还是未来仍有着新的拓展空间？在这方面，于都文化系统的同志以其具体行动做出了很好的回答。他们通过田野调查，积极收集、发掘非物质文化遗产的线索，并认真进行整理，把这些非遗线索作为未来非遗保护传承利用工作的新视角，以此拓展新的发展空间。笔者对于都部分非物质文化遗产线索略予叙述，并对其未来的研究前景略做评判。

一、于都东河戏

东河戏发源并流传于江西赣县白鹭、田村一带，因地属东河即贡江流域而得名。其渊源于明嘉靖年间的弋阳腔清唱"坐堂班"，到了清顺治三年（1646）坐堂班发展为正式的戏班，产生了以演弋阳腔连台大本戏为主的高腔戏班。清嘉庆年间，在白鹭钟氏家族的扶植下，以唱高腔、昆曲的班社出现，标志着东河戏业已形成。

后来，东河戏传入于都，成了于都民众所喜闻乐见的艺术。在清光绪年间，东河戏从赣县传入于都。当时主要剧目有《昭君和亲》《芦花休妻》《孔明拜斗》《珍珠塔》《二进宫》《秦香莲》等。后纷纷有戏班演唱东河戏，如1898年梓山川心店的谢松文组成"玉福祥班"，1910年岭背大禾溪的李仁贵（李东子）组建"双鸿庆班"，寒信的肖友发组建"玉兴祥班"。

民国期间，东河戏在于都仍然很盛行，如1926年寨面的管桂花组建"双福兴班"，1930年西郊窑塘面的管德祥接受"双福兴班"并改名为"顺舞台班"。

于都东河戏还打上了红色的烙印。在苏区时期，1931年管德祥率演员在瑞金壬田寨演出《活捉张辉瓒》一剧，获得赞誉，他自己扮演朱德。1949年9月，为庆祝于都解放，"老福兴班"在县城体育场唱戏三天，获得县政府的奖旗。新中国成立之后，东河戏在于都仍然是很受民众欢迎的剧种。

东河戏集高腔、昆曲、弹腔等多种声腔之大成，博采众长，丰富多彩，结合地方故事及民间小调等艺术自成一系，彰显出民间艺术和客家文化的特色，受到当地民众的欢迎。于都东河戏既保留了东河戏本身的特征，又具有于都本土特色，应以非遗研究视角关注它，重视它的发掘和保护传承。

二、于都谚语和歇后语

于都谚语和歇后语是客家人在长期的生产、生活实践中总结与创造出来的精神财富，它通过口耳相传的方式，记录着客家人的生产和生活方式，是对自然现象、社会发展和人生哲理的经验性总结，是客家人集体智慧的结晶。

于都客家谚语和歇后语非常丰富，包括气象谚语、农事谚语、生活谚语、歇后语等，表现出生动、精练、质朴及易记易传的特点。

例如，气象谚语：

清明断雪，谷雨断霜。

鸡早进栖会落雨。

天发黄，打破塘。

春天星子来照镜，落雨不要筹鸡啼。

春雾晴，夏雾雨，秋雾露，冬雾雪。

五月南风涨大水，六月南风海水也干。

四月北风无大事，四月南风涨大水。

清明要晴不得晴，谷雨要雨不得雨。

农事谚语：

清明前好种棉，清明后好种豆。

大暑莳金稻，秋前莳银稻，秋后晚稻一把草。

作田不用问，草皮牛猪粪。

处世谚语：

补漏趁天晴，读书趁年轻。

养子不教如养牛，养女不教如养猪。

早起三光，晚起三慌。

歇后语：

老鼠掉在书箱里——咬文嚼字

背竹篙进苍——没来有去

烂篓子装泥鳅——走的走溜得溜

二十七个铜板三分开——久闻（九文）久闻久闻

膝盖上钉掌——离题（蹄）

螃蟹过河——七手八脚

于都谚语和歇后语是客家民众生活的一部分，可发掘整理研究，申报各级非遗项目，以便更好地保护传承。

三、雩山太祖公生日

在宋代，于都县兴建了雩山庙，以祭祀雩山神和祈雨。据清同治《雩都县志》记载：

"雩山庙：邑壬方，距县治四十里。宋淳熙丙午（1186），州守周必正建，以祀雩山之神。必正孙颂，以嘉熙间（1237—1240）宰雩重修，有记。明洪武乙卯（1375），今苏恪因圮再建。"

又据《周颂雩山庙记》："雩，旱祷也，以名山，能云雨也，县因山以名……有祷辄应，山之神其有意也夫。"①"上世祈雨有验，因名雩山。"②可见，此山非同一般，县名就是由此而来的。再往前推，山之名则是由于祷雨而灵的原因而名。祷雨而灵，人们心存敬畏，雩山庙的兴建就顺理成章了。③雩山古庙建在山麓，即宋宁都知军周必正所建庙。传说文天祥抗元时曾在此化险为夷，脱险后为雩山庙挥笔写下了"威灵耿耿，风云雷雨齐鸣；法令赫赫，日月星辰同明"④的对联。雩山山脉，绵延起伏，20世纪90年代中期，人们又在雩山主峰兴建了"雩山圣庙"。雩山圣庙里有太祖、二祖、三祖的"神位"，据说，雩山神是三兄弟，人称太祖、二祖、三祖。不寻常的是，这三位"太祖"的神位，却分别都是放置了石头的封闭的轿子。石头，在此象征雩山神。在雩山山顶，三块大石头前有一个大型香烛台，台上燃着香火，据说，此处就是雩山神得道成仙的地方，这三个石头是雩山神三兄弟的化身。对雩山神的崇拜实质上仍是一种对大自然的崇拜。以前，人们常在此祭祀祈雨。平时，除到雩山古庙祭祀之外，不少人登上雩山山顶上香。

每年农历七月十三日是雩山神太祖公的生日，这一天岭背镇和贡江镇雩山山脉一带的村民都要去雩山古庙进行祭拜，还要抬着太祖公神相出游，并请来戏班演出，场面非常壮观热闹。

---

① 清同治版《赣州府志·舆地志·祠庙》。

② 清同治版《赣州府志·舆地志·山》。

③ 又据清夏寅《雩山诗》"雩峰屹立压峨嵋，上有元朝感雨碑"诗句，元代就在雩山建立了"感雨碑"，可知，该山在祈雨方面很早就有盛名。

④ 这副对联，据说曾在"雩山古庙"悬挂了数百年。其中"法令赫赫，日月星辰同明"的半联，现存于都县博物馆。

这一线索，涉及于都的历史、民俗甚至县名的来历，是颇有发掘潜力的。

四、盘古山的传说与盘古信仰

"盘古开天地"神话表达了我国古代人民对开辟天地万物景仰与崇拜的心理。盘古崇拜风俗把盘古当作是开天地、生乾坤、造人类、产万物的民族始祖而祭祀。于都有一座著名的大山名曰"盘古山"，国内称为盘古山的地方有多个，然于都是迄今所知最早的盘古文化中心。在于都一带，有着关于盘古、盘古山的传说，也有着历史悠久的盘古信仰。

在于都，除了盘古山，还有一座极为重要的盘古庙——于都盘古帝庙[①]。盘古帝庙坐落于于都县贡江镇长岭村，是融佛、道于一体的寺庙，被当地人称为"三元盘古帝庙"。两边有对联："盘古开天地功昭日月，帝庙贯春秋威震山河。"柱上有联："盘古神灵朝朝显，古庙圣祠岁岁荣。"神龛上供奉的盘古神像呈古铜色，祖胸露背、树叶遮体，头上盘有两髻，左右手高举着"日""月"牌，目视前方，显得镇定安详。其雕像前立着一块"三元盘古大帝合庙文武尊神位"神牌。神轿上书写金粉对联："天地并参道开乾元兴坤元，神灵首出功溯太始于元始。"盘古神像左右是威风凛凛的文官武将，分列两旁左侧，为杨太公、乌仙公、药王、黄飞虎等。左下方附祀着土地伯公。于都盘古帝庙供奉的盘古神的诞辰日是在农历二月十二日，四乡百姓为盘古过生日来到庙前，杀鸡宰猪，搭台唱戏，举行隆重的祭祀大典。祭拜活动一直要延续10多天。另外每年的正月十五，附近一些村的长辈会到盘古庙去占卜，询问当年下稻种是宜早还是宜迟。五月初一到端午，附近每个村子都要把盘古神像抬到田野去巡逻，敲锣打鼓的队伍跟在盘古后面摇旗呐喊，祈求盘古保护禾苗顺利开花抽穗，保佑乡亲们有个好收成。庙前数十米远的地方是戏台，这是酬神时演戏的地方。

盘古信仰不仅表现在有着举世闻名的盘古山，也突出地体现在于都盘古

---

① 此庙至今还在，笔者在调查时经多方打听，终于在一个深山坳中找到这座罕见的祠庙。

帝庙及其相关的信仰和民俗活动。基于盘古在中华文明史上的重要地位和巨大影响，对于都盘古传说和信仰非遗线索的发掘、研究，其意义是不言而喻的。

五、文天祥在于都的传说

文天祥（1236—1283），南宋末大臣、文学家。字履善，一字宋瑞，号文山，吉州庐陵（今江西吉安）人。南宋宝祐四年（1256）进士，官至右丞相兼枢密史。被派往元军的军营中谈判，被扣留。后脱险归来，在南方坚持抗元。祥光元年（1278）兵败被张弘范俘虏，在狱中坚持斗争三年多，后在燕京柴市（今北京市东城区府学胡同西口）从容就义，终年47岁。著有《过零丁洋》《文山诗集》《指南录》《指南后录》《正气歌》等作品。

澄江投亲

于都的澄江，是一个四面环山，景色秀丽的山村。这里世居着百来户谭姓人家。村子四方，过去立着四根巨大的红麻石柱子，上有东门、南门、西门和北门的题刻。据说，这是南宋末年丞相文天祥亲自赐封的，至今还留下一根"南门"的半截柱子。当地人流转着这么一段佳话：

文天祥出身贫寒，父亲文革斋是一位半生潦倒的穷秀才，为生活所迫，从庐陵（今江西吉安）漂泊到澄江村，当了谭家的私塾先生。

有一年，小文天祥从家乡出来找父亲，他千里迢迢，历尽艰辛，好不容易来到澄江村。父亲见他蓬头垢面、衣衫褴褛，生怕认了他，有伤自己的体面，丢了私塾先生这个饭碗，硬是横下心肠不认他做儿子，只推说是远房的侄儿。东家看在私塾先生的份上，就把文天祥留下来放牛割草。

一天深夜，村里有人起来解手，远远看见稻草楼上红光冲天，以为是稻草堆着了火，赶忙跑近一看，只见楼房里满屋豪光、耀人目眩，而文天祥却美美地睡在那里，这人不觉大吃一惊，心中暗想："这孩子非同一般，澄江村要出了不起的人物了！"

第二天，他把这事和村里人一说，大家感到又惊又喜，于是一致商议把文天祥送入私塾读书，再不叫他放牛割草了。

在私塾里，文天祥果然聪慧异常，才华出众，每次考试都是名列前茅，深受大家喜爱。文革斋见此情况，大为震动，愧悔莫及，当着大家的面认了儿子。自此，文天祥愈加勤奋攻读。后来他屡试屡中，一直考上了头名状元。喜讯传来，澄江人无不喜形于色，奔走相告，拱手庆贺。

饮水思源，为了报答澄江父老乡亲，文天祥亲自给澄江村题赠了这东西南北四条红石柱大门，为《谭氏族谱》作序。后来，他官至右丞相兼枢密使，总督诸路军马抗击元兵，据说还亲自到澄江带了不少谭家子弟参加宋军呢!

摩崖题刻

南宋景炎元年（1276）端宗继位，文天祥官拜右丞相兼枢密使，统帅各路军马。次年，与爱国志士张世杰、陆秀夫等率领宋军浴血奋战，英勇抗击元兵并在于都打了个大胜仗。当抗元宋军进驻于都县城时，百姓箪食壶浆、万人空巷，夹道相迎，以迎王师。

于戎马倥偬之际，文天祥登游罗田岩，当他登高望远，眼见大好河山沦落于敌人手里，祖国岌岌可危。缅怀古代仁人志士，环顾当前困境和肩负责任，不禁感慨满怀，思绪万千。为表白自己爱国爱民、忠贞不渝的坚强意志和高尚情操，他托物言志，挥笔写下了《集句大书罗田岩石壁》的感人诗篇，诗曰：岂弟君子，民之父母。靖共尔位，正直是与。元贰无虞，上帝临女。并镌刻于崖。

在于都抗元

南宋景炎元年（1276），右丞相文天祥率军驻福建汀州（今长汀）抗击元军。支派都参赵时赏、都咨赵孟滢领一路军马取道石城，收复宁都；派都参吴浚领一路军马经瑞金，收复于都。景炎二年吴浚在汀州投降元军，并前往漳州劝文天祥降元，文天祥当场杀之。五月，文天祥自梅州提兵出江西，收复会昌。六月，会合江西各路军马在于都和元军展开血战，元军大败，文天祥满怀豪情写下《引兵自梅岭出时赣兵皆来会遂大捷于于都集杜句》，诗曰：崆峒杀气黑，洒血暗郊垌，哀筰晓幽咽，石壁断空青。七月，文天祥派赵时赏攻吉、赣诸县，兵败，赵孟滢退守于都，行府转移至永丰。

雩山庙脱险

后来，文天祥移师兴国，设立督府，并派赵时赏将军攻打吉赣诸县，杀掉了汀州伪天子黄丛。一时军威大振，临洪袁瑞等地豪杰群起响应，号令通于江淮一带。

谁知不久后在攻打吉赣的宋军为元军重兵所败。一天，文天祥被元兵追击，走到于都北乡的金溪村时，只见后面烟尘滚滚，人喊马叫。文天祥于是带领随从绕小路沿金溪河往兴国方向奔跑。行至半路，见河边石崖上有一座雩山古庙，翠竹掩映，松柏环抱。这时，追兵将至，文天祥见无路可走，忙潜入庙内躲藏。

说也奇怪，当他们刚进庙门，天空中突然乌云密布、狂风大作，接着电光闪闪，雷声隆隆，铺天盖地降下一场倾盆大雨。一时，古庙被淹没在云海雨雾之中，丝毫不露形迹。元兵被这突如其来的暴风骤雨淋得是蒙头转向，个个成了落汤鸡，雨海之中，哪里还能寻找宋军的一丝踪影？他们感到又惊奇，又恐惧，生怕中了埋伏，于是草草收兵，气急败坏而归。

等元兵走远了，转眼又云散雨止，万物像洗过一样清新，松柏修竹显得更加苍翠欲滴，山头上飘着几缕白云，山谷腾起一道五彩缤纷的长虹。面对此情此景，文天祥心中大喜，他虔诚地拜了神明，向庙主取过纸笔，欣然题了一副对联：威灵耿耿，风云雷雨齐鸣，法令赫赫，日月星辰同明。下署：宋进士贞臣晚学文天祥题。然后，他谢过庙主，带领随从，披着余辉，经珏田、下拔，星夜往兴国方向去了。

这副对联，一直在"雩山古庙"悬挂了六百多年。至今，珏田村老人陈丽祠家还保存了其中"法令赫赫，日月星辰同明"的半联。[1]

文天祥既是我国古代著名文学家，又是民族英雄，他在于都的传说作为非遗线索，其拓展空间和意义都是巨大的。

由上可知，于都县除了现有大量的非物质文化遗产项目之外，其非遗线索仍然非常丰富且富有特色。于都未来的非遗工作，一方面应对原有的非物质文化遗产项目继续用心保护、用力打造、合理利用；另一方面还要继续发现于都非物质文化遗产的线索，然后发掘之、整理之、研究之，在此基础上逐级申报为不同层次的非物质文化遗产项目，使得于都非物质文化遗产项目的宝库更加充实、丰富且亮点纷呈。

总之，于都县未来非物质文化遗产的保护传承利用，以及非遗线索的拓展、整理和研究空间巨大，其前景不可估量。大而广之，全国许许多多的区域，同样有着中华五千多年文明的深厚和丰富的积淀，非物质文化遗产工作未来的前景又何尝不是如此！

---

① 此传说选自《于都县志》（1985 年版）卷二十《文化艺术》第三章《故事传说》。